I0794625

EL ARTE DE VIVIR COMO UN ESTOICO

Ciencias Humanas y Sociales

Biografía

David Fideler ha trabajado como profesor universitario, editor y director de un centro de humanidades. Estudió Filosofía Griega Antigua y Religiones Mediterráneas en la Universidad de Pensilvania y es doctor en Filosofía. Fideler es el autor de *Restoring the Soul of the World* [*Restaurando el alma del mundo*] y otros libros. Nacido en Estados Unidos, actualmente vive en Sarajevo con su mujer y su hijo.

DAVID FIDELER

EL ARTE DE VIVIR COMO UN ESTOICO

Desayunar con Séneca para alcanzar una vida buena

Traducción de Pablo Hermida Lazcano

Ciencias Humanas y Sociales

PAIDÓS®

Obra editada en colaboración con Editorial Planeta – España

Título original: *Breakfast with Seneca*
Publicado originalmente en inglés por W. W. Norton & Company, Inc.

Adaptación de la portada: Booket / Área Editorial Grupo Planeta

Bajo el sello editorial PAIDÓS M.R.
Avenida Presidente Masaryk núm. 111,
Piso 2, Polanco V Sección, Miguel Hidalgo
C.P. 11560, Ciudad de México
www.planetadelibros.com.mx
www.paidos.com.mx

Primera edición impresa en España en Colección Booket: enero de 2025
ISBN: 978-84-08-29753-6

Primera edición impresa en México en Booket: abril de 2025
Tercera reimpresión en México en Booket: diciembre de 2025
ISBN: 978-607-569-959-2

Impreso en los talleres de Corporación de Servicios Gráficos Rojo S.A. de C.V. Progreso #10, Colonia Ixtapaluca Centro, Ixtapaluca, Estado de México, C.P. 56530.
Impreso en México –*Printed in Mexico*

Para mi hijo Benjamin:
un poco de sabiduría para crecer

Me ocupo de los hombres del futuro. Redacto algunas ideas que les puedan ser útiles.

SÉNECA, *Epístolas* 8.2

SUMARIO

PREFACIO

Mi relación con Séneca y sus obras cambió con el estallido de la crisis.

Estaba sentado en mi despacho cuando llegó un correo electrónico de una amiga muy querida. Lo abrí con curiosidad esperando encontrarme algo agradable. Pero el texto me gritó. Solo unos momentos antes, mi amiga había escrito: «Acabo de tomarme medio frasco de tranquilizantes. Siento el dolor que te he causado en tu vida».

Ese era todo el mensaje.

La incredulidad me dejó helado y lo releí para asegurarme.

Acto seguido, sumido en una aflicción indescriptible, me monté inmediatamente en mi coche, conduje hasta su casa y la llevé a urgencias. Pasó un par de días en el hospital y luego fue trasladada a un hospital psiquiátrico. Una vez allí, me suplicó que la ayudara a salir. Aquel fue el comienzo de su calvario y yo era fundamentalmente la única persona que podía ayudarla.

Por supuesto, aquello también fue un calvario para mí. Habíamos estado enamorados. Sentí literalmente que mi mundo se había venido abajo. Su vida podría haber llegado a su fin. Afortunadamente, no sucedió así, pero la desesperación y las emociones tan intensas que sentía me abrumaban. Tenía la sensación de que mi vida también estaba terminando, no física, sino emocionalmente.

Por suerte, un buen amigo me visitaba una vez por semana. Estuve acudiendo a psicoterapia durante algún tiempo. Pero lo que más me ayudó fue empezar a leer a diario las obras y las cartas de Lucio Anneo Séneca (c. 4 a. C.-65 d. C.), como un modo de recuperar mi equilibrio mental y emocional. Aunque mi interés en Séneca se remontaba más atrás, a raíz de la crisis, sus palabras se tornaron una suerte de medicina.

Tal vez no por casualidad, algunos de los escritos más célebres de Séneca son largos mensajes de consolación, dirigidos a amigos concretos, para ayudarlos a sobreponerse a sus experiencias dolorosas. En cualquier caso, aquello funcionaba. Con el tiempo, la voz sabia y firme de Séneca me ayudó a recobrar la sensación de ser un humano normal. Asimismo, me puso en contacto con un profundo pensador que poseía una visión mucho más honda y satisfactoria de la vida humana de la que la sociedad nos alienta a mantener en la actualidad. Había descubierto un sabio mentor y compañero que me ofrecía un flujo constante de consejos fiables y prácticos acerca de la condición humana, la psicología humana y cómo vivir una vida floreciente y feliz.

Lo que también descubrí en los escritos de Séneca fue que nada significativo ha cambiado en la naturaleza humana a lo largo de los últimos dos mil años, lo cual transformaba en contemporáneo todo cuanto el filósofo tuviera que decir. La vanidad, la codicia, la ambición, la búsqueda de lujo y el consumismo desbocado —aspectos de la sociedad decadente de las élites de Roma que Séneca describía con detalle— siguen estando muy presentes entre nosotros.

Pero, contrarrestando estos aspectos negativos del comportamiento humano, Séneca enseña a sus lectores cómo superar la angustia y la ansiedad; cómo vivir una vida buena bajo cualquier circunstancia; cómo vivir con un propósito y cultivar la excelencia; cómo contribuir a la sociedad, y cómo superar la aflicción y toda clase de obstáculos que pueden cruzarse en nuestro camino, y que, ciertamente, lo harán.

Tras aquella primera lectura de Séneca, continué retornando a sus páginas. Siempre hay algo que recordar o algo que comprender más a fondo. Además, la obra de Séneca encierra otra dimensión: este pensador posee uno de los mejores estilos de escritura de todos los tiempos y encapsula sus pensamientos en frases concisas y epigramáticas, como: «No porque son difíciles no nos atrevemos a hacer [las obras], sino porque no nos atrevemos son difíciles».[1] A Ralph Waldo Emerson también le encantaba leer a Séneca, e incluso imitaba su estilo.

Empecé a leer a Séneca al despertar, con un café matutino.

Después, hace más de una década, me mudé al extranjero, a la hermosa ciudad de Sarajevo, en el sur de Europa, donde vivo con mi mujer y mi hijo. Ni que decir tiene que Séneca me acompañó en la aventura y, una vez establecido aquí, desarrollé un nuevo hábito. Después del trabajo matinal, solía pasear colina abajo y leer a Séneca durante el almuerzo, junto a unas antiguas inscripciones romanas albergadas en un museo local.

Ahora, cuando me es posible, en mi mañana perfecta, salgo a desayunar con Séneca: de ahí el título de este libro. Tras dejar a mi hijo en el colegio y hacer ejercicio en el gimnasio, pido un café de filtro con leche y me acomodo en una mesa del Hotel Central, un espléndido edificio de la época austrohúngara. Saco un lector de libros electrónicos con las epístolas completas de Séneca y sus demás escritos, y pido una tortilla. Este es mi ritual matutino favorito. Nadie tiene la menor idea de lo que estoy leyendo, y menos aún de que muy a menudo estoy leyendo al mismo autor, pero habitualmente puedo terminar una o dos cartas antes de volver a casa.

Séneca recalcaba que la filosofía y la amistad debían ir de la mano. Escribió: «Esto es lo primero que garantiza la filosofía: sentido común, trato afable y sociabilidad».[2] Habida cuenta de que las principales obras de Séneca son cartas y ensayos escritos para amigos romanos concretos en un estilo íntimo y conversacional, un espíritu de amistad impregna sus obras.

Séneca creía que la auténtica filosofía es una empresa conjunta; no es algo que hagamos en soledad, sino un viaje que emprendemos con otros. Esa es la primera razón por la que escribía las cartas. Pero esta idea se remonta cuando menos a Sócrates, para quien la filosofía y el diálogo eran un viaje compartido, una colaboración entre amigos.

Por supuesto, no estoy hablando de lo que la filosofía ha llegado a ser en el mundo académico moderno, que es algo bastante diferente. Pero la filosofía en la Antigüedad mantenía una estrecha alianza con la amistad. (Véase el capítulo 1, «El arte perdido de la amistad».) Si fuera posible restaurar esa conexión hoy en día, sería un feliz acontecimiento.

A los lectores modernos también les resulta fácil sentir la amistad con Séneca debido a los detalles de su vida personal que comparte en algunas de sus cartas. Aunque las propias epístolas, escritas durante los dos o tres últimos años de su vida, están dedicadas a la filosofía práctica y a lo que significa vivir una buena vida, Séneca confiaba muchos detalles personales a su amigo Lucilio: cómo es la vejez, detalles referentes a sus viajes y otros incordios, cómo casi murió de un ataque de asma y el loco comportamiento de las gentes de la sociedad romana. (Séneca, que había vivido entre las personas más ricas y poderosas de Roma, fue un consejero principal del emperador Nerón, por lo que fue testigo de toda suerte de malas conductas, incluidos los asesinatos políticos.)

Pese al elevadísimo nivel de interés actual por el estoicismo, nadie ha escrito un libro explicando las enseñanzas de Séneca para el lector general, aun cuando este ha sido definido como «el más fascinante y elegante de los escritores estoicos».[3] Confío en que este libro colme ese vacío y ofrezca una visión global de su pensamiento. (Séneca es muy consistente en su pensar, pero sus ideas sobre temas específicos se hallan diseminadas por centenares de páginas.)

Este libro podría satisfacer por completo la curiosidad de algunos lectores acerca de la filosofía de Séneca. Pero para aquellos que deseen continuar con los auténticos escritos de Séneca, o celebrar sus propios desayunos con este filósofo, esta guía puede servir como una útil compañera en ese empeño.

David Fideler

INTRODUCCIÓN

UNA VIDA VERDADERAMENTE DIGNA DE SER VIVIDA

Séneca (c. 4 a. C.-65 d. C.) fue uno de los escritores más geniales y eruditos de su tiempo. Como infeliz consejero del malhadado régimen del emperador Nerón en Roma, llegó a ser asimismo uno de los hombres más ricos del mundo. Pero la razón por la que la mayoría de la gente siente interés por Séneca en nuestros días es otra: el motivo es que escribió acerca de la filosofía estoica, que ha experimentado un tremendo resurgimiento popular en los últimos años.

Aunque la escuela estoica comenzó en Atenas aproximadamente trescientos años antes del nacimiento de Séneca, la mayor parte de los escritos de los estoicos griegos se han perdido. Sobreviven únicamente en breves citas o fragmentos. Esto convierte a Séneca en el primer escritor estoico importante cuyas obras filosóficas han llegado casi completas hasta nosotros. Poseía una de las mentes mejor informadas y más curiosas de su tiempo, y exhibía en sus escritos una osada libertad intelectual y apertura mental. A esta cualidad se debe que parezca muy moderno.

En este libro, que incluye nuevas traducciones de sus obras, explico de la manera más clara posible las ideas clave y las sabias doctrinas de Séneca. Se trata, asimismo, de una introducción a la filosofía estoica en general, porque resulta imposible comprender plenamente el pensamiento de Séneca sin entender las ideas estoicas en las que se basa. Para desarrollar y profundizar en las ideas defendidas por Séneca, cito también a dos estoicos romanos posteriores: Epicteto (c. 50-135 d. C.) y Marco Aurelio (121-180 d. C.).

La filosofía como «el arte de vivir»: el estoicismo y su atractivo duradero

> El espíritu se acostumbra a deleitarse, antes que a cuidar de sí mismo, y a hacer de la filosofía un divertimento, cuando es un remedio.
>
> Séneca, *Epístolas* 117.33

Antes de comenzar nuestra exploración del estoicismo, hemos de aclarar un malentendido generalizado. El estoicismo no tiene nada que ver con «mantener la compostura» ni con «reprimir tus emociones», lo cual todos sabemos que es poco saludable. Aunque Séneca era un filósofo estoico, resulta esencial reconocer que, con el transcurso de los siglos, el significado de *estoico* ha cambiado radicalmente: hoy en día, la palabra *estoico* no guarda relación alguna con el estoicismo del mundo antiguo. Mientras que en la actualidad *ser estoico* significa «reprimir tus emociones», los antiguos estoicos jamás defendieron nada por el estilo. Como todos los demás, los filósofos estoicos no tenían ningún problema con los sentimientos normales y saludables como el amor y el cariño. Como decía el filósofo Epicteto, el estoico no debería ser «insensible como una estatua». Antes bien, los estoicos desarrollaron una «terapia de las pasiones» para ayudar a evitar las emociones extremas, violentas y negativas capaces de abrumar la personalidad, como la ira, el temor y la ansiedad. Más que reprimir esas emociones negativas, su objetivo era transformarlas mediante la comprensión.

Algunas ideas estoicas importantes se remontan al filósofo griego Sócrates (c. 470-399 a. C.), quien pronunció la célebre sentencia «Una vida sin examen no merece ser vivida». En otras palabras, «Conócete a ti mismo»: el autoconocimiento es esencial para llevar una vida feliz. Sócrates sugiere, asimismo, que, del mismo modo que la gimnasia está diseñada para mantener sano nuestro cuerpo, ha de existir alguna clase de arte que se preocupe de la salud de nuestra alma. Aunque Sócrates nunca puso un nombre a este «arte», la implicación evidente era que «el cuidado del alma»[1] es la función de la *filosofía* y del filósofo.

Estas dos ideas —que el conocimiento es crucial para la felicidad y para vivir una buena vida, y que la filosofía es una suerte de terapia para el alma— eran los fundamentos esenciales en los que se basaba el estoicismo. Como escuela, el estoicismo se originó en torno al año 300 a. C. en Atenas, donde el filósofo Zenón de Citio (c. 334-c. 262 a. C.) daba clases en la Stoa Pecile o Pórtico Pintado; de ahí el nombre de la escuela.[2]

Al igual que otros filósofos de la época, los estoicos estaban profundamente preocupados por la cuestión *¿qué es necesario para vivir la mejor vida posible?* Si los humanos fuésemos capaces de responder esa pregunta, creían, podríamos florecer y vivir una vida tranquila y feliz, incluso si el mundo mismo pareciera estar loco y fuera de control. Esto hizo del estoicismo una filosofía supremamente práctica, y explica asimismo su resurgimiento actual, porque nuestro tiempo —social, política, económica y medioambientalmente— también se nos antoja loco y fuera de control.

Incluso si el mundo parece fuera de control, los estoicos enseñaban que podíamos llevar una vida significativa, productiva y feliz. Además, incluso en situaciones adversas, nuestra vida puede seguir siendo tranquila y caracterizarse por la ecuanimidad psicológica. Este fuerte énfasis en el proyecto de vivir una vida buena, significativa y tranquila es lo que convirtió el estoicismo romano en una escuela filosófica tan popular durante las épocas de Séneca, Epicteto y Marco Aurelio, y lo que explica asimismo la popularidad actual del estoicismo, en unos tiempos no menos estresantes.

Este énfasis en vivir una vida buena separa también el estoicismo de la filosofía académica moderna, que ha abandonado las preocupaciones humanas prácticas en favor de los problemas teóricos abstractos, en su mayor parte carentes de sentido fuera de la torre de marfil del filósofo. Pero como recalcaba el antiguo filósofo Epicuro (340-270 a. C.):

> Vacío es el argumento de aquel filósofo que no permite curar ningún sufrimiento humano. Pues de la misma manera que de nada sirve un arte médico que no erradique la enfermedad de los cuerpos, tampoco hay utilidad ninguna en la filosofía si no erradica el sufrimiento del alma.[3]

Análogamente, los estoicos veían la filosofía como una forma de curación de las «enfermedades del alma». La concebían como «un arte médico» e incluso definían al filósofo como «un médico del alma». Los estoicos calificaban asimismo la filosofía como «el arte de vivir», y Séneca describía sus propias enseñanzas como «útiles medicinas». A su juicio, esas «medicinas» eran eficaces para tratar sus propias dolencias y deseaba compartirlas con los demás, incluidas las generaciones futuras.[4]

Ocho enseñanzas fundamentales del estoicismo romano

Como cabría esperar, los filósofos estoicos defendían ideas diferentes acerca de numerosos temas, pero hay varios puntos clave en los que todos los filósofos estoicos romanos convenían. Eso es lo que los hacía estoicos y no miembros de alguna otra escuela filosófica. Estas ideas fundamentales del estoicismo se reflejan también en las obras de Séneca, y se remontan en su mayor parte a los primeros estoicos griegos.

Aunque las exploraremos más en profundidad en los capítulos siguientes, merece la pena mencionar en este punto estas ocho ideas principales del pensamiento estoico, a modo de rápida degustación de lo que se avecina. (Dicho esto, si prefieres considerar estos temas más adelante, no dudes en saltar a la siguiente sección de esta introducción.)

1
«Vive conforme a la naturaleza» a fin de hallar la felicidad.

Al igual que muchos pensadores anteriores y posteriores, los estoicos creían que la racionalidad existe en la naturaleza. Podemos ver evidencias de ello en los patrones, los procesos y las leyes de la naturaleza, que permiten el excelente funcionamiento de las formas naturales. Dado que los seres humanos formamos parte de la naturaleza, también somos capaces de ser racionales y excelentes. A juicio de Zenón de Citio, el fundador del estoicismo, si «vivimos conforme a la naturaleza», nuestra vida «fluye suavemente». (Por supuesto, cuesta imaginar que vivamos una vida feliz si estamos luchando constantemente contra la naturaleza.) Aunque vivir conforme a la naturaleza tenía múltiples sentidos para los estoicos, uno de los significados centrales y más importantes era que, como seres humanos, deberíamos afanarnos para desarrollar nuestra propia racionalidad y excelencia humanas.

2
La virtud, o la excelencia de nuestro carácter interior, es el único bien verdadero.

Aunque esto entraña varias dimensiones, me limitaré en este punto a mencionar una sola: si careces de esta clase de bondad interior, no serás capaz de usar nada de una manera adecuada, ni en beneficio propio ni en el ajeno.

Por ejemplo, los estoicos no veían el dinero como un bien en sí mismo, ya que unas veces puede usarse bien y otras mal. Si posees sabiduría y moderación, que son virtudes, es probable que puedas hacer un buen uso del dinero. Ahora bien, si alguien que carezca de sabiduría o moderación acaba despilfarrando miles de dólares en un fin de semana en drogas y otros vicios, pocos considerarán que eso sea algo bueno o saludable, o un buen uso del dinero. Como escribió Séneca, «la virtud [o excelencia del carácter] es ella el único bien, porque ninguno existe sin ella».[5]

Lo que hace verdaderamente buena una virtud como la justicia o la imparcialidad es el hecho de que sea *siempre* o sistemáticamente buena. En cambio, de otras cosas cabe hacer un buen o un mal uso. No son intrínseca ni sistemáticamente buenas.

3
Unas cosas dependen de nosotros o se hallan enteramente bajo nuestro control, en tanto que otras no.

Para los estoicos, las únicas cosas que están *plenamente* bajo nuestro control son nuestras facultades internas de juicio, opinión y toma de decisiones, nuestra voluntad y nuestra manera de interpretar las cosas que experimentamos.

Con el fin de reducir el sufrimiento emocional, la persona necesita concentrarse en aquello que se halla bajo su control, al tiempo que continúa tratando de crear una vida mejor y un mundo mejor para los demás. (Exploraremos esto en los capítulos 6, «Cómo dominar la adversidad», y 8, «La batalla contra la fortuna: cómo sobrevivir a la pobreza y la riqueza extremas».)

4

Mientras que no podemos controlar lo que nos sucede en el mundo exterior, podemos controlar nuestros juicios internos y cómo respondemos a los acontecimientos de la vida.

Esto es sumamente significativo para los estoicos, puesto que las emociones negativas extremas se originan en las opiniones o los juicios erróneos. Ahora bien, si entendemos y corregimos las interpretaciones equivocadas considerando las cosas de otro modo, también podemos librarnos de las emociones negativas. (Véanse los capítulos 3, «Cómo superar la angustia y la ansiedad», y 4, «El problema de la ira».)

5

Cuando sucede algo negativo, o cuando nos golpea la adversidad, no deberíamos sorprendernos por ello, sino verlo como una oportunidad de crear una situación mejor.

Para los estoicos, todo desafío o adversidad que encontramos supone una oportunidad tanto para poner a prueba nuestro carácter interior como para desarrollarlo. Además, creer que nunca nos acontecerán infortunios supondría estar completamente desconectados de la realidad. Antes bien, deberíamos *esperar* activamente los baches ocasionales en el camino, que a veces serán importantes. (Véase el capítulo 6, «Cómo dominar la adversidad».)

6

La virtud, o la posesión de un carácter excelente, es su propia recompensa. Pero es también causa de eudaimonía *o «felicidad». Esta es un estado de tranquilidad mental y gozo interior.*

Eudaimonía se ha traducido de diversas maneras, como «felicidad», «florecimiento humano», «bienestar» y «tener la mejor actitud posible». Pero, para los estoicos, tal vez la traducción más adecuada sea «tener una vida verdaderamente digna de ser vivida». (Véase el capítulo 14, «Libertad, serenidad y gozo perdurable».)

En una de sus famosas «paradojas» o dichos paradójicos, los estoicos decían que una persona perfectamente sabia, un sabio estoico, poseería la *eudaimonía* incluso mientras estuviera siendo torturada en el potro. Si bien no podríamos describir a una persona que estuviese sufriendo tortura como «feliz» en el sentido moderno de la palabra, *podríamos* imaginar que poseyera *una vida verdaderamente digna de ser vivida*, en especial si estuviera siendo torturada por enfrentarse a un tirano malvado.[6] De un modo análogo, muchas personas heroicas han dado su vida luchando por el mayor bien, para beneficiar a la sociedad. En otras palabras, vivir la mejor vida posible, o una vida verdaderamente digna de ser vivida, podría implicar cierto dolor.

7

La auténtica filosofía implica «progresar».

La filosofía implica el pensamiento crítico, el análisis intelectual y el intento de entender científicamente el mundo. Pero en última instancia, para los estoicos, la dimensión más importante de la filosofía es la *ética,* que posee un carácter muy práctico. Los estoicos romanos veían la filosofía auténtica como una suerte de camino en el que avanzamos hacia la virtud o el desarrollo de un carácter mejor. (Véase el capítulo 1, «El arte perdido de la amistad».)

8

Es esencial que, como individuos, contribuyamos a la sociedad.

Los estoicos eran los filósofos más prosociales del mundo antiguo. Enseñaban que la humanidad es como un único organismo y que, como parte de dicho organismo, deberíamos contribuir al mayor bien de la sociedad en su conjunto. (Véase el capítulo 10, «Cómo ser auténtico y contribuir a la sociedad».) Significativamente, los estoicos no solo estaban interesados en mejorar sus propias vidas. Estaban interesados en mejorar las vidas de toda la humanidad.[7]

La vida de séneca y la transformación de la adversidad

Este es un libro sobre las ideas de Séneca, no sobre su vida. Naturalmente, sin embargo, existe una cierta relación entre ambas, por lo que son pertinentes unos cuantos datos. (A quienes deseen saber más sobre la vida de Séneca, les recomiendo la excelente biografía de Emily Wilson.)[8]

Séneca nació en torno al año 4 a. C. en una acomodada familia de équites, o familia de caballeros romanos, en lo que hoy es la ciudad de Córdoba, en España. Su padre, Séneca el Viejo (54 a. C.-39 d. C.), fue un maestro de retórica y oratoria. Al igual que hoy, ser un excelente comunicador era una destreza vital para forjarse una carrera exitosa en el Imperio romano, y la familia de Séneca sobresalía en ello.

Sabemos poco sobre la infancia de Séneca, pero su padre le llevó a Roma cuando contaba cinco años o poco más. En su adolescencia estudió con varios profesores en Roma, incluidos diversos filósofos.

Por desgracia, Séneca padecía desde la niñez alguna clase de enfermedad pulmonar crónica, probablemente una combinación de asma y tuberculosis. Cuando rondaba los veinticinco años, su tía lo llevó a Alejandría, en Egipto, en un intento de mitigar la enfermedad, que podría haberse agravado viviendo en Roma. Sorprendentemente, acabó quedándose diez años en Egipto y no regresó a Roma hasta los treinta y cinco años más o menos. Por fortuna para Séneca, su tía tenía contactos políticos y, debido a su influencia, fue capaz de ingresar en el Senado romano, cuando Roma estaba bajo el imperio de Calígula.

En el siglo anterior, Roma había sido una república. Pero, con la disolución de la república, los recién creados emperadores romanos poseían, a todos los efectos, poderes absolutos que conducían, por supuesto, a abusos terribles. Los reinados de Calígula (12-41 d. C.), Claudio (10 a. C.-54 d. C.) y Nerón (37-68 d. C.), bajo los cuales vivió Séneca, fueron corruptos más allá de lo imaginable, y estuvieron repletos de ejemplos de crímenes, envenenamientos y asesinatos, infidelidades sexuales (incluidos casos de incesto), exilios de Roma de personas inocentes, torturas brutales y otros actos terribles, muchos de ellos basados en el simple capricho. Era como una telenovela en la que todo se tuerce de la peor manera posible, pero con consecuencias letales en la vida real.

Como senador bajo el imperio de Calígula, Séneca comenzó a acumular una inmensa riqueza personal, que continuaría creciendo a lo largo de su vida. Pero esas recompensas financieras no estaban exentas de inconvenientes, pues a medida que Séneca ascendía hacia la cima del estatus social y del poder en Roma, su vida peligraba cada vez más.

En la cumbre de su carrera, bajo el emperador Nerón, Séneca parecía dirigir en realidad el Imperio romano, con la ayuda de Burro, el prefecto de la Guardia Pretoriana. Nerón era un mero adolescente que solo contaba dieciséis años cuando fue proclamado emperador, y carecía de la experiencia para gobernar por sí solo el imperio más grande del mundo. Durante los cinco primeros años de su reinado, Séneca lo guiaba y las cosas discurrían bien tanto para ambos hombres como para el Imperio. Séneca también fue elegido cónsul, que era el cargo político más elevado que cabía alcanzar en Roma. Sin embargo, tras ese pacífico lustro, Nerón asumió el control pleno y comenzó a actuar de forma sanguinaria.

Por desgracia, cuando Séneca escribió sus *Epístolas*, en su vejez, sabía que su vida se hallaba bajo la amenaza de Nerón, que tenía la mala costumbre de matar a las personas que ya no le gustaban. Sabedor de que su vida corría peligro, Séneca intentó en vano alejarse de Nerón en dos ocasiones.

Cuando Séneca rondaba los cuarenta y tres años, empezaron sus problemas con Calígula, quien quiso ejecutarlo por envidia, solo porque se sintió eclipsado por un brillante discurso pronunciado por Séneca ante el Senado. Por fortuna, una de las amantes de Calígula lo disuadió de matar a Séneca porque este se hallaba enfermo y ella pensaba que moriría pronto en cualquier caso.

Más tarde, cuando Séneca tenía cuarenta y cinco años, el emperador Claudio lo desterró a la isla de Córcega durante ocho años y le arrebató la mitad de su patrimonio, bajo falsas acusaciones, como una alternativa a matarle. Ese exilio, que conllevaba una separación total de su esposa, tuvo lugar tan solo unas semanas después de la muerte del único hijo de Séneca, que todavía era un niño pequeño.

Tras pasar ocho años en Córcega, donde escribió con profusión (porque nada más podía hacer allí), Séneca fue llamado a regresar a Roma, pero solo a condición de que se convirtiera en tutor del joven Nerón, que a la sazón contaba once años.

Pese a los esfuerzos de Séneca por ayudar a Nerón a desarrollar un buen carácter, el proyecto fue un absoluto fracaso. Nerón no tenía ningún interés en la filosofía ni en la ética. Sus únicos intereses eran la autogratificación y el poder a expensas de los demás, lo cual lo convirtió en un monstruoso tirano. Al final, Nerón hizo matar a muchos de quienes lo rodeaban, incluidos su propia madre, su hermano y su esposa (que se le antojaba aburrida en comparación con su amante). Nerón acabó haciendo ejecutar también a Séneca, cuanto este contaba sesenta y nueve años, tras una conspiración fallida para apartar del poder a Nerón. En esa nueva ola de asesinatos perdieron su vida muchas personas, entre ellos los dos hermanos y el sobrino de Séneca.

Pero, a pesar de los graves obstáculos que encontró en su vida, que hoy en día destruirían psicológicamente a muchas personas, la filosofía estoica de Séneca lo ayudó a soportar las dificultades y a transformar las adversidades en algo positivo. Incluso cuando Nerón obligó a Séneca a suicidarse en su ancianidad —lo cual era preferible con creces a las formas alternativas de ejecución al uso—, Séneca aprovechó la ocasión de su propia muerte para pronunciar un discurso final sobre filosofía a varios amigos que lo acompañaban, como hiciera Sócrates cuando fue forzado a beber cicuta.

Como un buen estoico, Séneca llevaba muchos años preparándose para la muerte como parte de su entrenamiento filosófico, y no mostró ni un solo rastro de inquietud ni preocupación al entregar su vida.

Se dice que expresó con toda naturalidad: «¿A quién había pasado desapercibida la crueldad de Nerón? Asesinados su madre y su hermano..., ya nada le faltaba sino añadir a esas muertes la de su educador y maestro».[9] Y aunque las últimas palabras de Séneca sobre la filosofía no hayan llegado hasta nosotros, cabría imaginarlo haciéndose eco de las palabras de Sócrates acerca de su propia muerte: «Aunque podáis matarme, no podéis hacerme daño».[10] O, como también podríamos expresarlo: «Aunque podáis matarme físicamente, no podéis destruir mi carácter interior».

El mundo de Séneca es nuestro mundo

Si lees las obras de Séneca, una de las cosas que más te sorprenderán es cómo parece describir precisamente nuestro mundo actual, pese a haber escrito hace dos mil años.

Los ciudadanos adinerados de Roma habían convertido el consumismo en un bello arte, y se deleitaban con el lujo físico y el hedonismo. Como en nuestro tiempo, en que podemos ir al supermercado en pleno invierno y comprar naranjas y aguacates cultivados en el otro lado del mundo, los romanos habían desarrollado el comercio internacional hasta tal punto que las mercancías exóticas, los alimentos y los artículos de lujo procedentes de tierras remotas inundaban Roma.

Los romanos de clase alta llegaban a obsesionarse con la ostentación de su riqueza como un signo de estatus social. Lo que ahora llamamos «no ser menos que el vecino» existía ya en la antigua Roma. Séneca lo describe de este modo:

> ¡Y cuántas cosas nos procuramos ahora porque otros se las han procurado, porque la mayoría las posee! Entre las causas de nuestros males se cuenta vivir siguiendo el ejemplo de los demás y no gobernarnos por la razón, antes bien somos arrastrados por la costumbre. Lo que no querríamos imitar si lo hicieran pocos, cuando empiezan a hacerlo más, lo secundamos como si fuera más honesto porque es más frecuente.[11]

Los ricos construían villas a orillas del mar, con mármol exótico de importación, que incluían vistas espectaculares del océano, piscinas y elegantes baños, amén de todos los lujos imaginables. Algunos enfriaban sus bebidas y sus piscinas durante los calurosos meses estivales con nieve y hielo transportados desde lugares muy lejanos. Otros celebraban extravagantes banquetes, cenas y fiestas, que con frecuencia costaban sumas astronómicas de dinero, con los más raros manjares importados del mundo entero, que después vomitaban para dejar espacio a otros nuevos. Aunque los romanos habían vivido modestamente en épocas precedentes, ya no era ese el caso.

Finalmente, la dispendiosa cultura romana de la época de Séneca exhibía las mismas clases de excesos asociados con las celebridades actuales, sobre los que leemos en los tabloides de Hollywood y en los sitios web de chismes de famosos. Séneca comenta:

> Además, los libertinos quieren que, mientras vivan, se hable de su vida, porque, si es silenciada, creen que se fatigan en vano. Así pues, de vez en cuando realizan alguna acción que despierta habladurías. Muchos devoran sus bienes, muchos tienen amantes: para alcanzar nombradía entre esta gente no basta solo con realizar una acción disoluta, sino una que sea notoria; en medio de una ciudad tan atareada, la perversidad ordinaria no provoca comentarios.[12]

Si estas cosas suenan tan habituales hoy en día es sencillamente porque la naturaleza humana no ha cambiado. Aunque nuestra cultura actual sea mucho más avanzada tecnológicamente, en un sentido psicológico somos exactamente iguales que las gentes de la época de Séneca. Somos criaturas complejas que padecen codicia, ambición, inquietud, temor, aflicción, cólera, ansiedad financiera, deseo sexual y adicciones, junto con el deseo de ser buenas personas y de hacer del mundo un lugar mejor.

Aunque el estoicismo propugnaba la vida sencilla, no prohibía la acumulación de riqueza, siempre y cuando esta pudiera usarse sabiamente. Pero, como uno de los hombres más adinerados del Imperio romano, entre cuyos colegas profesionales figuraban los puestos más altos de la élite social, Séneca tenía experiencia de primera mano acerca de las consecuencias de buscar el lujo excesivo. Es muy probable que fueran esas experiencias directas las que hubieran llevado a Séneca a reconocer la vacuidad y la superficialidad de la vida lujosa, y lo hubieran conducido a escribir en contra de esta:

> Admiramos los muros cubiertos de fina capa de mármol, cuando sabemos qué material se esconde en ellos. Engañamos nuestros ojos, y cuando revestimos con oro la techumbre, ¿qué otra cosa hacemos sino complacernos con la mentira? Porque sabemos que, debajo de aquel oro, se oculta sórdida madera. Y no solo el tenue adorno se extiende por delante de los muros y del artesonado: la felicidad de todos estos que ves caminar altivos es superficial. Examínalos y comprobarás cuánta miseria se oculta bajo este tenue revestimiento de dignidad.[13]

Lo que vuelve único a Séneca en la tradición estoica es su profunda perspicacia psicológica acerca de la condición humana, incluidos la ambición y los temores. Fue la primera persona del mundo occidental que exploró profundamente la psicología del consumismo. También hizo contribuciones significativas a la comprensión de las emociones y la ira, que preservan su vigencia en nuestros días. En resumidas cuentas, Séneca no era un teórico académico, sino alguien que lo había «visto todo» en la vida real: tanto las mejores como las peores caras de la naturaleza humana.[14] Tenía experiencia de primera mano de aquello sobre lo que escribía, así como una habilidad excepcional para comprender las motivaciones psicológicas internas de los demás. Esto es lo que convierte a Séneca en un guía tan valioso para los lectores actuales, dos mil años después.

Al fin y a la postre, la época de Séneca es nuestra época. Es nuestro contemporáneo y compartimos profundamente las mismas preocupaciones.

CAPÍTULO 1

EL ARTE PERDIDO DE LA AMISTAD

> Ni doctrina alguna me deleitaría, por más excelente y saludable que fuese, si tuviera que conocerla solamente yo. [...] sin compañía no es grata la posesión de bien alguno.
>
> Séneca, *Epístolas* 6.4

Cuando Séneca era un sexagenario, su buen amigo Lucilio estaba luchando con un problema importante.

Lucilio era un poco más joven que Séneca y ocupaba un puesto en la administración de Nerón como gobernador de la región de Sicilia. Al igual que Séneca, Lucilio era ambicioso, talentoso, trabajador y exitoso. Había forjado una carrera de categoría e incluso se había granjeado la fama en el mundo social de su tiempo. Pero, en algún punto del camino hacia el alto nivel de éxito, Lucilio había desatendido su bienestar interior. En términos modernos, estaba experimentando una crisis de sentido.

Al buscar el consejo de un amigo de confianza, Lucilio recurrió a Séneca. Lucilio deseaba retirarse y vivir una vida más reflexiva y plena, pero también se había acostumbrado a su opulento estilo de vida y al reconocimiento público que recibía con frecuencia. Y como muchas personas hoy en día, Lucilio se preguntaba si tenía los suficientes recursos financieros para retirarse y mantener su estilo de vida, o si debería continuar trabajando unos cuantos años más para aumentar sus ahorros. Aunque anhelaba ser libre, también temía las consecuencias de dejar su puesto bien remunerado.

Aunque los estudiosos de Séneca nunca lo mencionan, este es el trasfondo de la historia que subyace a las cartas de Séneca a Lucilio.

Las preguntas de Lucilio sobre cómo ajustar su camino en la vida brindaron un pretexto a Séneca para crear sus maravillosas *Epístolas*, escritas no solo para Lucilio, sino también para un círculo más amplio de lectores. Al mismo tiempo, las *Epístolas* eran un curso introductorio, astutamente diseñado, a la versión de la filosofía estoica del propio Séneca. Pero a todo este proyecto subyace una creencia en el profundo y transformador poder de la amistad. A lo largo de sus *Epístolas*, Séneca discute numerosos aspectos de la amistad, pero este pasaje subraya por qué esta es tan esencial:

> Una comunicación de todos los bienes entre nosotros la realiza la amistad. Ni existe prosperidad ni adversidad para cada uno por separado: vivimos en comunión. No puede vivir felizmente aquel que solo se contempla a sí mismo, que lo refiere todo a su propio provecho: has de vivir para el prójimo, si quieres vivir para ti.
>
> Si cultivamos puntual y religiosamente esta solidaridad que asocia a los hombres entre sí y ratifica la existencia de un derecho común del género humano, contribuimos a la vez muchísimo a potenciar esa comunidad más íntima, de que te hablaba, que es la amistad. Lo tendrá todo en común con el amigo quien tiene mucho de común con el hombre».[1]

Mientras que Séneca expresó a Lucilio su filosofía de la vida en cartas y correspondencia, escribió sus obras filosóficas anteriores para otros amigos, familiares e individuos a quienes conocía personalmente. Su objetivo era ayudarlos a alcanzar la tranquilidad mental, superar el dolor o afrontar diferentes desafíos. Como podemos ver, para Séneca, la filosofía, como el arte de vivir, no se basaba en la creación de un sistema abstracto para otros intelectuales. Antes bien, implicaba las relaciones personales, ya que, a juicio de Séneca, la filosofía debía ayudar a las personas que vivían en el mundo real.

Séneca criticó reiteradamente a los filósofos académicos de su tiempo, que reducían la filosofía a argumentos lógicos poco persuasivos. Su enfoque parecía poco convincente y resultaba irrelevante para responder a las necesidades humanas. Séneca hacía una distinción tajante entre la «filosofía real» y su alternativa, que veía como un juego de palabras, un mero juego intelectual. Muchos filósofos de su tiempo, decía, se centraban en analizar sílabas y buscarle tres pies al gato en lugar de explorar las ideas vivas, capaces de mejorar la vida humana. Insistía en que el aprendizaje auténtico es para la vida, no para el aula.[2] Las ideas filosóficas de Séneca eran sistemáticas y consistentes, pero, como escritor, comprendía la importancia de presentar esas ideas de una manera atractiva y convincente. Al transmitir la filosofía con destreza literaria e impacto dramático, le infundía vida y la tornaba memorable.

Aunque Lucilio consideraba a Séneca un amigo íntimo, también lo veía como su mentor y consejero filosófico, un papel que Séneca desempeñaba de buen grado. A veces un amigo puede ser un magnífico mentor. Con frecuencia, alguien que te conoce bien puede hacerte unos comentarios francos, que parecerían fuera de lugar, o incluso hostiles, si vinieran de un desconocido. Por consiguiente, son numerosos los lugares de las *Epístolas* en los que Séneca rebatía enérgicamente todas esas opiniones falsas (vistas desde la perspectiva estoica de Séneca) que estaban provocando ansiedad mental a Lucilio.

Séneca conocía bien a Lucilio y, cuando era necesario, lo ayudaba a analizar seriamente las creencias subyacentes que estaban causando sus problemas. Lo animaba entonces a considerar las cosas desde otra perspectiva, ayudándolo a replantear la situación. Algunas de las cartas de Séneca se asemejan mucho a las sesiones actuales de psicoterapia, en las que un terapeuta desafía a su paciente para que se cuestione sus patrones de pensamiento. En todos sus escritos filosóficos, Séneca desempeña un papel de mentor, ofreciendo consejos sensatos y argumentos racionales para afrontar las dificultades de la vida real. Lo hace para ayudar a sus lectores a reconsiderar sus creencias subyacentes. Para Séneca y los estoicos, a menos que podamos extirpar o deconstruir las falsas creencias que causan el sufrimiento mental, resulta imposible para cualquiera llevar una vida más feliz.[3]

Instrumentos de la amistad

> Siempre que me llegan tus cartas tengo la impresión de estar en tu compañía, y dispongo mi alma de tal suerte que imagino no contestarte por escrito, sino responderte de palabra.
>
> Séneca, *Epístolas* 67.2

Estar con un amigo es la mejor forma de disfrutar mutuamente de la compañía y tener conversaciones significativas. Pero eso no siempre es posible. En la Antigüedad, una carta era un instrumento para forjar, mantener y fortalecer amistades, salvando la distancia de la separación. Como escribía Séneca a Lucilio: «Jamás recibo tu carta sin que estemos enseguida juntos».[4] Las cartas continuaron desempeñando esta función hasta que fueron reemplazadas en gran medida por el correo electrónico, lo cual no ocurrió hace tanto tiempo.

Por desgracia, creo que con la invención del correo electrónico perdimos algo vital. Aunque son rápidos y eficientes, tienden a parecer incorpóreos e insustanciales. En comparación, una carta física bien escrita puede ofrecer una experiencia significativamente diferente, que comunique con mayor profundidad la personalidad y los pensamientos íntimos de un individuo. Mientras que olvidamos enseguida los correos electrónicos, una carta interesante puede antojarse nutritiva y es algo que puedes guardar en un lugar especial.

El hecho de que la escritura de cartas haya pasado de moda supone, a mi parecer, al menos una pequeña contribución a la «epidemia de soledad» sobre la que tanto leemos hoy en día. Resulta irónico que, mientras las plataformas de medios sociales como Facebook nos conectan con centenares de personas, muchos individuos se sienten más solos que nunca. Yo creo entender por qué: el nivel de comunicación que se genera en los medios sociales es muy reducido, en comparación con las clases de conversaciones *reales* que necesitamos para ser felices y para florecer como seres humanos. Mientras las cartas pueden incorporar conversaciones en curso, los medios sociales están constituidos sobre todo por *comentarios*, y se trata de dos cosas muy diferentes.

Desde luego, es posible escribir una carta real a alguien por correo electrónico. Y por fortuna eso sucede algunas veces. Pero, dado que la mayor parte de los correos electrónicos son simples notas rápidas, el propio medio nos anima a comunicarnos menos concienzudamente que antes, en los tiempos en que la gente escribía cartas físicas. Dicho de otro modo, con el correo electrónico nos comunicamos mucho más deprisa y con más frecuencia, pero también con menos profundidad.

En sus cartas a Lucilio, Séneca nos ofrece un modelo de lo que podría ser una profunda amistad. Pero en nuestra cultura utilitarista y acelerada, con su foco de atención en el logro de resultados rápidos y en la gratificación inmediata, parecemos olvidar con frecuencia lo que requieren las amistades profundas y satisfactorias.

Tres niveles de amistad

Aristóteles (384-322 a.C.) enfatizó la importancia de la amistad hace más de dos mil años, cuando escribió que existían tres clases diferentes de amistad, y que no era posible vivir una vida feliz sin amistades significativas. Aunque hoy en día es poco probable que estudies la amistad en un curso universitario de filosofía, el asunto era tan crucial para Aristóteles que dedicó una quinta parte de su principal obra sobre ética, la *Ética a Nicómaco*, a explorar la naturaleza y el significado de la amistad.

El nivel más básico de amistad, explica Aristóteles, se basa en el beneficio mutuo. Estas clases de *amistades venta-*

josas se asemejan a las relaciones que puedes hacer en un evento de establecimiento de contactos laborales. Estos son los tipos de amistad más superficiales y efímeros. Dado que con frecuencia son egoístas, cuando desaparece la ventaja que alguien ofrece, también se disuelve la amistad. Personalmente yo no llamaría a estas personas *amigos*, sino *conocidos*. En palabras de Séneca: «Despoja a la amistad de su grandeza quien la procura para las situaciones favorables».[5]

La siguiente forma de amistad se basa en el placer mutuo. Estas *amistades placenteras* consisten en personas que disfrutan de su mutua compañía. Pueden incluir a un compañero de copas, alguien con quien te gusta ir al cine o cualquiera con quien te agrade pasar tiempo.

El nivel más profundo de amistad para Aristóteles, sin embargo, está basado en la admiración mutua, en la que cada persona descubre algo que admira en el carácter del otro. Estas *amistades caracteriales* se basan en algo bueno o virtuoso que adviertes en otra persona. Requieren confianza e inversión de tiempo, y son los tipos de vínculos que con facilidad pueden durar toda la vida. Aristóteles calificaba de «perfecta» esta clase de amistad, que implica compartir tu vida interior con otra persona. Como todas las amistades, conlleva desear genuinamente el bien a la otra persona. Y dado que requiere tiempo, el número de amigos auténticos que puedes tener es limitado.

Tanto para Aristóteles como para Séneca, ninguna vida humana puede ser plenamente satisfactoria de manera aislada, sin verdaderas amistades basadas en el amor y el conocimiento de los otros.[6] Una importancia similar reviste el hecho de que, al pasar tiempo con otros y entablar el diálogo con ellos, podemos desarrollar también nuestras cualidades internas. Los amigos son como espejos los unos para los otros, ya que, cuando ves buenas cualidades en otra persona que no están desarrolladas en ti, te inspira a mejorar tu carácter, a llegar a ser mejor persona.[7]

Este es el arte perdido de la amistad que Séneca y Lucilio practicaban, y que no era meramente filosófico, sino que estaba lleno de afecto genuino. Basada en el diálogo y en el deseo de bienestar para otra persona, esta es una clase de amistad que estoy convencido de que muchas personas anhelan hoy en día, pero para la que apenas disponemos de buenos modelos. Lo cierto es que, esas raras y más profundas amistades, que resultan interiormente significativas, hacen que nos sintamos más humanos y más vivos en un sentido pleno. Estas clases de amistades no solo mejoran la calidad de nuestra vida, sino que también nos vuelven mejores personas.

Progresar juntos

Séneca estaba muy animado cuando escribió una de sus primeras cartas a Lucilio. Como decía con entusiasmo en la primera línea: «Me doy cuenta, Lucilio, no solo de que mejoro, sino de que me transformo».[8]

En su calidad de mentor, Séneca no solo estaba intentando ayudar a Lucilio a mejorar su carácter. Como muestra esta frase, esperaba otro tanto *para él mismo.* Aunque Séneca estudiaba estoicismo desde su adolescencia, todavía sentía que tenía que hacer una inmensa cantidad de progresos personales.

Tras revelarle a Lucilio que estaba experimentando una transformación, Séneca explica esta idea con mayor profundidad. Sabe que tiene «muchas tendencias que deban refrenarse, atenuarse, realzarse».[9] Cree que este descubrimiento es significativo. Es una prueba de una mente que se ha transformado para mejor, pues ahora es capaz de ver sus propios defectos.

Lo que Séneca estaba sintiendo es la clase exacta de transformación que deseaba ver asimismo en Lucilio. Tal vez, con su entusiasmo, Séneca intentara enfatizar e ilustrar estas ideas para su amigo. Para Séneca, si dos amigos podían ayudarse mutuamente a mejorar sus caracteres respectivos y a progresar juntos, ese sería un tipo ideal de amistad.

Las amistades y las relaciones significativas son cruciales en la filosofía de Séneca por otra razón (véase el capítulo 9, «Las multitudes despiadadas y los lazos que unen»). Y es que las personas de las que nos rodeamos ejercen un impacto enorme sobre nuestro propio carácter. Para Séneca, deberíamos elegir con cuidado a nuestros amigos, ya que es fácil adoptar o absorber de forma inconsciente malos rasgos de carácter de otros individuos. Por el contrario, rodearse de personas con buenos rasgos de carácter nos ayuda a cultivar un buen carácter. Esas amistades nos ayudan a progresar.

Trazar una senda: el estoicismo como progreso

Como descubrió Séneca, solo cuando cobras conciencia de tus defectos o de tus posibles carencias resulta posible el auténtico progreso.

Esta idea se asociaba en primer lugar con Sócrates. Este la aprendió de una sabia sacerdotisa llamada Diotima. Como esta explicó a Sócrates, los dioses poseen una sabiduría perfecta, por lo que no la buscan. La mayoría de las personas ni siquiera saben que carecen de sabiduría, de modo que tampoco la persiguen. A la postre, solo es posible buscar la sabiduría si te percatas de la carencia de algo.[10]

Dicho en otros términos, si no eres consciente de tus defectos, si no emprendes la autoindagación o si no examinas en serio tus valores, realmente no eres consciente de estas cosas y apenas es posible progreso alguno.

Para los estoicos romanos como Séneca, todo se centraba en avanzar hacia la sabiduría y perfeccionar el carácter, con el objetivo último de llegar a ser un sabio estoico o una persona sabia.

Aunque esto parece del todo razonable, una de las ideas

más extrañas y más nocivas de los primeros estoicos griegos (a mi juicio) era que la virtud misma, o la posesión de un buen carácter, era una cuestión de todo o nada. Ello significaba que solo el sabio estoico era virtuoso, en tanto que todos los demás eran descritos como necios, viciosos e incluso dementes. Esa idea provenía de los cínicos, lo cual ayudaba a explicar su naturaleza inusual y cuestionable.

Zenón de Citio, el fundador del estoicismo, estaba muy influenciado por la vida y el pensamiento de Sócrates. Pero sobre Zenón pesaba asimismo la influencia de otra escuela filosófica griega, los cínicos. Al buscar un estado radical de libertad, los cínicos vivían en las calles de Atenas como mendigos y tenían mala fama por sus máximas extremistas y sus conductas personales, que desafiaban de manera abierta las convenciones sociales. (Platón describió supuestamente al filósofo cínico Diógenes como «un Sócrates enloquecido».)[11] Casi todas las ideas más radicales de Zenón se remontaban a los cínicos. La idea de que la virtud es un asunto de todo o nada (y la idea del sabio) provenía de aquellos.[12]

No hay nada malo en la idea básica del sabio estoico. En realidad, se trata de un concepto muy útil. El problema radica en la idea de que la virtud es una cuestión de todo o nada: alguien puede *o bien* ser un sabio perfectamente virtuoso *o bien* carecer por completo de virtud. Por consiguiente, en mi opinión, la noción de Zenón de una dicotomía extrema entre el sabio y el resto de la humanidad no era una idea útil.

Pese a llamar la atención, resultó perjudicial para la escuela estoica e hizo que otros filósofos antiguos ridiculizasen un tanto a los estoicos.[13]

Dicho de otra forma, la mayoría de los filósofos modernos identificarían la idea de que la virtud ha de ser «todo o nada» como una *falsa dicotomía*, que es una falacia lógica. Del mismo modo, un filósofo moderno no esperaría que alguien fuese perfectamente virtuoso; antes bien, buscaría una excelencia de carácter global.

A este respecto, los estoicos romanos posteriores, como Séneca, se me antojan harto más realistas que los griegos originales. Mientras que los estoicos griegos habían descrito al sabio como un ser distante y emocionalmente desapegado, Séneca hacía que el sabio pareciera más humano. Asimismo, recalcaba que el sabio estoico se halla sujeto, como todo el mundo, a los sentimientos humanos normales. Lo que es más importante, los estoicos romanos ponían el acento en las personas que intentaban progresar hacia la virtud o hacia el perfeccionamiento de su carácter. Esto significaba que existen tres grupos de individuos en relación con la filosofía estoica: los *sabios*, los *progresores* o personas que progresan hacia la sabiduría y un tercer grupo de individuos que no hacen progresos. Aunque podríamos designar este tercer grupo como los *no progresores*, los estoicos romanos no dieron un nombre a esta categoría, ni siquiera la definieron.[14] A pesar de ello, como podemos apreciar con claridad en los escritos de Séneca, este grupo está integrado por personas inconscientemente atadas a, o esclavizadas por, las creencias falsas y no examinadas. Para nuestros propósitos, llamaremos a este grupo los *no inquisidores* (véase figura 1), haciéndonos eco de Sócrates, para quien «Una vida sin examen no merece ser vivida».

Intentaré ahora perfilar este modelo con más detalle para ayudar a explicar por qué los estoicos romanos veían el estoicismo como una especie de camino y cómo creían posible progresar un poco cada día mediante la autorreflexión, la práctica y el entrenamiento. Aunque resulta improbable que cualquier persona alcance el nivel del sabio estoico, mantenían que es posible avanzar en esa dirección.

Fig. 1: Tres tipos generales de personas en la senda filosófica, según los estoicos romanos.

En el vértice de la figura 1 encontramos la figura del sabio estoico, una persona perfectamente sabia. En circunstancias normales, el sabio estoico se siente feliz, lleno de júbilo y tranquilo, y exhibe ecuanimidad psicológica. Además, el sabio no experimenta pasiones (*pathē* en griego) ni emociones violentas, como la ira extrema, porque esas clases de emociones intensas surgen de los juicios internos errados. Lo que mantiene al sabio estoico libre de las emociones negativas es que solo hace juicios sensatos, de suerte que las emociones violentas jamás tienen siquiera la oportunidad de aflorar. (Dicho esto, el sabio estoico sí experimentará los sentimientos humanos normales, un tema discutido en los capítulos 4 y 12.)

Como podemos ver, el sabio estoico es una especie de criatura filosófica rara en extremo. Séneca decía que es tan rara que solo aparece un sabio cada quinientos años, como el fénix egipcio. (Por eso he incluido un pequeño fénix en la parte superior del diagrama, a modo de recordatorio de su rareza.) Y aunque casi todos los filósofos estoicos hablaban del sabio, ni uno solo de ellos afirmaba ser un sabio estoico. Dentro de la escuela estoica, que se extiende a lo largo de los siglos, la persona más identificada como un verdadero sabio era Sócrates.[15]

Así pues, si el sabio no es imposible, pero sí increíblemente extraordinario, ¿qué valor práctico posee la idea? En última instancia, el sabio es una especie de modelo: una brújula o estrella polar, que brinda a los estudiantes algo a lo que aspirar y les permite continuar avanzando en la dirección correcta. En palabras de Emily Wilson, la biógrafa de Séneca: «La figura del perfecto sabio estoico reviste interés para Séneca no tanto como una abstracción, sino como una herramienta que permite que sus lectores se comporten mejor los unos con los otros».[16]

El propio Séneca no se consideraba un sabio. Como él reconocía: «Disto mucho de ser un hombre soportable, mucho menos, perfecto».[17] Pero se refería con frecuencia a la persona sabia, por tratarse de una útil herramienta. De hecho, Séneca define tan bien la naturaleza del sabio en sus escritos que un estudiante del estoicismo podría hallarse en cualquier situación y preguntarse: «¿Cómo respondería a esta situación un sabio estoico?» Aun cuando podría no ser perfecta, la herramienta funciona.

En el nivel opuesto, y con menos inclinación filosófica, de mi pirámide, los *no inquisidores* corresponden al grupo de personas que Sócrates describía como inconscientes: dado que no advierten su falta de sabiduría, jamás desearán buscarla. (Peor aún, algunos integrantes de este grupo podrían creer que *ya* son sabios, lo cual supone una auténtica limitación.)

En términos modernos, diríamos que las vidas de los no inquisidores son profundamente moldeadas por las creencias absorbidas mediante la socialización y el condicionamiento social, que todavía no han comenzado a cuestionar de manera activa. Por este motivo, tienden a dar las cosas por sentadas, tal vez cosas tales como los mensajes implícitos de los anunciantes: «La compra de este producto elevará tu estatus y tu autoestima». Desde la perspectiva del estoicismo antiguo, las falsas creencias muy arraigadas como esta inspiran a los individuos a buscar los lujosos placeres, la riqueza, las posesiones, la fama y la aprobación social. Pero, para los estoicos, todas estas cosas son falsos bienes, en lugar del *auténtico bien* de poseer un carácter interior excelente, que nos permitiría asimismo utilizar las cosas exteriores de una manera sabia y beneficiosa. Por añadidura, las falsas opiniones profesadas por los no inquisidores los llevan a experimentar con frecuencia emociones negativas extremas como la inquietud, el temor, la ansiedad y la ira.

Habida cuenta de que estás leyendo este libro en estos momentos, es casi seguro que eres una persona curiosa, interesada en aprender cosas nuevas, y que *no* eres del todo inconsciente (ni tampoco del todo sabio), sino que caes en el grupo intermedio de individuos a los que llamamos *progresores.* Un progresor es alguien consciente de que *no* es todavía un sabio y, por ende, es capaz de perfeccionarse y llegar a ser mejor. Estos son los lectores para los que escribía Séneca, quien también incluía en esta categoría a Lucilio y a sí mismo.

Progresor es una traducción de un término griego antiguo para un estudiante del estoicismo, un *prokoptōn*, o «alguien que hace progresos». Dado que ninguno de los filósofos estoicos afirmaba ser un perfecto sabio, sino que todos ellos trataban de progresar a diario mediante el uso de la autorreflexión y varios ejercicios, todos los filósofos estoicos eran progresores.

En última instancia, para progresar como ser humano, primero has de reconocer tu imperfección (o tener motivos para mejorar) y, en segundo lugar, tienes que desear mejorar. No es casual que una de las palabras utilizadas con más frecuencia por Séneca en sus cartas sea *progresar* o *hacer progresos* hacia la sabiduría. Y, como él concluía: «Una gran parte del aprovechamiento estriba en querer aprovechar».[18] Pues, sin ese deseo, el progreso mismo resulta imposible.

Curiosamente, una pregunta que los estoicos, como escuela, nunca exploraron en profundidad es *qué lleva a alguien de entrada a convertirse en un progresor.* Si bien la respuesta precisa a este interrogante variará de persona a persona, resulta obvio que se necesita alguna clase de «llamada de atención», como decimos hoy. Podría tratarse de una crisis personal, una pérdida, fracasos reiterados o una sencilla constatación paulatinamente creciente de que la vida es demasiado valiosa como para desperdiciarla en los falsos bienes que el mundo no cesa de intentar vendernos. La llamada de atención también podría ser un sentimiento persistente de infelicidad o depresión porque las auténticas necesidades internas de una persona no están siendo satisfechas por sus creencias o su estilo de vida actuales.

Progresar a diario

> Así pues, exige de mí no que sea parecido a los perfectos, sino mejor que los malos: para mí es bastante mermar cada día un poco de mis vicios y reprocharme mis errores.
>
> Séneca, *Sobre la vida feliz* 17.3

El estoicismo romano es una especie de camino que se centra en hacer progresos pequeños y graduales cada día, paso a paso. Nadie es perfecto, y por eso el estoicismo, al menos en parte, es una *práctica*; y no es solo una práctica que emprendemos, sino algo que practicamos —a la manera en que practica el músico o el atleta— para llegar a ser mejores en aquello que hacemos.

Cada día se presentan nuevas situaciones que ponen a prueba nuestro carácter, de forma leve o importante, y nos brindan continuas oportunidades de ser cuidadosos, virtuosos y emitir los mejores (o más sabios) juicios posibles.

Las *Meditaciones* de Marco Aurelio hacen hincapié en el hecho de que el estoicismo es una práctica gradual diaria. Durante muchos días, Marco Aurelio reflexionó en su diario privado sobre cómo vivir una vida mejor. Al escribir esas notas para sí mismo, ensayaba sus creencias estoicas y reflexionaba sobre la manera de aplicarlas en su vida.[19] Esa es también una de las razones por las que Séneca escribía su filosofía en cartas. Cada día ofrece una nueva oportunidad de autorreflexión y progreso, y una serie de cartas es en sí misma un «trabajo en curso», como lo es también el cultivo de nuestro carácter.

Otros ejercicios estoicos muestran que el progreso es gradual, como la revisión diaria de nuestras actividades antes de acostarnos, que era practicada por Séneca y otros filósofos. En este ejercicio, los estoicos acostumbraban a examinar los errores que habían cometido durante el día y a considerar cómo obrar mejor en el futuro. Como explica Séneca, después de que se hubiera dormido su esposa, «examino toda mi jornada y repaso mis hechos y mis dichos: nada me oculto yo, nada paso por alto. ¿Por qué razón, pues, voy a temer algo a consecuencia de mis errores, cuando puedo decirme: "Mira de no hacer eso más, por ahora te perdono"?».[20]

En las diversas formas de esta sencilla práctica, uno se hacía varias preguntas:

- ¿En qué me he equivocado?
- ¿En qué he acertado?
- ¿Qué he dejado inacabado?
- ¿Qué podría hacer mejor en el futuro?

No era esta la única clase de «ejercicio filosófico» practicado por los estoicos. Otros se mencionan a lo largo de este libro y se ofrece un breve listado en el apéndice «Ejercicios filosóficos estoicos». Pero, como podemos apreciar, en particular con este ejercicio, se animaba al estoico romano a revisar a diario su comportamiento con el fin de hacer progresos continuos y graduales.

Experimentar un momento de sabiduría

Aunque ninguno de los filósofos estoicos afirmaba ser un sabio perfecto, cuando estudio en profundidad las obras más fascinantes de los estoicos romanos —Séneca, Epicteto y Marco Aurelio—, no puedo creer que no experimentaran *momentos* de sabiduría. En esos momentos habrían sentido una absoluta tranquilidad de espíritu, se habrían sentido en armonía con el universo, se habrían sentido capaces de emitir los mejores juicios y habrían sentido un profundo gozo. De hecho, yo también he saboreado de vez en cuando esos momentos de sabiduría, por más que fuesen efímeros.

Según los argumentos estoicos tradicionales, ser un sabio es una cuestión de todo o nada. Pero, a mi parecer, en esos argumentos falta algo. ¿Qué sentido tiene aspirar a ser un sabio si no es posible paladear siquiera de forma ocasional un estado semejante? Aunque nuestra vida cotidiana pueda distar de la perfección, existen esos momentos excepcionales, a veces experimentados en la naturaleza, en los que vislumbramos la sublime belleza y perfección del mundo, pese al sufrimiento o al caos que puedan imperar por doquier.

Aparte de experimentar esos momentos, que creo que están al alcance de cualquiera, no importa que lleguemos a ser sabios perfectos. Para Séneca y los estoicos romanos, lo importante es que hagamos algún tipo de progreso constante, realzando la excelencia de nuestro carácter, de suerte que podamos vivir una vida buena y significativa, al margen de las circunstancias externas a las que nos enfrentemos.

Para Séneca, los progresos en la vida no suponen una experiencia aislada: implican amistad, pasar tiempo con almas gemelas y recibir la ayuda de las manos amigas. Los estoicos creían con firmeza en el valor de la comunidad humana. En teoría, la clase más elevada de amistad sería la existente entre personas perfectamente sabias. Ahora bien, habida cuenta de que no existen esas personas (o bien son muy raras), la siguiente clase preferible de amistad es la existente entre las personas dedicadas a ayudarse mutuamente a hacer progresos internos, a llegar a ser mejores seres humanos. Aunque todas las amistades poseen valor, las más notables son aquellas que nos ayudan —y ayudan a los demás— a entender el mundo y a nosotros mismos con más profundidad.

CAPÍTULO 2
VALORA TU TIEMPO: NO POSTERGUES LA VIDA

> [Al sabio] le alarga la vida la reunión de todos los tiempos en uno solo.
>
> Séneca, *Sobre la brevedad de la vida* 15.5

Hace una hermosa y soleada mañana otoñal, con una leve frialdad en el aire, y he cogido un café caliente de filtro para llevar. Ahora, sentado en mi restaurante favorito, estoy listo para pedir un delicioso desayuno. Pero esta mañana me siento especialmente feliz, como si se avecinase una reunión gozosa. El motivo es que voy a pasar algún tiempo con mi viejo amigo Séneca, pero en una ocasión especial. Porque esta mañana fresca pero soleada, mientras el mundo va cobrando vida y la gente se apresura a ir al trabajo, estoy comenzando otra lectura de las *Epístolas* de Séneca, empezando por la primera de todas.

Esta primera carta, que ocupa menos de dos páginas, es una advertencia de que las personas infravaloran su tiempo, escrita en un deslumbrante estilo literario. Aunque Séneca no ponía título a sus epístolas, esta ha sido titulada «Sobre el ahorro de tiempo» o «Hacerte cargo de tu tiempo» por diferentes traductores.

Nuestra posesión más valiosa

Séneca creía que el tiempo es nuestra posesión más valiosa. Dado que nuestra vida es finita, cada persona dispone solo de una cantidad limitada de tiempo restante. Muchos individuos, sin embargo, por el motivo que fuere, no valoran su tiempo y desperdician su vida en actividades carentes de sentido. Luego, cuando llegan al final de su vida, cobran conciencia del error que han cometido y experimentan un profundo arrepentimiento.

En esta primera carta, Séneca responde a Lucilio, quien le había escrito acerca de su deseo de llevar una vida mejor y mantener su enfoque interior. Estas son las primeras líneas de la respuesta de Séneca, al inicio mismo de la carta:

> EPÍSTOLA 1
> *De Séneca a Lucilio, saludo*
> Obra así, querido Lucilio: reivindica para ti la posesión de ti mismo, y el tiempo que hasta ahora se te arrebataba, se te

sustraía o se te escapaba, recupéralo y consérvalo. Persuádete de que esto es así tal como escribo: unos tiempos se nos arrebatan, otros se nos sustraen y otros se nos escapan.[1]

A juicio de Séneca, perdemos mucho tiempo y mucha vida por descuido. Cuando no prestamos atención, la vida se nos esfuma. Acto seguido pregunta a Lucilio: «¿A quién me nombrarás que conceda algún valor al tiempo, que ponga precio al día, que comprenda que va muriendo cada momento?». Y para tornar más apremiante aún el asunto, Séneca añade: «Realmente nos engañamos en esto: que consideramos lejana la muerte, siendo así que gran parte de ella ya ha pasado. Todo cuanto de nuestra vida queda atrás, la muerte lo posee».[2]

Cuando escribió estas líneas, creo que Séneca no estaba siendo desagradable ni moralizante, no miraba por encima del hombro el comportamiento de los demás y les decía cómo vivir. Lo más probable es que basara estas observaciones en su propia experiencia. Cuando redactó esta carta, Séneca rondaba los sesenta y seis años, y si los informes del mundo antiguo son ciertos, Nerón intentaba envenenarlo. De hecho, en torno a la misma época en la que Séneca escribió esta epístola, en otro escrito contemplaba retrospectivamente su vida con pesar, y reflexionaba sobre el tiempo que había desperdiciado. Como reconocía con franqueza: «La vejez me pisa los talones y me echa en cara los años consumidos en afanes inútiles», una situación que Séneca estaba tratando de remediar entonces, antes de que fuese demasiado tarde. «Mayor razón para que nos apresuremos y el esfuerzo repare los daños de una vida mal empleada».[3] Si leemos un poco entre líneas, resulta tentador imaginar que, cuando recapacitaba sobre sus años malgastados, Séneca pensaba en el trabajo que hizo para Nerón. Y es que, aunque esa labor fuese muy lucrativa para Séneca en términos financieros, Nerón acabó por cansarse de Séneca y deseaba que muriese. En vista de ese desenlace, Séneca debía de considerar que sus servicios a Nerón habían sido una pérdida de tiempo, cuando podría haberse dedicado a algo mejor. De hecho, no mucho antes de empezar a escribir las *Epístolas*, Séneca intentó desvincularse todo lo posible de Nerón. En su deseo de retirarse, Séneca hizo dos intentos de devolver algunas de las riquezas y propiedades que había recibido del emperador. Pero, en ambas ocasiones, este se negó a aceptar la devolución y no consintió que Séneca se retirase oficialmente.

La pérdida de tiempo

Séneca alienta a Lucilio a no caer en una trampa similar de perder su tiempo, y a valorar cada hora, pues el tiempo es lo único que nos pertenece. Extrañamente, señala, mientras que las personas aprecian a menudo las cosas externas, que poseen escaso valor real, con frecuencia no valoran lo más preciado que de verdad les pertenece: el tiempo limitado que conforma la vida.

Si bien la primera carta de Séneca sobre el valor del tiempo es breve, la importancia del tiempo —y la importancia de no desperdiciar la vida en actividades carentes de sentido— es un tema central que atraviesa todos sus escritos. Supone asimismo una contribución única a la filosofía estoica, toda vez que otros estoicos no discutieron este asunto. Significativamente, cuando Séneca era mucho más joven y se hallaba en la cima de su carrera profesional, escribió un librito titulado *Sobre la brevedad de la vida*, que también trataba sobre cómo hacer el mejor uso del tiempo. Podría haberlo escrito incluso cuando estaba más atareado ayudando a dirigir el Imperio romano, cuando Nerón era todavía un adolescente.

«La vida, con que sepas servirte de ella, resulta larga», escribe Séneca. «No tenemos escaso tiempo, sino que perdemos mucho. Nuestra vida es suficientemente larga y se nos ha dado en abundancia para la realización de las más altas empresas, si se invierte bien toda entera; pero en cuanto se disipa a través del lujo y la apatía, en cuanto no se dedica a nada bueno, cuando por fin nos reclama nuestro último trance nos percatamos de que ya ha transcurrido la vida que no comprendimos que corría».[4]

A juicio de Séneca, la gente malgasta su vida de innumerables modos: unos, por su avaricia insaciable, otros, por su dedicación a «inútiles empeños». Unos, por la embriaguez, otros, por la indolencia. Unos, por la ambición política, otros, por consagrarse al comercio internacional. «Los hay a quienes desgasta en una voluntaria esclavitud su veneración a sus superiores.» Otros desperdician su tiempo con «sus pretensiones a la fortuna de otros o su preocupación por la propia vida». Unos pierden el tiempo porque «los ha lanzado a renovados proyectos su volubilidad errática, inconstante, disgustada consigo misma; a algunos no les gusta nada a dónde pudieran enderezar su rumbo, sino que su destino los sorprende languideciendo y bostezando».[5] Aunque las personas tienden a ser muy cuidadosas en lo tocante a la preservación de sus propiedades físicas y sus ahorros financieros, afirma que, en lo que atañe a la protección de su activo más valioso, muchos lo dejan escapar.

El culto a las ocupaciones, antiguas y modernas

Séneca ve con bastante escepticismo a quienes viven en constante «ocupación», corriendo como si tuvieran muchas tareas importantes que realizar, con pocos logros significativos en el proceso. A veces, el modo en que la gente comunica sus ocupaciones parece poco más que una forma de exhibición. En sus palabras: «No es actividad industriosa la que se goza en el tumulto, sino agitación de mente inquieta».[6] A diferencia del trabajo realizado con un auténtico enfoque mental, *actuar* como si uno estuviera ocupado es una pérdida de tiempo.

Como advertía Séneca, algunos «consideran que estar atareados es una prueba de felicidad», mientras que una persona con más carácter no «se ocupará en los negocios por deseo de negociar».[7] Por supuesto, Séneca no era manco. El trabajo duro se le antojaba esencial. Pero ciertamente habría cuestionado la sabiduría de la «multitarea». Asimismo habría cuestionado el valor de participar en largas y tediosas reuniones de trabajo en las que no se logra nada significativo. Como podemos apreciar en los escritos de Séneca, esta clase de cosas también existían en su época; como en nuestros tiempos, hacían que la gente perdiera el sentido de las cosas de real importancia en la vida.

En un gráfico pasaje, que es también satírico, Séneca exhortaba: «Hay que cortar con estas idas y venidas, normales para gran parte de los hombres, que recorren casas, teatros y foros». Estas personas «se ofrecen para los quehaceres de otros, semejando andar atareados siempre. Si a alguno de estos, al salir de su casa, le preguntas: "¿A dónde vas? ¿Qué planes tienes?", te contestará: "Por Hércules, no lo sé; pero a alguien veré, algo haré"». Para Séneca era importante tener alguna clase de objetivo definido en la vida, por lo que observa: «Deambulan sin rumbo buscando quehaceres y no llevan a cabo aquellos que se han propuesto, sino aquellos sobre los que se han arrojado». Y concluye con esta punzada humorística: «Su marcha es impremeditada y vana, como la de las hormigas cuando trepan por los árboles, que se suben hasta la punta de la copa y de allí hacia abajo absurdamente».[8]

Si Séneca escribió *Sobre la brevedad de la vida* hacia el apogeo de su carrera, habría estado asimismo en la cumbre de sus ocupaciones. Es muy probable que estuviera pensando en una mejor manera de vivir. Podría haberse preguntado cómo las vidas de quienes le rodeaban, y quizá su propia vida, habían roto hasta tal punto la armonía con lo que él consideraba un estilo de vida pleno.

A juicio de Séneca, el problema de las ocupaciones estriba en que estas conllevan la preocupación mental por asuntos triviales. Y cuando nos convertimos en uno de «los preocupados», como él los llama, no somos capaces de concentrar la mente en nada más importante que las tareas y listas de control que intentamos mantener al día. Estoy convencido de que todos nos hemos hallado en una situación semejante en algún momento —desde luego, yo sí— y la mayoría de nosotros también necesitamos trabajar para la supervivencia financiera, al igual que Séneca. Por tanto, la gran pregunta es: ¿cómo podemos valorar plenamente nuestro tiempo y nuestra vida en el momento presente sin llegar a sentirnos abrumados con las tareas y distracciones triviales? ¿Cómo podemos evitar perder nuestro yo interior en un frenesí de ocupación?

Para Séneca, una idea crucial es que no deberíamos posponer nuestra vida actual con la esperanza de que un día seamos capaces de retirarnos y vivir la vida con la que siempre hemos soñado. Son demasiados los que intentan esa estrategia y fracasan. Unas veces, las personas mueren antes de poder retirarse. En otros casos, dado que se han pasado la vida entera trabajando en una carrera, algunos no han cultivado jamás intereses ajenos a los que poder dedicarse durante su jubilación. Debido a la carencia de intereses fuera del trabajo, algunos encuentran aburrido el retiro, o incluso mueren al poco de dejar el puesto desempeñado durante toda su vida. En tiempos de Séneca, las cosas no eran diferentes. Como él advierte:

> Oirás que dicen los más: «A los cincuenta me refugiaré en el ocio, los sesenta me librarán de mis obligaciones». Y, en definitiva, ¿qué garantías de una vida más larga recibes? ¿Quién dará su consentimiento para que eso salga como dispones tú? ¿No te da vergüenza reservar para ti los restos de tu vida y destinar a la beneficiosa reflexión solamente el tiempo que ya no puedes dedicar a cosa alguna? ¡Qué tarde es empezar a vivir precisamente cuando hay que dejarlo![9]

Aunque Séneca valoraba el trabajo duro, el ocio también resulta esencial: habría compartido la idea de que deberíamos trabajar para vivir, no vivir para trabajar. Además, en la medida de lo posible, tendríamos que buscar un trabajo significativo, que pueda contribuir a la sociedad.

Para Séneca, hemos de atender a nuestras tareas esenciales cuando trabajamos, pero evitar las cosas triviales. Esto eliminará gran parte de las «ocupaciones» intrascendentes que describía; y una vez realizadas las tareas necesarias, deberíamos descansar y dedicar la mente a cosas mejores.

Por descontado, la manera de hallar el equilibrio adecuado entre trabajo y ocio variará de una persona a otra. El auténtico problema para Séneca radica en que las personas se vuelven adictas a la riqueza —o a lo que ellas *creen* que es la riqueza—, con lo que desarrollan una mentalidad en la que siempre necesitan más. Esta creencia las conduce entonces al ajetreo de la vida preocupada. Pero, para Séneca, la persona que tiene lo suficiente, incluso si es poco, ya es rica, en tanto que quienes buscan siempre más son pobres. Cuando tienes «suficiente», siempre dispones de tiempo. Pero los individuos sumidos en el constante ajetreo para adquirir más dinero y estatus postergan su vida actual y carecen del tiempo necesario para cultivar su vida interior.

Superar la esclavitud: un camino estoico hacia la libertad

La mayoría de los lectores de Séneca pasan por alto un hecho importante que yo he descubierto solo recientemente: Séneca revela la clave para entender la totalidad del proyecto que subyace a sus *Epístolas* en la primera línea de su primera carta. Es una especie de mensaje secreto, oculto a plena vista.

Aunque este mensaje habría resultado evidente para los lectores del latín original, no lo es para quienes manejan las traducciones al inglés o al español.

La primera línea de la epístola de Séneca reza así en castellano: «Obra así, querido Lucilio: reivindica para ti la posesión de ti mismo, y el tiempo que hasta ahora se te arrebataba, se te sustraía o se te escapaba, recupéralo y consérvalo». Pero la primera parte de esta oración en latín afirma con más exactitud: «Obra así, querido Lucilio: libérate para ti mismo».

La frase clave aquí es «libérate para ti mismo», que en el latín original se refiere a liberar a alguien de la esclavitud. En otras palabras, la primera línea de las *Epístolas* de Séneca entraña este significado: «Obra así, querido Lucilio: *¡continúa liberándote de la esclavitud!*».

Si cupiera señalar algún aspecto positivo de la esclavitud en el mundo antiguo, solo podría ser que el esclavo tenía la posibilidad de llegar a ser *libre.* Ese proceso se conocía como *manumisión.* En tiempos de Séneca, algunos hombres liberados llegaban a ser en extremo exitosos, ricos y miembros de alto rango de la sociedad romana.

Resulta significativo que, trescientos años antes de Séneca, los primeros estoicos griegos desarrollaron la idea de que, además de ser esclavizado físicamente, también es posible serlo en el plano psicológico. En un mundo en el que estaba generalizada la esclavitud física, hablar de esclavitud interior suponía una idea muy poderosa que entrañaba una carga emocional. Pero la idea funcionaba bien porque la filosofía estoica prometía la libertad humana total en una dimensión interior. Zenón enfatizaba esta idea en una de sus famosas «paradojas estoicas», las sentencias desconcertantes por las que la escuela era célebre. Henchida de impacto dramático, su críptica máxima rezaba: «Solo los sabios son libres y todos los demás son esclavos».[10]

Aunque esta sentencia pretendía llamar la atención sobre las enseñanzas estoicas causando una conmoción en la mente del lector, a la manera de los memes de internet en la actualidad, implica dos ideas independientes. La primera es que resulta posible ser por completo libre externamente, pero seguir siendo esclavo en el interior. La segunda es que «el estoicismo en cuanto filosofía estaba destinado a liberar a sus practicantes de la esclavitud de los falsos juicios y opiniones, que conducen a emociones negativas como el temor, la ansiedad, la codicia, la ira y el resentimiento».[11] Y tal es el proyecto exacto de las *Epístolas* de Séneca, como el filósofo revela en la primera línea de la primerísima carta: todo consiste en descubrir la auténtica libertad en la vida.

Por poner un ejemplo, si alguien está siempre enfadado, y habla con brusquedad día tras día a quienes lo rodean, esa persona estará psicológicamente esclavizada por las emociones negativas. Pero también es posible la libertad. Y mientras que los estoicos hablaban de «esclavitud psicológica», nosotros hablamos hoy de *adicción*, que es un concepto relacionado.

En otro lugar, Séneca explica: «Así es, Lucilio: a pocos retiene la servidumbre, más numerosos son los que la retienen a ella». Pero si su deseo de libertad es genuino, y si está resuelto a sacudirse el yugo de su esclavitud, Séneca promete a Lucilio que descubrirá la libertad que busca avanzando por la senda del entrenamiento estoico.[12]

Para las gentes de las antiguas Grecia y Roma, la libertad no significaba tanto la libertad «para hacer lo que te plazca» (o licencia), cuanto la libertad del autodominio o «libertad de». Implicaba el autocontrol, ser dueño de ti mismo y no ser esclavo de nada.

Esta idea de que la filosofía estoica era un camino que conducía de la esclavitud a la libertad sería subrayada con más énfasis aún por el siguiente gran estoico romano después de Séneca, Epicteto, que era literalmente un liberto o esclavo liberado. (Su nombre, *Epicteto,* significa «adquirido» en griego.)

En sus clases, Epicteto regañaba jocosamente a sus estudiantes llamándolos *esclavos,* cuando en realidad eran hijos de aristócratas romanos adinerados. Al igual que Zenón, Epicteto creía que «solo los instruidos son libres».[13] Decía asimismo que la persona que se entrena para llegar a ser estoica se asemeja al esclavo que trabaja para llegar a ser libre.[14] Esa gráfica descripción de la filosofía estoica, y su poder para liberar la mente del sufrimiento, supone un alegato imponente, en el que los estoicos creían sinceramente.

Para Séneca, aprender a valorar y experimentar la plenitud del tiempo supone también una forma de superar otra clase de esclavitud. Tal vez no sea casual que, hoy en día, las personas que desprecian su trabajo de nueve a cinco se definan a sí mismas con frecuencia como «esclavos asalariados». Pero, para los modernos que se sienten prisioneros del tiempo, Séneca ofrece la vía de escape definitiva.

Vivir en la plenitud del tiempo

Para Séneca, «hace falta una vida entera para aprender a vivir», pero la mente preocupada del adicto al trabajo no asimila nada en profundidad. Al concentrarse de un modo constante en cómo alcanzar niveles más elevados de estatus o de riqueza *en el futuro*, las mentes preocupadas no son capaces de disfrutar el presente con plenitud. El mayor obstáculo para una vida plena, advierte Séneca, «es la espera, que depende del día de mañana [y] desperdicia el de hoy».[15]

La vida se divide en pasado, presente y futuro. Ahora bien, dado que las personas preocupadas siempre han andado atareadas, tienen pocos recuerdos felices del pasado. En comparación, las personas de mente tranquila atesoran muchos recuerdos felices. Como no siempre estaban trabajando, disponían de más tiempo para disfrutar la vida a fondo, y nadie puede arrebatarles esos recuerdos.

Tras discutir estos aspectos, Séneca hace una afirmación asombrosa:

> Son hombres ociosos solo quienes están libres para la sabiduría, solo ellos están vivos; pues no conservan tan solo su vida: cualquier tiempo lo añaden al suyo; todos los años que se han desarrollado antes que ellos están adquiridos para ellos.[16]

Séneca explica a continuación que los grandes fundadores de las escuelas filosóficas del pasado brindaron a los seres humanos una forma de vida a seguir y nos han legado muchos tesoros valiosos. Pero todos estos regalos, e incluso los mayores pensadores del pasado, son cosas (y personas) a las que seguimos teniendo acceso debido al poder de la mente humana. Gracias a este poder, no necesitamos permanecer atrapados en nuestra propia época. Podemos participar en la obra de épocas pretéritas, e incluso debatir con los filósofos del pasado como Sócrates y Séneca, y aprender de ellos a diario. De esta manera, podemos salir «de este tránsito temporal exiguo y caduco» para sumergirnos en una experiencia más profunda del tiempo, acceder «a las cosas que son ilimitadas, eternas, comunes con los mejores».[17]

Séneca creía que, al tener acceso a las mentes filosóficas del pasado, una persona experimentará una profunda sensación de felicidad hasta el día de su muerte. En palabras de Séneca: «Tendrá amigos con quienes deliberar sobre las cuestiones más fútiles y las más fundamentales, a quienes consultar cada día sobre sí mismo, por quienes oír la verdad sin ofensa, ser elogiado sin adulación, a cuya semejanza hacerse».[18] Como advierte en otro escrito: «Convivo con los mejores. Hacia ellos, cualquiera que sea el lugar o la época en que hayan vivido, proyecto mi espíritu».[19]

De esta guisa, Séneca brinda a sus lectores una manera de valorar todo el espectro temporal, de unirse a una comunidad humana más amplia y de escapar de la esclavitud de verse forzado a vivir solo en el presente. Explica que la vida del sabio es:

> ... muy extensa, no lo ciñen los mismos límites que a los demás: solo él se libera de las leyes del género humano, todos los siglos están a su servicio [...]. Ha transcurrido un tiempo, lo capta con el recuerdo; está encima, lo emplea; va a llegar, lo anticipa. Le alarga la vida la reunión de todos los tiempos en uno solo.
>
> Breve y angustiada por demás es la vida de los que se olvidan de las cosas pasadas, descuidan las presentes y sienten temor por las futuras: cuando han llegado a las últimas, tarde comprenden, infelices, que han estado atareados todo ese tiempo en no hacer nada.[20]

En esta singular apreciación, Séneca sugiere que las personas más felices no están atrapadas en la época presente. Antes bien, pueden experimentar el valor último del tiempo entretejiendo pasado, presente y futuro. Aquí ya no se refiere al tiempo como si fuese alguna clase de recurso limitado, que podría agotársenos algún día si no lo empleamos con sabiduría. Ahora hacemos la transición desde la escasez hasta formar parte de una comunidad humana atemporal que es inagotable.

Séneca nos reta a descubrir qué tiene de atemporal y valioso la naturaleza humana, y a llegar a ser mejores, más profundos y más sabios en el proceso.

Podemos ver ahora que la alternativa a la «preocupación» y a andar corriendo en un frenesí de ocupaciones es aprender a vivir con más profundidad. Y para nosotros hoy, esto no exige que nos convirtamos en filósofos. En cambio, el cultivo del interés en el arte, la música, la arquitectura, la ciencia o la astronomía, la historia o la literatura, o una tradición espiritual, por mencionar unos cuantos ejemplos, podría ayudar a cualquier persona moderna a vivir de un modo más profundo. Mediante estos intereses, podemos asimilar la sabiduría y los logros de los mayores pensadores del pasado, con quienes podemos seguir relacionándonos. De esta manera, nuestra vida ya no queda limitada a la época presente, sino que es ampliada y alimentada por una comunidad atemporal del espíritu humano.

CAPÍTULO 3
CÓMO SUPERAR LA ANGUSTIA Y LA ANSIEDAD

> Sufrimos más a menudo por lo que imaginamos que por lo que sucede en la realidad.
>
> Séneca, *Epístolas* 13.4

Todo el mundo ha sentido angustia o ansiedad.

Justo antes de escribir este capítulo, estaba solo en casa con mi hijo pequeño, que va a la escuela primaria. Mi mujer asistía a un par de congresos, por lo que yo era el encargado de cuidarlo y asegurarme de que llegase a tiempo al colegio.

En términos generales lo pasamos estupendamente juntos; disfrutamos de conversaciones divertidas y cenas agradables, y fortalecimos nuestro vínculo paternofilial. Pero hubo algunos momentos, cuando salíamos de casa para ir a la escuela, en los que sentí un poco de pánico o de ansiedad. No se trataba de algo completamente irracional, sino de un momento de pensamiento neurótico que la mayoría de la gente sufre de vez en cuando.

Mi angustia se focalizaba en la idea de que pudiera producirse algún percance, a lo que se añadía la circunstancia de que vivo en un lugar en el que mi manejo del idioma es muy limitado, por lo que podría resultarme difícil conseguir ayuda. Aunque hablo lo suficiente la lengua local para desenvolverme en contextos sencillos, como los restaurantes, y aquí en Sarajevo mucha gente habla inglés, algunos no saben ni una palabra. En situaciones más complejas, cuento con mi mujer para las traducciones, pero ella estaba de viaje en un país vecino.

Básicamente, comencé a pensar *¿y si?*

¿Y si cerraba la puerta de casa dejándome la llave dentro y nadie podía ayudarme? (Unos meses atrás me había ocurrido algo parecido, por lo que tuvimos que cambiar la cerradura de la puerta principal.) *¿Y si* tuviese un accidente de tráfico y mi esposa no estuviese ahí para traducir? (Era fácil que ocurriese, ya que aquí la conducción es de verdad terrible.) *¿Y si* quedara súbitamente incapacitado y no pudiera cuidar de mi hijo de siete años mientras mi mujer estaba fuera? *¿Y si...? ¿Y si...?*

Ninguna de estas inquietudes era del todo irracional, y así es como comienza el proceso. La gente empieza a preocuparse por el futuro y también por las cosas que están fuera de su control. Empieza a preocuparse de lo que ocurriría si... Y si las cosas se ponen de verdad mal, comienza a preocuparse por el hecho de que se está preocupando.

Como aficionado a la protopsicología y estudioso de la naturaleza humana, Séneca investigó con cuidado cómo surgen la angustia y la ansiedad, y cómo es posible reducir o eliminar la ansiedad utilizando las técnicas de la filosofía estoica.

Por qué se angustia la gente

Para Séneca, ser capaz de planificar el futuro es uno de los dones más asombrosos que poseemos los seres humanos. La habilidad para planificar con anticipación y para crear muchas cosas valiosas depende de la previsión, que es nuestra manera interna de imaginar el futuro.

Pero, aunque Séneca compara la previsión con «un don divino», no hay nada peor que *angustiarse* por el futuro (o por lo que *podría* suceder), lo cual, para la mayoría de la gente, es la causa principal de la ansiedad psicológica. Y cuando la gente se angustia de esta forma, es porque ha cogido «la previsión, el bien máximo de la condición humana», y la ha convertido en una fuente de ansiedad.[1]

A lo largo de sus escritos, Séneca explora precisamente cómo surgen la angustia y la ansiedad y cómo eliminar este tipo de inquietudes, o al menos cómo abordarlas y reducirlas de forma significativa. Incluso describe ejercicios específicos que sus lectores pueden utilizar para superar sus preocupaciones, temores y ansiedad.

Séneca explica que dos temores principales que todo el mundo ha de afanarse en superar son el miedo a la muerte y el miedo a la pobreza (o el deseo de riqueza). Por tratarse de temas importantes, exploraremos los consejos de Séneca sobre la manera de hacerlo en otro lugar de este libro. En este capítulo, nos planteamos la cuestión más general de cómo surgen de entrada el miedo y la ansiedad, y cómo apaciguarlos.

La primera enseñanza del estoicismo es puro sentido común: unas cosas dependen de nosotros o se hallan por completo dentro de nuestro control, en tanto que otras escapan de él. Hasta aquí, nadie podría discutir este particular. Ahora bien, se requiere más esfuerzo para explicar la manera en que los estoicos extienden esta idea.

El siguiente paso, de acuerdo con los estoicos, consiste en entender que todas las cosas externas que nos suceden y exceden nuestro control no son en realidad «malas», puesto que todas esas cosas no son más que hechos indiferentes de la naturaleza. Pero se vuelven «malas» a raíz de los juicios mentales que hacemos acerca de ellas, que luego provocan reacciones emocionales. De hecho, casi todas las emociones negativas se originan en los juicios u opiniones. Hoy en día, los psicólogos designan esto como la *teoría cognitiva de la emoción*, formulada por los antiguos estoicos.

Se trata de una creencia compartida por todos los filósofos estoicos, y Marco Aurelio la expresaba de esta manera: «Aparta la suposición y queda apartado el "estoy perjudicado". Aparta el "estoy perjudicado" y queda apartado el perjuicio».[2]

Otra manera de formular esta idea central es que, aunque no tengamos control sobre las cosas externas que nos acontecen, sí lo tenemos sobre nuestro modo de responder a ellas. Por ejemplo, quizá recuerdes algún día lluvioso en el que caminabas por una calle muy transitada y un coche rugió al cruzar un charco profundo y te salpicó. Si bien la salpicadura era inevitable, tu respuesta mental a ella era elección tuya. Por una parte, podías haber pensado simplemente: «Vaya, me han salpicado». Por otra parte, podrías haber gritado: «¡Me has amargado el día!». Por supuesto, ese arrebato habría estado seguido por sentimientos de furia y fantasías sobre la manera de vengarte del conductor.

Para los estoicos, el primer pensamiento, «Me han salpicado», es una observación mental objetiva acerca de algo que excede nuestro control. Pero el segundo pensamiento, «Me has amargado el día», es un juicio o una creencia que provoca ira y sufrimiento emocional.

Cuando nos sentimos enojados, solemos pensar que estamos reaccionando ante los acontecimientos externos del mundo, cuando en realidad reaccionamos ante las cosas que suceden en nuestro interior: nuestros juicios, creencias u opiniones internos. Y reaccionamos de manera emocional a causa de los juicios internos que hacemos sin cesar. Para Séneca y los demás estoicos, en lugar de irritarnos por cosas del mundo exterior que podrían ser perfectamente normales y esperadas —como las salpicaduras o las malas conductas de otras personas—, es preferible atender a los juicios internos que nos provocan tanto enfado. De esa manera, podemos aprender a vivir una vida más tranquila.

Séneca veía que los seres humanos poseemos una imaginación poderosa, que modela nuestros sentimientos y la clase de juicios mentales que emitimos. Cuando hacemos un mal uso de la capacidad de previsión, que es un tipo de imaginación, esta causa inquietud, temor o ansiedad, lo cual difiere de una legítima preocupación racional. Por este motivo, la ansiedad suele referirse a cosas que *podrían* acontecernos en el futuro, como la historia del *y si* con la que he iniciado este capítulo. *¿Y si ella me deja? ¿Y si tengo un accidente y no puedo seguir trabajando? ¿Y si alcanzo la edad de jubilación y no tengo suficiente dinero para vivir?*

Estas preocupaciones podrían ser muy legítimas y podrían requerir una seria atención racional. Pero se convierten en algo más —fuentes de temor y agitación interior— cuando perdemos la compostura mental. Para Séneca, el temor es una forma de esclavitud, y no hay «nada más deplorable que la duda sobre cómo acabará cuanto nos sucede: nuestro espíritu, preocupado por saber cuán larga o cómo será la vida que nos resta, se atormenta con un terror inexplicable».[3] La única manera de evitar esto, explica, consiste en no «proyectarnos hacia delante» mentalmente, sino vivir en el momento presente, y ser conscientes de que el presente es completo y perfecto tal cual es. Como Séneca explica con frecuencia, solo puede embargarte la ansiedad respecto del futuro si no te sientes realizado en el presente.

Cada vez que Séneca examina el miedo o la ansiedad, se apresura a señalar cómo superar esta clase de inquietudes: en lugar de «viajar a través del tiempo» hasta algún momento imaginario del futuro en el que *podría* suceder algo malo, y preocuparnos por ello ahora, *vivir en el presente.* Marco Aurelio, que leía a Séneca, estaba de acuerdo a este respecto. Escribió que la única vida que poseemos de verdad es en el momento presente.[4]

Para Séneca, la angustia por el futuro o los remordimientos acerca del pasado son un fenómeno psicológico en el que los individuos se entregan a sus emociones negativas. Como él explica, dado que tanto el pasado como el futuro están ausentes y no podemos sentir ninguno de ambos, lo único que puede ser fuente de dolor son las emociones, las opiniones o la imaginación de una persona.

No sé si Mark Twain leyó alguna vez a Séneca, pero se le atribuye un pensamiento similar: «Soy un hombre viejo y he conocido muchos grandes problemas, pero la mayoría de ellos nunca sucedieron». En otras palabras, eran imaginarios.

Séneca explica cómo regresar al presente. Describe asimismo otros remedios para la angustia y la ansiedad. Pero antes de examinar estos en profundidad, consideremos con más detenimiento cómo surge la angustia.

Una casa de los espejos imaginaria

En sus escritos, Séneca recurre a la imaginación de forma poderosa. Evoca descripciones sensacionales del paisaje a fin de crear un estado de ánimo o abonar el terreno para algo que se dispone a explicar. Aunque es un pensador racional, se vale asimismo de la imaginación para ofrecernos a veces una imagen de una belleza extraordinaria, como este pensamiento: «¡Ojalá que, de la misma manera que la faz del universo se presenta en su totalidad ante nuestra vista, así la filosofía pudiese presentarse toda entera a nuestra mente, cual espectáculo muy semejante al del universo!».[5] Después, al igual que otros filósofos estoicos, Séneca nos propone en ocasiones un ejercicio imaginario o una visualización que pueden resultar psicológicamente beneficiosos. Una de tales prácticas, que haría célebre Marco Aurelio, se denomina hoy *la visión desde arriba.* Consiste en imaginarte situado muy por encima de nuestro planeta y contemplando la Tierra debajo de ti, con el fin de apreciar cuán pequeños somos y cobrar conciencia de cuán insignificantes son nuestros problemas personales en relación con la grandeza del universo.

Como hemos visto, Séneca elogia asimismo la capacidad imaginativa de la previsión, que nos permite crear el futuro. Pero, pese a esta creencia positiva en la bondad de la imaginación, Séneca reconoce que esta puede adoptar formas negativas. Puede ser fuente de obsesiones humanas y también originar inquietudes y temores que crezcan en espiral y escapen de nuestro control. «La mayor parte de los humanos se exasperan e inquietan —escribe— por más que no sufran mal alguno ni con seguridad lo vayan a sufrir».[6]

Cuando la imaginación se combina con la cruda emoción, esta puede crear un bucle de retroalimentación en el que la imaginación amplifique las emociones y estas acrecienten a su vez la imaginación. (Los psicólogos actuales designan a veces esta experiencia de «llegar a estar ansioso por sentirse ansioso» como *metapreocupación* o *metaansiedad.*) En una situación semejante, en la que la imaginación y las emociones se amplifican mutuamente, el sistema en su totalidad puede descontrolarse y desembocar en ansiedad extrema, ataques de pánico u otros síntomas psicológicos. Podríamos describir una situación como esta, cuando la imaginación refleja temor y el temor refleja la imaginación, como una casa de los espejos imaginaria, alimentada por la emoción. Si bien todo el mundo sufre angustia o ansiedad en algún momento, las personas que experimentan ansiedad extrema habitan con frecuencia en un lugar como este. Como escribe Séneca: «Cada cual es tan desgraciado como imagina serlo».[7]

Séneca no empleó la imagen de una casa de los espejos. En su lugar, utilizó el símil de un laberinto. Sostiene que la vida feliz se halla plenamente accesible, aquí y ahora, en el presente. Pero, al buscarla en otros sitios o en otras cosas, los individuos pierden la libertad de la confianza que poseerían ya si se hallaran del todo presentes. A continuación compara este estado con la carrera por un laberinto, en que pierdes la conciencia de tu verdadero yo: «Tal sucede a los que corren de prisa en un laberinto: su misma velocidad los desconcierta».[8]

Cómo superar la angustia

En la filosofía de Séneca, existen varias formas de superar la angustia, y todas ellas son bastante sencillas. Ahora bien, dado que el estoicismo implica la práctica, y es una filosofía práctica como el budismo, estas soluciones han de aplicarse para que funcionen.

Una de las primeras y más efectivas formas de reducir la inquietud consiste en supervisar tus juicios internos y las emociones que estos generan *a medida que sucede el proceso* y conforme empiezas a sentirte ansioso acerca de los acontecimientos futuros. El filósofo estoico Epicteto denominaba esta práctica *prosochē* o «atención plena». Una vez que entendemos cómo surgen las emociones y aprendemos a supervisar este proceso en tiempo real, en el momento exacto en que sentimos por primera vez la ansiedad, podemos optar de forma consciente por seguir el consejo de Séneca: hacer que nuestra mente regrese del futuro para vivir plenamente en el presente, ya que el futuro ni siquiera existe.

Para un estoico como Séneca, resulta razonable sentirse *preocupado* por los acontecimientos futuros, pero es un error *angustiarse* con anticipación por algo que podría no ocurrir siquiera. Como escribía a Lucilio: «Esto es lo que te recomiendo: que no seas desgraciado antes de tiempo, toda vez que aquellas desgracias que temiste como ya inminentes quizá nunca han de llegar y con seguridad no han llegado».[9] Este es un consejo en el que Séneca hace hincapié en numerosas ocasiones a lo largo de sus escritos. Marco Aurelio también apoyaba esta visión cuando escribía: «Que el futuro no te turbe. En efecto, llegarás a él si es necesario con la misma razón que ahora usas para el presente».[10]

En segundo lugar, dado que la ansiedad, el temor y el sufrimiento psicológico surgen de los juicios defectuosos, las opiniones erróneas o el mal uso de la imaginación, Séneca nos pide que realicemos una práctica estoica fundamental: analizar con sabiduría nuestros patrones de pensamiento con el fin de comprender la fuente del sufrimiento. Y es que, si la ansiedad dimana de las creencias equivocadas, al analizar con la razón y desmantelar dichas creencias, podemos curar asimismo la aflicción. Como dice Séneca: «Fácilmente nos sumamos a la opinión pública; no sometemos a crítica los motivos que nos impulsan al miedo ni los ponemos en claro... Así, pues, investiguemos cuidadosamente la cuestión».[11] Los psicólogos cognitivos actuales designan esta clase de indagación como *cuestionamiento socrático*, otro gesto de homenaje a la filosofía antigua.

Albert Ellis, uno de los fundadores modernos de la terapia cognitiva conductual (TCC), había estudiado a los estoicos. Cuando Ellis comenzaba a trabajar con nuevos pacientes, siempre les hacía entrega de una copia de este famoso dicho estoico: «Lo que turba a los hombres no son los sucesos, sino las opiniones acerca de los sucesos».[12] Tal es, en esencia, la idea fundacional central que subyace a todo el campo de la terapia cognitiva. Ellis utilizaba un esquema simplificado, conocido como la *teoría ABC de la emoción*, directamente basado en la filosofía estoica (véase la figura 2). En primer lugar, con la A, hay un *acontecimiento activador (activating event)*. Luego, con la B, se suma una *creencia (belief)*, opinión o juicio. Y por último aparece la C, las *consecuencias (consequences)*, que suelen ser un resultado emocional de la creencia precedente.

A	B	C
Acontecimiento activador	Creencia	Consecuencias

Fig. 2: La teoría ABC de la emoción, de Albert Ellis, se basaba directamente en la idea estoica de que «lo que turba a los hombres no son los sucesos, sino las opiniones acerca de los sucesos».

Si te salpica un coche un día lluvioso y simplemente crees que *te han salpicado*, la consecuencia principal es que podrías sentirte un poco mojado. Pero si crees que *te han amargado el día*, que es lo mismo que decir *te han hecho daño*, la consecuencia más probable es la ira extrema. A partir de esto, apreciamos que son nuestras creencias no examinadas y a menudo irracionales las que nos provocan reacciones emocionales. Por fortuna, podemos comprender mejor esas creencias erróneas, e incluso eliminarlas, analizándolas mediante la práctica del cuestionamiento socrático, ora por nosotros mismos, ora con la ayuda de un terapeuta o un mentor.

Casi el 20 por ciento de los estadounidenses padecen trastornos de ansiedad. No obstante, muchos individuos que estudian el estoicismo y emplean las técnicas estoicas de atención plena han referido declives significativos en la experimentación de emociones negativas como la ansiedad y la ira.

Es fascinante ver cómo la terapia cognitiva ha sido influenciada por el estoicismo, en especial porque algunas de las cartas de Séneca a Lucilio parecen pequeñas sesiones de psicoterapia. Séneca conocía lo bastante bien a Lucilio como para entender cuáles eran muchas de sus creencias subyacentes, y es educativo ver cómo Séneca cuestiona las suposiciones de su amigo. También resulta extraordinario observar a Séneca explicando cómo otras creencias podrían conducir a resultados más felices. Se trata exactamente del mismo procedimiento que emplearía hoy un terapeuta cognitivo.

De este modo, el estoicismo fue un precursor de la terapia cognitiva conductual actual, y los fundadores de la TCC, como Albert Ellis y Aaron T. Beck, se basaron de forma directa en las doctrinas estoicas para crear sus métodos terapéuticos modernos. En el primer manual importante que se publicó sobre la terapia cognitiva, Beck hacía esta rotunda afirmación: «Los orígenes filosóficos de la terapia cognitiva pueden remontarse a los filósofos estoicos».[13] Como muestran tanto el estoicismo como la TCC, al llegar a comprender y cuestionar las ideas, creencias y actitudes distorsionadas que causan el sufrimiento, puede reducirse en un grado considerable la ansiedad psicológica. Cabe destacar que se ha demostrado científicamente que esta «terapia de las pasiones» cognitiva, cuyo origen está en los estoicos, resuelve muchos tipos de trastornos psicológicos. Por ejemplo, la TCC es la forma más estudiada de psicoterapia, y es el «patrón oro» en el tratamiento de la ansiedad mental. Según algunos estudios, la TCC ha ayudado a entre el 75 y el 80 por ciento de los pacientes a recuperarse de diferentes tipos de ansiedad, incluidos los ataques de pánico.

Otra estrategia de Séneca, empleada asimismo en la TCC, pasa por rebajar el nivel de nuestras emociones, sobre todo las conectadas con el futuro. En la Epístola 5, Séneca señala que «La supresión de los deseos aprovecha a la par como remedio del temor». A continuación cita una frase del filósofo estoico Hecatón: «Si dejas de esperar, dejarás de temer».[14]

Séneca explica que la esperanza y el temor van de la mano porque ambos sentimientos se activan mediante la imaginación acerca del futuro. Escribe: «Uno y otro son propios de un espíritu indeciso, uno y otro propios de un espíritu ansioso por la expectación del futuro. Pero la causa más profunda de lo uno y de lo otro es que en lugar de acomodarnos a la situación presente proyectamos nuestros pensamientos en la lejanía».[15]

Si bien muchas de nuestras preocupaciones relativas al futuro podrían parecer razonables, Séneca enseñaba que deberíamos analizar con cuidado esas inquietudes. De esa manera, podríamos responder a ellas de forma reflexiva, y no de un modo que provoque sufrimiento emocional. Por ejemplo, Séneca observaba que la gente tiene un miedo irracional a la muerte, aun cuando esta forma parte de la vida. Dado que la muerte es natural y es algo que todos deberíamos esperar, considerarla algo terrible supone un error cognitivo. El estoico posterior Epicteto convenía con él:

> Lo que turba a los hombres no son los sucesos, sino las opiniones acerca de los sucesos. Por ejemplo, la muerte no es nada terrible, pues, de serlo, también se lo habría parecido a Sócrates; sino *la opinión* de que la muerte es terrible, ¡eso es lo terrible! [énfasis mío]. Cuando, pues, nos hallemos incómodos o nos turbemos o aflijamos, nunca echemos a otro la culpa, sino a nosotros mismos, esto es, a nuestras propias opiniones.[16]

En última instancia, aunque los estoicos no creían en la existencia de *auténticos* infortunios, entendían perfectamente que las cosas *parecen* infortunios en virtud de los juicios que hacemos o las opiniones que defendemos. Además, como señalaba Séneca, es imposible evitar el choque emocional ante determinados acontecimientos. Esas reacciones son naturales e instintivas, y no se basan en opiniones. Pero incluso en tales casos resulta posible reducir el impacto psicológico e impedir que esos choques emocionales aboquen a algo más serio.

Para ciertas dolencias, como el miedo a la pobreza, Séneca proponía ejercicios específicos para atenuar o eliminar el dominio del miedo, y para prepararnos para el sentimiento de infortunio o sufrimiento emocional. Echaremos un vistazo a algunos de esos ejercicios en otras partes del libro. De hecho, Séneca recomienda con frecuencia que consideremos con antelación todas las posibles adversidades que podrían afectarnos. De esta manera, si de verdad sucede un percance semejante, estaremos mentalmente preparados para afrontarlo, y el azote de la desgracia quedará mitigado. Ahora bien, para Séneca, anticipar o incluso ensayar la posibilidad de la adversidad futura no es una forma de inquietud o temor. Es un modo de considerar de forma serena y racional las cosas que *podrían* acontecer, despojando de su impacto emocional a las desgracias futuras *en caso de que* sucedan. (Esto recuerda asimismo una técnica empleada por los psicólogos actuales.)

Aunque hace falta conciencia y práctica, cuando surge por primera vez un sentimiento de inquietud acerca del futuro, podemos cuestionarlo, analizarlo y decidir de un modo consciente volver a vivir en el momento presente. Pero vivir en el presente no es solo una suerte de solución psicológica para Séneca, sino que es una de las claves necesarias para llevar una vida humana plena.

Encontrarse a sí mismo en el momento presente

> Nadie está apenado tan solo por el mal presente.
>
> Séneca, *Epístolas* 5.9

> ¿Quieres saber qué es lo que vuelve a los hombres codiciosos del futuro? Ninguno tiene el dominio de sí mismo.
>
> Séneca, *Epístolas* 32.4

Cuando vives en el presente, te has encontrado al fin a ti mismo y estás viviendo desde el centro de aquel que en verdad eres, tu yo más esencial.

La idea de vivir desde tu propio centro y hallarte presente en este preciso momento, sin desear estados futuros ni cosas externas, es una de las claves para alcanzar la felicidad o el gozo estoico. Cuando estamos plenamente presentes y vivimos desde nuestro yo interior, experimentamos sentimientos de luminosidad, gozo y completitud. Por emplear una metáfora, el alma empieza a brillar como el Sol; y siempre y cuando podamos mantener este sentimiento de presencia y autosuficiencia, el Sol seguirá brillando. Esto no significa que no existan perturbaciones externas, sino que dichas perturbaciones serán como nubes que flotan por debajo de la cara serena y radiante del Sol. Esas nubes pasan flotando, pero no hacen nada para alterar o perturbar al Sol ni su luz.

Esta imagen del Sol y las nubes aparece en dos de las cartas de Séneca, y en ambos casos el Sol y su luz representan la bondad, la virtud y el gozo duraderos: cualesquiera adversidades o ansiedades que experimentemos, escribe, «pueden frente a la virtud lo mismo que las nubes frente al Sol».[17] De forma análoga, cuando experimentamos auténtico gozo, «aunque se presente algún obstáculo, este se interpone a la manera de las nubes que se mueven en las capas bajas y no impiden la claridad».[18]

Esta imagen simbólica, que se me antoja poderosa, me proporciona una forma personal de evaluar en cualquier momento mi estado mental o psicológico. ¿Poseo la serenidad interior del Sol, brillando en el momento presente, en el que las perturbaciones externas son como meras nubes inofensivas que pasan flotando por mi camino? ¿Estoy experimentando el estado gozoso de hallarme presente y sin distracciones, con el enfoque mental adecuado, sin preocuparme por algún acontecimiento futuro imaginario que podría no ocurrir siquiera?

Si mi estado interior no es de concentración, luminosidad y gozo, puedo recordar la imagen del Sol de Séneca e identificarme con ella. Entonces resultará fácil retornar al resplandor del momento presente.

Al fin y a la postre, esta clase de «gozo inquebrantable y duradero», al que se refiere Séneca simbolizándolo mediante el Sol, es un subproducto de la práctica estoica, y estar plenamente presente es una manera convincente de vislumbrarlo. Pero el modo de convertirlo en un estado permanente —o lo más constante posible, pues nadie es perfecto— es mediante el cultivo de la virtud, el carácter interior y la práctica de la atención plena estoica. Esto permite a los estoicos experimentar la serenidad de espíritu, pese a cualquier problema que la vida interponga en el camino.

CAPÍTULO 4
EL PROBLEMA DE LA IRA

Una locura transitoria

Odio reconocerlo, pero, al igual que Séneca, no soy una persona perfecta. Uno de los defectos de mi carácter es que, en ciertos momentos del pasado, he tenido mal genio. No es que siempre estuviera enfadado ni mucho menos, pero, de vez en cuando, algo me sacaba de quicio.

La buena noticia es que ahora rara vez me enfado, lo que atribuyo a mi estudio del estoicismo, y en especial a Séneca, quien escribió en profundidad acerca de la ira.

Para los estoicos, la ira (mediante la cual se referían a la furia) era la peor y más tóxica de las emociones negativas extremas, que denominaban *pasiones (pathē)*.

De hecho, en una de las descripciones más memorables de Séneca, definía la ira como «locura transitoria».[1]

¿Por qué es la ira tan terrible y destructiva, y cómo surge? Y lo que es más importante, ¿cómo podemos evitar que la ira arraigue en nosotros?

En su respuesta a estas preguntas, Séneca es un guía casi perfecto. Se tomó tan en serio el problema de la ira que le dedicó un extenso libro, *Sobre la ira*, dividido en tres partes. Se trata de la obra más profunda de psicología estoica que ha llegado hasta nosotros desde el mundo antiguo, y los consejos que Séneca ofrece sobre el manejo de la ira preservan íntegramente su actualidad. De hecho, tal como señala el filósofo estoico contemporáneo Massimo Pigliucci, si leemos la página web de la Asociación Estadounidense de Psicología (APA, por sus siglas en inglés) sobre cómo controlar la ira, comprobaremos que coincide en su mayor parte con los consejos que hallamos en el libro de Séneca sobre la ira.[2] Parece que hay cosas que nunca cambian.

Cuando Séneca decía que la ira extrema es una forma de «locura transitoria», no presentaba una metáfora. De hecho, quiere subrayar al lector *cuán* fuera de sí actúan los humanos, cual locos, cuando se hallan bajo el hechizo de la ira.

Al comienzo de *Sobre la ira*, escribe: «Para saber que no están cuerdos aquellos a quienes posee la ira, atiende a su aspecto». Acto seguido se lanza a una descripción vívida y convincente para demostrar su tesis:

> En efecto, lo mismo que son indicios ciertos de los enajenados el rostro provocador y amenazador, el ceño sombrío, la expresión siniestra, el andar acelerado, las manos inquietas, el color demudado, los suspiros frecuentes y exhalados con excesiva vehemencia, los mismos síntomas son los de los aira-

> dos: arden y centellean sus ojos, un intenso rubor se extiende por todo su rostro cuando les sube hirviente la sangre desde lo hondo de las entrañas, sus labios se mueven, sus dientes se aprietan, se erizan y levantan sus cabellos, su respiración forzada y jadeante, el chasquido de sus articulaciones al retorcerse, los gemidos y los bramidos, y un habla entrecortada de palabras incomprensibles, y las manos golpeadas una con otra con frecuencia excesiva, el pataleo de sus pies sobre el suelo, el cuerpo todo agitado, que exhala las arrogantes amenazas de la ira, la expresión repelente a la vista y horrenda de los que se descomponen y se hinchan (no puedes saber qué es más este vicio, detestable o degradante).[3]

La consecuencia de la ira intensa es la locura, escribe Séneca, y deberíamos evitarla a fin de preservar la cordura. En otro lugar señala que, si la expresión visible de una persona furiosa es tan terrible, ¿cómo estará su mente por dentro?

Séneca refiere que algunas personas que experimentan la ira extrema jamás recobran su cordura. Describe la ira como «el mal mayor y que supera a todos los defectos».[4] Mientras que los demás vicios se rebelan contra la razón, la ira socava la propia cordura. Mientras que los demás vicios, como el temor, la codicia y la envidia, meramente «remueven el espíritu, la ira los arrebata».[5] Mientras que los otros defectos del carácter «presentan accesos leves y unos incrementos engañosos, ir hacia la ira es una caída en picado de los espíritus».[6]

Una llama enemiga: los efectos devastadores de la ira

La ira es ya lo bastante mala para la pobre persona que cae bajo su hechizo, pero puede ser peor aún para quienes son víctimas de ella. Séneca nos invita a considerar las consecuencias destructivas de la ira:

> Y si ahora quieres atender a sus efectos y estragos, ninguna otra calamidad ha costado más cara al género humano. Verás asesinatos y venenos e incriminaciones mutuas de los enreos, y descalabros de ciudades y exterminios de naciones enteras y cabezas de príncipes a la venta en subasta pública, antorchas lanzadas dentro de los edificios e incendios no restringidos al interior de las murallas, sino inmensas zonas de las comarcas reluciendo por la llama enemiga.[7]

Y eso no es todo. La ira causa que algunos padres amenacen de muerte a sus hijos, o viceversa. Destruye hogares, sume a algunos en la pobreza y alienta a las personas a convertir a sus amigos en enemigos. La ira es el peor vicio, pues supera todos los demás. Lo que Séneca quiere decir con esto es que, de la misma manera que la ira derroca el espíritu, somete asimismo a los demás vicios. Cuando alguien se halla verdaderamente bajo el hechizo de la ira extrema, esta lo domina todo.[8]

La ira nace de un juicio mental en virtud del cual «he sido dañado» o «he sido agraviado», y una vez que esa opinión ha sido plenamente aceptada, la ira busca venganza o retribución, como un modo de «devolver» la injusticia. «Que este deseo sea innato en el muy pacífico pecho del hombre —advierte Séneca— no es en absoluto conforme con su naturaleza. Pues la vida humana está fundada en los favores y en la armonía, y no por el terror, sino por el mutuo amor se obliga a la alianza y a la ayuda recíproca.»[9]

Para Séneca, la ira es la peor de las emociones humanas, sin discusión. Pero ¿por qué?

«Esto de malo —escribe Séneca— tiene la iracundia: no quiere dejarse gobernar. Se aíra con la verdad misma, si se manifiesta contraria a su voluntad; con gritos y alboroto y agitación de todo su cuerpo acosa a los que ha tomado como blanco, añadiendo improperios e insultos».[10]

Cuando alguien se enoja, pregunta, ¿qué sentido tiene volcar una mesa o romper una copa? Más extraño aún resulta ver cómo los individuos descargan a veces la furia contra los objetos inanimados. Cuando una herramienta no funciona adecuadamente, ¿de qué sirve arrojarla al suelo y maldecirla, si no puede sentir siquiera nuestra ira?

La mayoría de las personas, dado que jamás han pensado realmente acerca de ello, asumen que la ira es una clase natural de emoción, e inevitable en cierto sentido. Por tal motivo, escribe Séneca, algunos creen que exhibir su ira en público es bueno porque muestra que son «abiertos» y auténticos, y no tratan de ocultar ninguna parte de su personalidad.

Sin embargo, los estoicos adoptaban una visión por completo diferente de las cosas. Creían que la ira extrema podía ser evitada y jamás permitían que se desarrollase. Dado que la ira intensa se basa en malos juicios mentales, la persona sabia podría evitar emitir esos juicios defectuosos mediante el entrenamiento y la práctica.

Los «sentimientos» frente a las «pasiones»: la teoría estoica de las emociones

¿Cómo surge de entrada la ira o cualquier otra emoción extrema?

A juicio de los estoicos, si llegáramos a conocer la respuesta a esa pregunta, sería posible eliminar las emociones negativas incluso antes de que se desarrollasen. Por supuesto, ninguno decía que fuese una tarea fácil. Podrían ser precisos largos períodos de educación y entrenamiento, y se requeriría el desarrollo de una autoconciencia considerable. Ahora bien, por mi experiencia, el mero conocimiento de la teoría estoica de las emociones puede contribuir de manera significativa a reducir la ira y otras emociones negativas, así como a mejorar el estado de ánimo general de una persona.

De hecho, poco después de leer por primera vez hace algunos años el libro de Séneca *Sobre la ira*, me descubrí en una situación en la que podría haberme enfurecido mucho y sentí la llegada de los primeros signos de la ira. Pero, antes de que esta tuviera oportunidad de desarrollarse del todo, recordé lo que había escrito Séneca y fui capaz de deconstruir la emoción antes de que esta arraigase.

Como hemos visto, una idea equivocada común acerca de los estoicos es que estos no experimentan sentimientos, o bien que reprimen sus emociones. Eso no es cierto. Séneca señalaba sistemáticamente que incluso el sabio estoico experimentará sentimientos humanos normales. Como el resto de la gente, el sabio no se asemeja a «una roca carente de toda sensibilidad». Experimentará dolor, aflicción y otros sentimientos.[11] Por su parte, Epicteto dijo que el estoico no debía ser «impasible como una estatua».[12] Marco Aurelio escribía con frecuencia acerca del amor e incluso lloraba en público. Los estoicos, como escuela, eran conocidos por su amor por la humanidad. Como advirtió Séneca a propósito de los estoicos: «No hay doctrina más benigna y más suave, no hay doctrina más amante de los hombres y más pendiente del bien común».[13]

Para los estoicos, el sentimiento humano más primario es el afecto y el amor por los demás. Los padres sienten naturalmente amor por sus hijos y el afecto humano une a los individuos y a las comunidades. Pero para entender cómo surge la ira, y cómo derrotarla, hemos de comprender las tres clases diferentes de emociones que los estoicos definían con claridad, además del amor:

1. **Sentimientos.** La primera clase de emociones, conocidas como *primeros sentimientos* o *protopasiones* (*propatheiai* en griego), son experimentadas por to-

dos, e incluyen respuestas instintivas espontáneas. Comprenden cosas tales como el rubor, la excitación sexual, el sobresalto si alguien se te acerca con sigilo por detrás, el miedo escénico, el cambio de expresión ante un acontecimiento triste, y suma y sigue. En este libro nos referiremos a estas emociones como *sentimientos* o *sentimientos humanos naturales*, que todos experimentamos, incluido el sabio estoico. Es importante advertir que estos sentimientos son involuntarios, y aparecen y desaparecen a su antojo. Además, estos sentimientos son moralmente indiferentes. Dado que escapan a nuestro control, no ejercen ningún impacto positivo ni negativo sobre el carácter.

2. **Emociones negativas.** El siguiente grupo de emociones, que estos primeros sentimientos pueden ayudar a originar, se conocen como *pasiones (pathē)*. Se trata de emociones negativas como la ira, el temor, la codicia o la envidia. En este libro me refiero a ellos como *emociones negativas, emociones negativas extremas* o *emociones insalubres*. Estas emociones negativas dimanan de juicios mentales, pero juicios erróneos o falsos. Dado que se basan en creencias falsas, estas emociones negativas son nocivas para nuestro carácter. En otras palabras, son vicios.
3. **Emociones buenas.** La tercera y última categoría de emociones son las «pasiones buenas» (*eupatheiai* en griego). En este libro nos referiremos a ellas como

> *emociones buenas, emociones saludables* o *emociones positivas*. Estas incluyen el gozo, la alegría, la sociabilidad, la buena voluntad y las formas de la amistad y del amor. Al igual que las emociones negativas, las positivas se basan en juicios mentales. Pero las emociones buenas están basadas en juicios racionales y certeros, en tanto que las negativas se apoyan en juicios falsos. Y, como cabría imaginar, las emociones buenas no son indiferentes ni malas, sino *buenas* para nuestra personalidad y nuestro carácter.

Y sanseacabó: para los estoicos, los *sentimientos* son simplemente sentimientos, ni buenos ni malos, todo el mundo los experimenta. Las *emociones saludables* son buenas y están basadas en juicios sensatos y certeros. Para ellos, los auténticos enemigos son las *emociones negativas extremas* o pasiones, que se basan en opiniones falsas y son perjudiciales para el carácter interior. Séneca resumía en buena medida la concepción estoica de las emociones negativas cuando escribió: «Bajo una tiranía ha de vivir [quien] cae en la servidumbre de alguna pasión».[14]

Si vives bajo la tiranía de una emoción negativa, jamás experimentarás la serenidad de espíritu porque tu mente no se halla bajo tu control. Está bajo el control ajeno: de un falso juicio u opinión, que te llevará a obrar de formas nocivas y autodestructivas. Cuando Séneca decía que «la ira es una locura transitoria», eso es algo aplicable a *todas* la pasiones o emociones negativas extremas. En palabras del estudioso estoico John Sellars, son como «pequeñas enfermedades mentales» que toman el control de la mente. Solo que la ira es la más poderosa de todas.[15]

¿Qué significa que una pasión se basa en un juicio? Consideremos el ejemplo de la *codicia*. Para un estoico, alguien que sufre de codicia acepta el juicio de que tener mucho dinero no es solo una posible ventaja, sino que resulta *esencial* para la felicidad humana. En última instancia, esto se basa en una creencia social generalizada, como muchas otras opiniones falsas, que son «errores profundamente arraigados acerca del valor de los objetos externos».[16] Resulta significativo que los estoicos fueran de los primeros pensadores que exploraron a fondo los efectos adversos del condicionamiento social sobre nuestro desarrollo interior.

A modo de experimento mental, imaginemos que mi amigo Mike estuviese caminando un día por la ciudad y se fijase en una hermosa mujer al otro lado de la calle. Mike podría pensar: «¡Oh, es preciosa!». Tal vez sintiera que su corazón empezaba a derretirse un poco, pero siguió andando y se olvidó enseguida de ella. Para los estoicos, este sería un *sentimiento* normal, y nada más. Pero si Mike viera a la hermosa mujer y llegara a obsesionarse con ella pensando: «¡Jamás podría ser feliz viviendo sin ella!», ese sería el comienzo de una auténtica pasión o emoción negativa, puesto que ya no se basaría solo en un sentimiento, sino en un juicio falso y potencialmente dañino.

Esto nos conduce al punto en el que podemos entender cómo nacen la ira y otras emociones negativas.

Séneca no fue en modo alguno el primer estoico que escribió acerca de este proceso, pero es nuestra fuente más importante, ya que los escritos anteriores se han perdido.[17]

La propia ira, como nos dice Séneca, se basa siempre en dos juicios mentales. El primer juicio es «he sido dañado» o «alguien me ha tratado injustamente». El segundo juicio es «he sido dañado, debería buscar la restitución mediante la retribución o la venganza». Si se combinan ambos juicios, es probable que el resultado sea una manifestación de ira extrema.

Séneca explica con cierto detalle cómo surge la ira extrema, siguiendo un proceso en tres pasos. Esto refleja la teoría ABC de la emoción, comentada con anterioridad en el capítulo 3:

A. En el primer paso o «movimiento», existe un movimiento involuntario o un sentimiento natural e instintivo. Este sentimiento natural es una protopasión y una especie de advertencia de que podría avecinarse algo peor. Séneca define este sentimiento crudo como una «sacudida», una «agitación» y «un primer movimiento». No se trata de una pasión, sino de una impresión o un sentimiento que podría convertirse en una pasión. En el caso de la ira, las dos impresiones involuntarias que llegan primero a la mente son «*me siento* dañado» y «*siento* que debería vengarme».

B. En el segundo paso o movimiento, aparece el juicio mental: «*He* sido dañado y *merezco* buscar venganza».

C. En el tercer paso o movimiento, alguien ha dado su aprobación al juicio y todo el infierno se desata, porque la razón ha sido derrocada y sometida: la ira estalla y asume el mando, y se busca la venganza. Alcanzado ese punto, es demasiado tarde para dar marcha atrás, pues la mente ya ha «caído al precipicio» y se halla fuera de control. La locura transitoria ha comenzado.[18]

Cómo curar la ira

Si examinamos el proceso en tres pasos a través del cual nace la ira, se pone de manifiesto que la única forma de detenerla es durante las dos primeras etapas. Alcanzada la tercera fase, es ya demasiado tarde. Lo que torna difícil el manejo de la ira es que estos tres movimientos pueden producirse con mucha rapidez, a veces en un instante.

Así pues, lo más importante que podemos hacer es ralentizar el proceso cuando aparece la sensación inicial de que la ira puede estar en camino. Los primeros movimientos de la ira, explica Séneca, no pueden ser controlados por la razón porque se trata de sentimientos instintivos. No obstante, «quizá el hábito y la observación constante [los] atenúan».[19]

Una vez alcanzado el segundo paso, es ya efectivo el juicio o la deliberación, que procede de forma racional; como advierte Séneca, solo el poder de la racionalidad, o un buen juicio, puede borrar un mal juicio.

Séneca afirma una y otra vez que el instrumento más eficaz para derrotar a la ira es la *dilación*, esto es, la ralentización del proceso entero de tres pasos. Ello nos concederá tiempo para intervenir y analizar racionalmente cualesquiera juicios malos:

> El mejor remedio para la ira es la dilación. Exígele al principio no que perdone sino que piense: tiene un primer impulso intenso, desistirá si espera. Y no intentes eliminarla entera de un golpe: toda ella será derrotada mientras la acosamos por partes.[20]

También lo expresa en estos términos:

> La causa de la iracundia es la suposición de un ultraje, de la que no hay que fiarse sin más. Ni siquiera hay que avenirse con lo evidente y manifiesto, pues algunas falsedades tienen la apariencia de lo verdadero. Hay que dar siempre largas: el tiempo hace evidente la verdad.[21]

Desde los primeros días de la escuela, los estoicos enfatizaron la importancia de analizar las «impresiones» que se presentan en la mente. Al igual que hacía Séneca en la cita precedente, nos advertían de que no hiciéramos juicios precipitados porque las impresiones pueden ser engañosas. De hecho, Epicteto afirmó que «la mayor y primera tarea del filósofo es poner a prueba las representaciones y juzgarlas y no aceptar ninguna sin haberla puesto a prueba».[22]

La manera como el estoico puede impedir que la ira crezca hasta convertirse en una auténtica emoción negativa es hermosamente sintetizada en el comentario atribuido al psicólogo Viktor Frankl: «Entre el estímulo y la respuesta hay un espacio. En dicho espacio reside nuestra capacidad de elegir nuestra respuesta. En nuestra respuesta radica nuestro crecimiento y nuestra libertad».

Aunque en realidad Viktor Frankl jamás pronunció esas palabras, y la cita parece estar basada en un pasaje del psicólogo Rollo May, los estoicos habrían suscrito ambos enunciados, con independencia de su autoría. Este es el pasaje original de Rollo May:

> La libertad humana implica nuestra capacidad de hacer una pausa entre el estímulo y la respuesta y, en dicha pausa, elegir la respuesta hacia la cual deseamos inclinarnos. La capacidad de crearnos a nosotros mismos, basada en esta libertad, es inseparable de la conciencia o la autoconciencia.[23]

Este es el motivo por el que Séneca sostiene que la mejor cura para la ira es la *dilación*. Dicho en términos estoicos, un «estímulo» es una «impresión». Necesitamos detenernos, poner a prueba con cuidado las impresiones y decidir o «elegir» si deberíamos aceptarlas.

Es importante señalar que, para Séneca y los estoicos, una emoción negativa extrema no puede originarse sin que la mente dé primero su consentimiento a una impresión y luego acepte un juicio mental falso. Al hacer una pausa, resulta posible cuestionar las impresiones. También cabe desafiar un juicio mental o una creencia antes de aceptarlos. En términos de la psicología estoica, esta es la mejor manera de detener la ira porque, como observa Séneca, la ira «por sí misma a nada se atreve si no lo aprueba el ánimo».[24] Al fin y a la postre, la ira solo puede surgir cuando *decidimos* que está justificada.

Por fortuna, los primeros sentimientos de ira son claras señales de advertencia del peligro inminente, del mismo modo que aparecen los síntomas antes de una enfermedad, y que aparecen los signos de la lluvia antes de una tormenta. Tal como aconseja Séneca:

> Lo mejor es despreciar sin rodeos el primer incentivo de la ira y combatir sus propios gérmenes y hacer un esfuerzo para no caer en la ira. En efecto, si empieza a llevarnos de través, resulta difícil el regreso al estado normal, puesto que no queda razón ninguna allí donde solo una vez un sentimiento se ha introducido y nuestra voluntad le ha otorgado algún derecho: hará del resto lo que quiera, no lo que le permitas. En los puestos fronterizos hay que hacer retroceder al enemigo;

en efecto, cuando ha penetrado y se ha metido por las puertas, no admite reglas de parte de sus prisioneros.[25]

Como advierte en una carta: «Toda pasión al principio es débil, luego ella misma se robustece y, mientras progresa, adquiere fuerzas: es más fácil rechazarla que extirparla».[26] Si nos ceñimos estrictamente a la teoría estoica de las emociones, en el manejo de la ira destacan dos técnicas fundamentales:

1. *Da un paso atrás.* La mejor manera de detener la ira desde el comienzo sería advertir los primeros sentimientos o impresiones de «he sido agraviado» y hacer una pausa, tomarte un respiro, darles tiempo para que se apaguen y no darles tu consentimiento. La Asociación Estadounidense de Psicología (APA) recomienda asimismo esta técnica. Los psicólogos actuales la denominan *distanciamiento cognitivo*, que puede adoptar múltiples formas diferentes.

Hace mucho tiempo tuve una novia que empleaba esta técnica, y era bueno que lo hiciera, porque era una atleta bien entrenada, cinturón negro de quinto dan de kárate. Pese a su baja estatura, era una artista marcial de extraordinaria musculatura y ferocidad. Sin exagerar, podría haber matado literalmente a cualquiera con sus propias manos.

Un día estábamos juntos en mi casa y no recuerdo lo que dije, pero ella sintió la llegada de la ira a raíz de mi comentario. En ese momento me explicó, con serenidad y sin emoción: «Lo siento, David, pero necesito marcharme un par de horas para calmarme porque, si perdiera los estribos, correrías un peligro físico extremo y hasta podría matarte». Como una auténtica profesional, se había entrenado para ese momento y recitó su guion sin un solo rastro de ira, aun cuando estaba a punto de estallar.

Por supuesto, yo celebré que poseyera esa increíble autoconciencia y agradecí que no me hubiera matado. Cuando regresó, todo estaba en orden. Ella había recobrado su calma habitual. Aquella fue la única vez que algo semejante ocurrió entre nosotros, quizá porque me sirvió de advertencia.

2. *Reestructura tus creencias.* Si la sensación creciente de ira ha superado la fase de ser un mero «primer sentimiento», es hora de cuestionar tus juicios y creencias antes de concluir que la venganza está justificada. Esta es otra manera de dar un paso atrás antes de formar un juicio definitivo. Una vez más, el APA recomienda esta técnica, e incluso he robado la frase «reestructura tus creencias» de su sitio web, simplemente para mostrar que las intuiciones psicológicas de Séneca son atemporales.

Como hemos visto, el paso final antes de que estalle la auténtica ira consiste en emitir el juicio: «He sido agraviado, luego, está justificada la venganza». Por consiguiente, es evidente que has de aplicar el pensamiento crítico antes de permitir que ese juicio asuma el control, y destruir la creencia falsa si es posible. Bajo el epígrafe «Reestructuración cognitiva», el APA nos dice:

> La lógica derrota a la ira, porque la ira, incluso cuando está justificada, puede tornarse rápidamente irracional. Así pues, usa la lógica dura y fría contigo mismo. Recuérdate que el mundo «no va a por ti», simplemente estás experimentando algunas de las asperezas de la vida cotidiana. Haz esto cada vez que sientas que la ira se adueña de lo mejor de ti, y ello te ayudará a adoptar una perspectiva más equilibrada. Las personas enojadas tienden a exigir cosas: justicia, aprecio, acuerdo, disposición para hacer las cosas a su manera. Todos deseamos estas cosas, y todos nos sentimos dolidos y decepcionados cuando no las conseguimos, pero las personas enojadas las exigen, y cuando no se satisfacen sus demandas, su decepción se convierte en ira.[27]

¡Buen trabajo, APA, has hablado como una verdadera estoica! Excepto al sugerir que a veces la ira puede estar «justificada», a lo que Séneca se oponía con energía. De hecho, Séneca y los demás estoicos propugnaban que el sabio jamás podría ser dañado por nada trivial. En palabras de Epicteto: «Pues a ti no te dañará otro como tú no quieras, y solo serás perjudicado cuando juzgues que se te perjudica».[28] O, como dice Marco Aurelio: «Expulsa la suposición. Estás a salvo. ¿Quién te impide expulsarla?».[29] Estas dos citas nos ayudan a vencer la creencia de que hemos sido perjudicados.

Otra forma de reestructurar la creencia de que hemos sido dañados es el recurso al humor. Habida cuenta de que muchas de las cosas que enfadan a la gente son del todo insignificantes en el gran esquema de las cosas, no hay nada malo en tomarse a risa algo trivial o convertirlo en un chiste. Un día que Sócrates caminaba por la calle, alguien le golpeó en la cabeza. Su única respuesta fue este comentario: «Son terribles estos días en los que no sabes cuándo necesitarás un casco al salir a pasear».

Además de estas dos técnicas centrales, Séneca menciona muchas otras estrategias para evitar la ira. Si te interesa conocerlas con más detalle, te recomiendo encarecidamente que leas su libro *Sobre la ira*. Aquí mencionaré unas cuantas sobre las que escribe en profundidad:

- Sé consciente de que a menudo las personas no tienen ni idea de lo que están haciendo y cometen errores, así que no te tomes demasiado en serio sus acciones.
- Sé magnánimo: con un espíritu noble, no has de sentirte herido por las cosas triviales. Desprécialas como indignas de tu atención.
- Examina con cuidado la extrema fealdad de la ira, así como su peligro. Ello te disuadirá firmemente de enojarte. (Por eso Séneca ofrecía las gráficas descripciones de lo fea que es la ira.)
- Asóciate con personas bondadosas que es improbable que te enfaden e improbable que soporten tu ira. Los individuos con defectos de carácter es mucho más probable que te enojen y te influyan de forma negativa.

- No te permitas llegar a estar mental o físicamente agotado, pues esto alienta la irritación y la ira.
- Si te sientes estresado, plantéate hacer algo relajante para serenar la mente, como escuchar música.
- Como todos somos diferentes, compréndete a ti mismo y averigua quién tiende a enojarte. Una vez que entiendas tus puntos débiles, no los expongas a aquellas cosas que pueden enfadarte.
- No hay necesidad de escuchar ni de ver todo lo que sucede. Puedes evitar muchas cosas molestas simplemente no captándolas. (¡Este es un consejo especialmente valioso en la era de internet!)
- No albergues falsas sospechas ni exageres asuntos triviales.
- Perdona a los demás, e incluso a toda la humanidad, pues tú tampoco eres perfecto: los defectos que descubrimos en los otros existen también en nosotros.
- Recuerda que, si alguien empieza a enfadarte, puedes esperar un poco: la muerte acabará igualándonos a todos. Por lo tanto, en lugar de enojarte, es preferible que concentres tu mente en cosas más importantes.

Justicia sin ira

En nuestros tiempos, en los que está de moda descargar la indignación en las plataformas de los medios sociales, a algunos puede resultarles sorprendente que Séneca creyera que la ira extrema *jamás* está justificada, porque nada bueno resulta nunca de ella.

Aristóteles pensaba que una cantidad moderada de ira resultaba deseable, si se controlaba, debido a la forma en que la ira anima a los soldados a luchar, y al modo en que puede energizar la acción humana. Pero Séneca echaba por tierra diestramente esta concepción señalando que la ira auténtica, o la furia, es un vicio que jamás puede moderarse. Además, la ira mina la racionalidad, y por ende la capacidad de proceder como auténticos seres humanos. Pero el desmantelamiento definitivo por parte de Séneca de la idea de que la ira podría mejorar el rendimiento de los soldados adopta la forma de una pregunta: si la ira puede ayudar a los soldados a combatir con mayor eficacia, preguntaba, ¿por qué no los emborrachamos también, para que blandan sus armas más ferozmente? Caso cerrado, al menos en mi opinión.

Séneca tenía plena conciencia de que nuestro mundo está repleto de injusticias terribles y sucesos inhumanos que acontecen a diario. Pero, en cierto sentido, hoy somos menos afortunados de lo que lo era Séneca, debido a la época que nos ha tocado vivir. Hoy en día, los medios de comunicación mundiales han convertido en una industria lucrativa la introducción de todas las atrocidades posibles en nuestros hogares y en nuestras mentes cada vez que encendemos una pantalla o abrimos un periódico.

Dado que el mal comportamiento es abundante e inevitable, Séneca adoptaba la razonable concepción de que el sabio nunca debería enojarse por ninguno de los sucesos con los que somos asaltados o de los que tenemos noticia a diario. Él pensaba que el mundo era bueno en conjunto, en virtud de la bondad, la generosidad y la racionalidad humanas. No obstante, como él observaba, ocurren tantas cosas malas que, si todos los malos comportamientos nos enojaran, necesitaríamos estar enfadados a cada momento del día. Huelga decir que eso sería insoportable.

Para Séneca, la estrategia alternativa pasaba por ser razonables y prácticos. Si somos realistas, decía, hemos de esperar que el mundo esté lleno de personas con rasgos de carácter terribles. Ahora bien, no mejoraremos el mundo mediante la energía nociva de la ira, sino mediante el uso de la razón. Para un estoico, la manera apropiada de contemplar el mundo se asemejaría a la del médico, que espera encontrar a diario un montón de pacientes enfermos. Como escribe Séneca:

> Así pues, el sabio, sereno y justo para con los errores, no enemigo sino reformador de los maleantes, sale cada día con esta previsión: «Me saldrán al paso muchos dados al vino, muchos degenerados, muchos desagradecidos, muchos avaros, muchos agitados por el furor de la ambición». Mirará todo eso tan bien dispuesto como el médico a sus enfermos.[30]

La otra manera de contemplar el mundo es desde la perspectiva racional y sensata del juez que preside un tribunal de justicia, y que a veces se ve obligado a castigar a quienes han obrado mal. Séneca recalca que el juez nunca debería castigar al malhechor movido por la ira, sino por la esperanza de que el castigo anime al infractor a convertirse en una persona mejor en el futuro. El juez que castiga a alguien impulsado por la ira será tan peligroso e indeseable como el soldado armado que se pavonea en estado de embriaguez.

Aun cuando vivamos dos mil años después de Séneca, este nos ofrece un modelo adecuado y realista para el cambio social, pues nos muestra cómo podemos mejorar el mundo confiando exclusivamente en la razón humana. La ira extrema no incrementará la justicia ni convertirá el mundo en un lugar mejor; solo tornará el mundo más miserable e incontrolable. Según la concepción estoica, la ira no puede sino aumentar el sufrimiento humano.

CAPÍTULO 5

DONDEQUIERA QUE VAYAS, AHÍ ESTÁS: NO PUEDES ESCAPAR DE TI MISMO

De aires cambian, no de alma, quienes se van corriendo a ultramar.

Horacio, *Epístolas* I.11.27

Cierto día, Lucilio se sentía un poco deprimido y deseaba animarse con un viaje, como mucha gente hace hoy en día. Pensaba que un cambio de paisaje podría ayudarlo a mejorar su estado de ánimo. Por desgracia, el proyecto fue un fracaso: la depresión de Lucilio no se curó. Pero, como comentó Séneca: «Debes cambiar de alma, no de clima», porque «te seguirán, a dondequiera que llegues, los vicios».[1]

¡Hasta ahí la idea de Séneca!

En cierta ocasión, yo experimenté algo similar. Hace

mucho tiempo tuve la oportunidad de pasar una semana en una villa renacentista italiana —la Villa Saraceno, diseñada por el célebre arquitecto Andrea Palladio (1508-1580)— con diez o doce amigos. Sin embargo, había experimentado recientemente la ruptura de una relación prometedora y todavía sentía el aguijón del dolor. Pese a ello, dado que se trataba de una oportunidad única de alojarse en una villa de Palladio (casi sin coste alguno), decidí apuntarme al viaje, que resultó inolvidable. Pero, cuando me encontraba solo en mi habitación, a veces rompía en lágrimas por causa de la aflicción y la decepción que me habían seguido hasta allí.

Cuando Séneca escribía sus cartas a Lucilio, cambiaba con frecuencia de ubicación, viajando aquí o allá a uno de sus refugios campestres. En una graciosa carta, cuenta incluso que se encontraba alojado encima de un ruidoso gimnasio y casa de baños en Roma. Con divertidos detalles, describe los sonidos de las gentes que gruñían durante sus entrenamientos, que se filtraban hasta su apartamento. Menciono esto para recalcar que Séneca estaba familiarizado con los viajes y no los desaprobaba. Séneca creía que todo el mundo necesita períodos de relajación para liberar la mente. También creía que salir de Roma, con su humo y su aire contaminado, era una buena idea, si no una necesidad médica.[2]

Ahora bien, si Séneca pensaba que era bueno viajar, ¿por qué escribió tanto sobre cómo nuestros problemas internos nos persiguen dondequiera que vayamos, un tema recurrente en sus escritos?

Dado que Séneca era un estoico, su atención se centraba en cómo mejorar con realismo nuestro carácter interior. Por tal motivo, rechazaba la idea de que alguien pudiera mejorar su estado mental, al menos de forma duradera, solo viajando. Cualesquiera problemas que suframos internamente nos siguen: «Porque el vicio no está en las cosas, sino en la propia alma [...]. Llevará la enfermedad consigo [...] su mal le acompaña».[3] ¿Qué ganaremos con «atravesar el mar y cambiar de ciudad», pregunta, dado que nuestras preocupaciones nos seguirán dondequiera que vayamos? Pero, para dejar las cosas claras, advierte sin rodeos: «Si quieres evitar estos males que te oprimen, no debes estar en otros lugares, sino ser otro distinto».[4]

Séneca tenía en mente un tipo específico de personalidad cuando escribió acerca de cómo cabe hacer un mal uso de los viajes. Se trata de la clase de personas que utilizarán cualquier diversión posible para evitar afrontar su vida interior, y para evitar cualquier cosa en la que necesiten «trabajar», como hoy decimos. En el mundo de la psicología, de todos es sabido que ciertos individuos se mantienen ocupados o distraídos todo el tiempo para esquivar los sentimientos de vacuidad, soledad o depresión. Habida cuenta de que vivimos en una sociedad consumista, se pone el énfasis en la posesión de cosas externas, la participación en actividades externas y la consecución de logros externos. En cambio, echar un vistazo profundo dentro de nosotros y experimentar una sensación de vacío, en lugar de descubrir una personalidad bien desarrollada y feliz, podría resultar bastante incómodo. La visión estoica no es que las cosas externas carezcan de importancia, sino que la verdadera felicidad y la serenidad de espíritu se originan en el interior. Por consiguiente, quienes no aciertan a cultivar su carácter interior es poco probable que sean auténticamente felices.

Del mismo modo que las personas «distraídas» o «preocupadas» corren de un lado para otro y malgastan el regalo del tiempo (capítulo 2), los preocupados también hacen un mal uso del regalo del viaje para evitar desarrollar su yo interior. Como comenta Séneca sin ambages: «Aquel que escoge su región de veraneo y se afana por el descanso encontrará en todas partes motivos de inquietud».[5]

Al fin y a la postre, se pregunta, si cada persona está intentando huir de sí misma, ¿qué sentido tiene huir si no hay escapatoria?

Tener un destino real

> [El alma] no puede arraigar en el retiro si no deja de mirar a todas partes y vagabundear.
>
> Séneca, *Epístolas* 69.1

Para Séneca, tener un destino real es de suprema importancia. Cuando tienes un destino real, tienes también un foco de atención, una consistencia y una meta hacia la que te aproximas. Lo contrario de tener un destino implica una falta de foco de atención, inconsistencia y mero deambular. Cuando tienes un destino auténtico, sabes realmente por qué estás viviendo. Pero eso no sucede cuando alguien se limita a vagabundear o a reaccionar a lo que quiera que suceda a continuación.

Podemos ver cómo tener un destino real encaja a la perfección con la idea de que el estoicismo es «un camino» (explorada en el capítulo 1), porque un camino existe para llevarnos a algún sitio. La manera en que Séneca contrasta una y otra vez la idea de tener un destino real con la de limitarse a deambular no puede ser fruto del azar. Antes bien, se trata de una metáfora brillante y deliberada para explicar su concepción global del estoicismo y la importancia del foco de atención y la consistencia a la hora de avanzar.

La importancia que esto tenía para Séneca se confirma por el hecho de que aparezca al inicio mismo de su segunda carta a Lucilio. En otras palabras, Séneca saca a colación el tema del foco de atención y de «no deambular» en la primera oportunidad posible:

> EPÍSTOLA 2
> *De Séneca a Lucilio, saludos*
> Por las nuevas que me das y las que escucho de otros, concibo buena esperanza de ti: no vas de acá para allá ni te inquietas por cambiar de lugar, agitación esta propia de alma enfermiza: considero el primer indicio de un espíritu equilibrado poder mantenerse firme y morar en sí.[6]

Acto seguido, Séneca cambia de tema para hablar de seleccionar y leer los libros adecuados, y comenta cómo también en la lectura resulta vital «no deambular»: «Es conveniente ocuparse y nutrirse de algunos grandes escritores —dice— si queremos obtener algún fruto que permanezca firmemente en el alma. No está en ningún lugar quien está en todas partes. A los que pasan la vida en viajes les acontece esto: que tienen múltiples alojamientos y ningunas amistades».[7]

De esta guisa, Séneca muestra cómo tanto los viajes como las lecturas pueden verse perjudicados por el vagabundeo, por la falta de un destino real. Por supuesto, el acceso a una biblioteca de investigación de miles de libros podría ser útil. Pero en lo que atañe a llegar a ser un ser humano sabio, resulta esencial absorber profundamente los pensamientos de unos cuantos autores sólidos y reconocidos. Como aconseja Séneca: «Estudia no para saber algo más, sino para saberlo mejor».[8]

Tanto en las lecturas como en los viajes, necesitas un foco de atención y un destino. No debes vagar de un lado para otro. Como él dice, quienes viajan sin tregua tienen muchos conocidos, pero no amigos auténticos, lo cual no es una exageración. Por ejemplo, yo he conocido y tenido como invitados a nómadas digitales, personas que viajan de continuo por todo el mundo, trabajando desde sus ordenadores portátiles. Y aunque algunos funcionan bien (en especial las parejas), la incapacidad de forjar amistades duraderas al andar siempre de acá para allá, con la soledad que ello engendra, a muchos les supone un problema.

«El que va por buen camino encuentra un final —escribe Séneca— , el extravío no tiene fin».[9] Pese a las bondades de los viajes, el deseo de viajar de forma constante es una señal de «inquietud» o de «un alma inconstante».[10] «Ve adelante», aconseja Séneca a Lucilio, «y antes de nada cuida de estar en consonancia contigo», porque «el cambio de voluntad indica que el alma fluctúa, que se muestra ora en una parte, ora en otra, conforme al soplo del viento».[11] (Véase la figura 3.)

Un estudiante de estoicismo	Un no estoico típico
Viaja con un destino.	Deambula sin un camino.
Tiene un foco de atención y es consistente.	Carece de foco de atención y de consistencia.
Se siente adaptado y sereno. Vive en el presente. Anticipa el futuro sin ansiedad.	Se siente inadaptado. Intenta huir de sí mismo. Se preocupa por el futuro.
Tiene un propósito rector.	Es zarandeado en diferentes direcciones por los vientos del azar.
Es consciente de que la felicidad es causada por nuestras opiniones sobre las cosas.	Cree que otras personas o las cosas externas nos hacen infelices.
Sabe cómo evitar o cómo deconstruir emociones negativas extremas.	Experimenta emociones negativas extremas con regularidad y no sabe por qué.
Supera la adversidad transformándola en algo positivo o admirable. Continúa avanzando.	Padece la adversidad y el desaliento. Se siente frustrado por los contratiempos.

Un estudiante de estoicismo	Un no estoico típico
Se siente agradecido al universo.	Se lamenta con frecuencia.
Viaja de camino a la libertad y la tranquilidad aprendiendo a hacer juicios mentales sensatos.	Está esclavizado por las opiniones falsas, lo cual provoca emociones negativas y sufrimiento.

Fig. 3: Descripciones de Séneca acerca de cómo difiere un estoico de un no estoico típico, incluidas las metáforas relacionadas con los viajes.

Por ejemplo, si estoy trabajando en un proyecto con un foco de atención mental, puedo entrar en internet, buscar una información en la red y regresar de inmediato al trabajo. En cambio, si no tengo esa clase de foco de atención, puedo navegar fácilmente por la red, luego por Facebook y después por YouTube, deambulando durante horas. Es verdad que hacer eso de vez en cuando es inocuo, pero hacerlo a diario, como una forma de procrastinación, podría indicar que algo va mal. Cuando las personas procrastinan, es con frecuencia un signo de que su trabajo se les antoja poco gratificante. En tal caso, podría tener sentido plantearse buscar un trabajo más interesante, en la medida de lo posible.

Si bien Séneca propugnaba el foco de atención y tener un destino, no era uno de esos tipos tristes que trabajan sin descanso y nunca se divierten. Valoraba muchísimo el ocio y el tiempo libre. Incluso escribió una obra *Sobre el ocio*, cuya lectura sigue siendo actual.[12] Entre los intereses de Séneca figuraba la viticultura, o el cultivo de la vid, por lo que debió de haber sido un enólogo. Aunque más tarde dejó de beber vino, defendía la bebida para algunas personas, incluso hasta el borde de la embriaguez, en virtud del efecto liberador que el vino puede tener sobre la mente.

Para Séneca, el disfrute del tiempo libre era una de las cosas más hermosas de la vida. Pero el ocio satisface solo si la mente es estable y está lo bastante desarrollada para disfrutarlo de veras. Por eso la filosofía, para Séneca, era una compañera esencial para vivir una vida buena y feliz. Un sabio, por ejemplo, será capaz de viajar y de beneficiarse profundamente del viaje, pues su mente está preparada para la experiencia, en tanto que otros solo «emprenden un viaje tras otro y cambian unos espectáculos por otros espectáculos».[13] En términos de goce profundo, lo que de verdad obtengas de la vida dependerá de lo que aportes a ella.

Mientras que una persona sabia o un estoico en formación deberían tener un espíritu sereno y estable, muchas personas están inquietas, descontentas, son inestables y se irritan con facilidad. Al escribir sobre el pensamiento de Séneca, el filósofo e historiador Mark Holowchak nos ofrece una explicación significativa de por qué las personas intranquilas creen que los viajes mejorarán su estado emocional. El asunto tiene que ver con la *expectativa*, «la esperanza de que mañana será mejor que hoy». Explica que la expectativa suele ser fruto de la combinación de la aflicción y el deseo. La aflicción es el sentimiento de que algo malo está presente ahora, y el deseo dimana del «sentimiento de que algo bueno se esconde en el horizonte para reemplazar lo malo».[14] En resumidas cuentas, si lográramos llegar «allí», las cosas irían mejor.

Aunque Séneca creía que ciertos lugares son insalubres (pensemos en las localidades costeras durante las vacaciones de primavera), decía: «Hay que vivir con esta persuasión: "No he nacido para un solo rincón; mi patria es todo el mundo visible"».[15] Al igual que los otros estoicos romanos, Séneca pensaba que alguien podía ser feliz casi en cualquier parte, incluso sometido al exilio. Como él observaba: «El lugar no contribuye gran cosa al sosiego interior: es el alma la que para sí valora todas las cosas. He visto en una quinta alegre y deliciosa moradores entristecidos; he visto en plena soledad personas con aire de atareadas».[16]

Siempre es posible que los viajes puedan ayudar a algunos a disipar su insatisfacción con su vida, confiados en que las cosas serán mejores en otro lugar. Pero es más probable que esa creencia sea un caso de lo que ciertos psicólogos denominan el *síndrome de la hierba es más verde*, basado en el dicho de que «la hierba es más verde del otro lado de la valla». Si bien no se trata de un diagnóstico psicológico oficial, es ciertamente algo real y explica muchas relaciones fallidas. Y es que, cuando termina una relación, hay quien suele creer: «Mi vida sería mejor con otra persona». Por consiguiente, en lugar de regar o cuidar el césped propio, el césped ajeno se antoja más deseable, o más verde, incluso cuando eso suele ser una fantasía.

Algunas veces, la hierba *podría* ser más verde en otro lugar y otro césped podría ser un destino real. Pero las personas que a menudo padecen la expectativa es probable que se sientan siempre insatisfechas e intranquilas, porque, dondequiera que vayan, allí están ellas. Dado que no puedes escapar de ti mismo, la solución para la infelicidad psicológica suele morar en tu interior.

Tener un propósito rector

Para Séneca, tener un destino es idéntico a tener un propósito rector, lo cual constituye de entrada el auténtico objetivo de estudiar la filosofía estoica.

Séneca aboga por un «sereno y continuo discurrir de la vida que recorre un solo camino». Pero, como él afirma, muchas personas saltan de un propósito a otro, cambiando de planes con frecuencia. Es como si los vientos del azar las llevaran de acá para allá. «Pocos son los que mediante la reflexión ponen orden en sí mismos y en sus cosas; los demás, al igual que los despojos flotantes en el río, no avanzan, sino que son impulsados». A su juicio, la alternativa consiste en «que tengamos que determinar cuál es nuestro propósito y perseverar en él».[17]

Las personas cometen errores, dice, porque consideran las partes de la vida, pero no la vida en su totalidad. Al igual que el arquero tiene un blanco, deberíamos tener una meta vital global. Como comenta en una frase memorable: «Para el que ignora el puerto al que encaminarse, ningún viento le es propicio». En otras palabras, sin un destino, la vida de los individuos está gobernada por el azar.[18]

Por fortuna, sostiene, existe una brújula capaz de guiarnos de forma segura. Y esa guía no es una religión, una escritura revelada ni nada externo, sino nuestra propia capacidad de pensar con claridad: «Siempre que quieras saber lo que has de rehuir o buscar toma en consideración el sumo bien, objetivo de toda tu vida. Con él se debe armonizar cuanto hagamos».[19]

Aunque la idea de que «una persona debería vivir conforme a su bien supremo» podría sonar un tanto extraña a nuestros oídos modernos, tenía perfecto sentido para los estoicos romanos. Estos también sabían con exactitud *cuál* era el sumo bien para ellos: consistía siempre en afanarse en vivir de una manera honorable y racional, con excelencia de carácter, alineando su vida con las cuatro virtudes cardinales de la sabiduría, el coraje, la moderación y la justicia.

CAPÍTULO 6
CÓMO DOMINAR LA ADVERSIDAD

La ciudad que desapareció en un abrir y cerrar de ojos

En el verano del año 64, Séneca recibió una noticia terrible de un amigo. La colonia romana de Lugdunum —la actual ciudad francesa de Lyon— había ardido súbitamente hasta los cimientos en un insólito incendio. Para mayor desgracia, la ciudad quedó destruida en pocos minutos. Séneca se refirió al incendio de Lyon en estos términos: «No me extraña que tal desgracia tan imprevista y casi inaudita se haya producido sin sospecharla, puesto que no había precedentes».[1] Como él señalaba, es raro que los incendios lo consuman todo con tal ferocidad que no quede nada.

Séneca dedica una misiva entera, la Epístola 91, a la destrucción de Lyon por el fuego. En virtud de los poderosos sentimientos que evoca, se trata de una de sus obras más fascinantes. Describe de forma lírica la fragilidad de todo lo creado por los humanos y por la naturaleza, y cómo las cosas pueden convertirse en sus opuestas casi al instante. La paz se convierte en guerra; un día apacible, en una tormenta terrible. La prosperidad se transforma en pobreza; la salud, en enfermedad. Los logros de toda una vida pueden perderse en un solo día. Una hora es tiempo suficiente para destruir un imperio. Lo cierto es, escribe, que «el crecimiento procede lentamente, la caída se acelera».[2]

El incendio de Lyon se propagó con tanta rapidez, y fue tan inesperado, que la ciudad no tuvo ninguna oportunidad. Pero el infortunio no es tan infrecuente. Está destinado a golpearnos a todos.

Aunque todos los estoicos romanos escribieron sobre cómo afrontar la adversidad, Séneca fue el maestro en este tema. Lo abordó por extenso en centenares de páginas. La pregunta *¿cómo deberíamos responder cuando a las buenas personas les ocurren cosas malas?* nunca pasa de moda, ya que la necesidad de hacer frente a la adversidad forma parte de la naturaleza humana. Ni tan siquiera los más ricos y privilegiados de entre nosotros podemos evitar el dolor y el sufrimiento, el revés ocasional y la sensación de que las cosas han tomado un camino equivocado. De hecho, las sabias enseñanzas de Séneca sobre la adversidad contribuyen de manera significativa a la popularidad de sus escritos en la actualidad. Durante el confinamiento mundial por la pandemia de COVID-19, que aproveché para escribir parte de este libro, muchas ventas de libros experimentaron una fuerte caída debida al impacto de la paralización de la economía mundial. Pero, coincidiendo con el primer pico de la pandemia, las ventas de las *Epístolas morales a Lucilio* de Séneca fueron un 747 por ciento más altas de lo habitual.[3] En ese período tan estresante, las doctrinas de Séneca acerca de cómo vivir con serenidad a pesar de la adversidad atrajeron a muchos lectores nuevos.

Virtud y ecuanimidad: cómo los estoicos encuentran la bondad a pesar de la adversidad

> No desees las dificultades, sino la virtud que te permite soportar las dificultades.
>
> Séneca, *Epístolas* 15.5

Vivimos en un mundo impredecible, un mundo en el que todos experimentamos la adversidad, la dificultad y el sufrimiento. Así pues, ¿cómo eran capaces los estoicos de vivir una vida serena y feliz?

Con base en el sentido común, los estoicos sabían que la adversidad y las dificultades forman parte de la vida, de modo que desarrollaron formas de anticiparse y responder a esas experiencias inevitables. Pero, lo que es más importante, era su manera subyacente de contemplar el mundo la que eliminaba la herida emocional que la mayoría de las personas sienten cuando los infortunios se cruzan en su camino. En otras palabras, los estoicos aprendieron a ver el mundo de un modo algo diferente al del individuo medio, de manera que las dificultades resultasen menos dolorosas.

En última instancia, los estoicos creían que una persona con un carácter bien desarrollado sería capaz de soportar la adversidad con un espíritu alegre o feliz. Como vimos en el capítulo 4, esto no significa que el estoico no experimente los sentimientos humanos normales. Pero ¿cómo —preguntaban los estoicos— podemos contemplar el mundo para evitar que esos sentimientos se conviertan en algo en extremo negativo o debilitante?

Podemos hallar la respuesta en dos ideas clave del estoicismo, mencionadas con brevedad en la introducción de este libro. La primera creencia estoica es que la virtud o excelencia interna es el único bien auténtico. La segunda es que unas cosas dependen de nosotros y otras no, de suerte que deberíamos centrarnos en las cosas que de verdad están bajo nuestro control.

Ha llegado el momento de considerar con más profundidad estas ideas y cómo pueden conjugarse ambas para mitigar el sufrimiento humano.

Por desgracia, la palabra *virtud* suena sofocante y victoriana. Pero lo que significaba la virtud o *aretē* para los antiguos griegos era simplemente «bondad» o «excelencia». Incluso un objeto inanimado puede poseer excelencia. Por ejemplo, la *aretē* o excelencia de un buen cuchillo consiste en que esté afilado y corte bien. La virtud de un buen caballo podría estribar en su fortaleza y su velocidad. Una vez que alcanzamos el nivel de los seres humanos, lo que nos distingue de los demás animales es que somos *racionales*. Por consiguiente, para los estoicos, para poseer la virtud como seres humanos hemos de obrar de un modo racional, razonable u honorable. Esto significa que deberíamos desarrollar un carácter bueno y estable, caracterizado por la ecuanimidad, en el que las emociones negativas extremas no nos hagan perder el equilibrio mental.

Aparte de la racionalidad, existen muchas otras virtudes. Si nos remontamos al menos a Platón, los griegos identificaban cuatro virtudes primarias o «cardinales»: *sabiduría*, *coraje*, *moderación* y *justicia*, que los estoicos también estimaban esenciales.

La segunda idea clave es que unas cosas dependen de nosotros o están dentro de nuestro poder, en tanto que otras no. Los estoicos modernos designan esta circunstancia como *la dicotomía del control*, que es central en todo el estoicismo romano.[4] Cuando pensamos con atención en ello, sin embargo, son muy pocas las cosas que se hallan totalmente bajo nuestro control. Ni siquiera nuestro cuerpo y nuestros pensamientos están bajo nuestro control en todo momento.

Por poner otro ejemplo, si bien podemos controlar nuestras intenciones, no podemos controlar las consecuencias de las cosas. Si pones en marcha un negocio, podrías ser capaz de organizar todo lo atinente al *marketing*, que en teoría podrías controlar por completo. Pero la empresa podría fracasar por millones de otras razones, incluida la posibilidad de que no exista suficiente demanda de lo que el negocio ofrece.

Hoy en día, el filósofo estoico más famoso por escribir acerca de la dicotomía del control es Epicteto, que era un adolescente cuando murió Séneca. Pero Séneca y los estoicos precedentes también aceptaron esta idea, si bien la describían de diferentes modos. Séneca hablaba de *virtud* y *Fortuna*.[5]

Para Séneca, la virtud (y nuestro carácter interior) depende de nosotros, pero no así la Fortuna o el azar. (Véase la figura 4.) Aunque siempre tendríamos que intentar hacer un buen uso de las cosas que escapan a nuestro control (para contribuir a crear un mundo mejor), deberíamos centrarnos primero en tener un buen carácter, porque sin virtud o sin un buen carácter tampoco seremos capaces de crear nada bueno en el mundo. Como escribía Séneca: «La virtud es el único bien: porque ninguno existe sin ella».[6]

	La dicotomía del control	
Séneca	Virtud / carácter interior	Fortuna o azar
Epicteto	«Depende de nosotros»	«No depende de nosotros»

Fig. 4: Cómo Séneca y Epicteto describían la dicotomía del control. Mientras que la virtud y el carácter interior dependen de nosotros y se hallan bajo nuestro control, las cosas pertenecientes al ámbito de la Fortuna o el azar no dependen plenamente de nosotros.

En la filosofía estoica, estas dos ideas —que la virtud es el único bien verdadero y que algunas cosas escapan a nuestro control— son como dos potentes sustancias químicas. Cuando se combinan y se mezclan, se produce una reacción intensa y emerge una nueva forma de ver el mundo.

Una diferencia principal entre una persona media y un estoico es que la persona media ve las cosas exteriores —cosas tales como tener dinero, una casa preciosa y una hermosa familia— como *bienes*, en tanto que para el estoico son meras *ventajas*. En un principio podría parecer una pequeña diferencia, o incluso una sutileza verbal. No obstante, para el estoico se trata de una distinción crucial, ya que la virtud es el único bien auténtico. (Dicho esto, si es posible, el estoico deseará tener ventajas externas como todo el mundo.)

Para Séneca, «todas esas cosas sobre las que el azar ejerce su dominio son como esclavos», incluidos el dinero, el cuerpo, la reputación y la mayoría de las demás cosas.[7] Como él explica, quien cree que las cosas externas son buenas se somete al poder de la Fortuna, el azar y las cosas que escapan a su control. Pero la persona que comprende que la bondad es una virtud puede hallar la felicidad duradera en su interior, con independencia de las circunstancias externas.[8]

Para el estoico, cualquier cosa que sea un bien real, como la virtud, jamás podrá sernos arrebatada, en tanto que cualquier cosa que se nos pueda arrebatar no será un bien real, sino una mera ventaja o un regalo de la Fortuna. «Se equivocan —asegura Séneca— los que opinan que la Fortuna nos procura algún bien o algún mal.» Antes bien, la Fortuna solo nos brinda la materia prima para crear lo bueno o lo malo, basándonos en las cualidades buenas o malas que moran dentro de nosotros.[9] Por su parte, cuando se dirigía a sus estudiantes, el maestro estoico Epicteto subrayaba con energía esta idea: «No busquéis el bien afuera, buscadlo en vosotros mismos. Si no, no lo hallaréis».[10]

Aunque creían que el dinero, la buena salud, los amigos, la familia y muchas otras cosas son ventajas que deberíamos perseguir activamente, los estoicos consideraban valiosas las ventajas, pero rehusaban llamarlas *bienes*. Pero ¿por qué establecían esa distinción? Parte de la repuesta se remonta a Aristóteles, quien sostenía que, para llevar una vida en verdad buena o feliz, necesitabas asimismo «bienes externos» como la salud, una cierta cantidad de dinero e incluso un buen aspecto. (Aristóteles, por cierto, era el elegante hijo de un padre adinerado, que era el médico de la corte del rey de Macedonia.)

Para los estoicos, sin embargo, la creencia de Aristóteles era absurda, puesto que muchas personas, con los años, perderán muchos de esos bienes externos o incluso todos ellos. Imaginemos, por ejemplo, que desarrollas un excelente carácter moral en el transcurso de tu vida, pero que, alcanzada una cierta edad, pierdes tu riqueza, tu salud, tu familia, y te descubres de repente enfrentándote a la muerte. ¿Significaría eso que, en ese momento, tu vida ya no es buena, o que has perdido tu carácter moral? Por supuesto que no. ¿Y qué decir del «buen aspecto»? Sócrates, considerado una de las personas más virtuosas que jamás han existido, era legendario por su fealdad. La gente decía que Sócrates, con su famosa nariz chata, parecía un sátiro.

Al insistir en que la virtud es el único bien verdadero, los estoicos propugnaban un igualitarismo radical. Aunque es preferible tener ventajas evidentes, incluso si eres pobre, enfermo, feo o moribundo, sigue siendo perfectamente posible que seas una persona buena y virtuosa. Y al margen de tus circunstancias en la vida, sigue siendo posible que encuentres alguna manera de estudiar filosofía. Como escribió Séneca, cualquiera puede cultivar la excelencia de espíritu si así lo desea: «La filosofía a nadie rechaza ni elige; brilla para todos».[11]

Con independencia de que te resulten o no atractivas las formas de pensar de los estoicos, confío en que ahora puedas apreciar cómo estas dos ideas resultan tan poderosas cuando se combinan. Si alguien adoptara efectivamente las ideas estoicas de que «la virtud es el único bien verdadero» y «muchas cosas escapan a nuestro control», se obraría un cambio significativo en la manera en que ve y experimenta el mundo. Y esa transformación haría que resultasen mucho menos terribles los infortunios externos. Al margen de esto, podemos sintetizar la idea de Séneca acerca de la relación entre la desgracia y la virtud en una simple fórmula: lo que importa no es lo que soportamos, sino *cómo* lo soportamos. Si bien podría golpearnos cualquier adversidad, nuestra manera de responder a ella es una medida de nuestro auténtico carácter.

Prepararse para la adversidad

> A quien no quisieres ver temblando en plena acción, ejercítalo antes de la acción.
>
> Séneca, *Epístolas* 18.6

Una estrategia estoica para reducir el golpe de los acontecimientos adversos se denomina *praemeditatio malorum*, «la premeditación de la adversidad futura». Esta implica ensayar de forma breve en tu mente los potenciales sucesos negativos antes de que ocurran. Si, en efecto, llega a producirse el suceso en el futuro, estarás mentalmente preparado para él y se reducirá de forma significativa el impacto emocional. Aunque esta técnica no sirve para todo el mundo, y podría provocar ansiedad (en cuyo caso no deberías emplearla), en mi caso, y en el de muchos otros, ha funcionado extraordinariamente bien. De hecho, ya han experimentado con ella todos los que han participado en un simulacro de incendio en el colegio. El ensayo con antelación de un desastre potencial incrementa la capacidad de afrontarlo y pensar con claridad si llegase a producirse.

Hablando de simulacros de incendio, Séneca ofrece este consejo exacto a Lucilio, tras describir la terrible situación provocada en Lyon por el incendio:

> Los reveses inesperados resultan más graves; la novedad aumenta el peso de la calamidad y no existe mortal alguno a quien no duela más la desgracia que, por añadidura, le ha sorprendido.
>
> Por ello nada hay que no deba ser previsto; nuestro ánimo debe anticiparse a todo acontecimiento y pensar no ya en todo lo que suele suceder, sino en todo lo que puede suceder.[12]

O con más rotundidad aún, en otro lugar recomienda: «Cuanto puede suceder pensemos que ha de suceder».[13]

La idea básica que subyace a la premeditación de la adversidad es ensayar de manera breve en tu imaginación cualquier posible desgracia, cual si estuvieras practicando o ejercitando tu musculatura estoica. Como observa Séneca: «Los reveses que hemos esperado largo tiempo llegan con más suavidad».[14] Por otra parte, deberíamos esperar que la adversidad en ocasiones se cruce en nuestro camino porque «cualquier complicación de las circunstancias es ley de la naturaleza».[15] La premeditación de la adversidad se remonta a los primeros estoicos griegos y fue empleada por todos los estoicos romanos significativos.[16] Séneca se refiere a ella con frecuencia en sus numerosos escritos. Uno de los lugares más célebres en los que aparece es al inicio de las *Meditaciones* de Marco Aurelio. Al escribir una nota en su diario personal, Marco se recuerda a sí mismo: «Desde el alba hay que decirse con énfasis a uno mismo: me toparé con el entrometido, con el desagradecido, con el soberbio, con el taimado, con el malicioso, el insociable. Todos esos rasgos concurren en ellos por su ignorancia de los bienes y males».[17]

En efecto, Séneca y los demás estoicos eran conscientes de que el mundo está lleno de individuos molestos. Y dado que se cruzarán en tu camino, bien podrías anticiparte a ello. Eso te ayudará a evitar tener una reacción emocional negativa cuando suceda de veras. Por consiguiente, la próxima vez que cojas el coche, recuerda que podrías encontrarte un motorista chiflado, lleno de agresividad. Si tal cosa sucede, no te sentirás sorprendido en absoluto, sino que, como un estoico bien entrenado, serás capaz de decir: «Lo sabía» o «Lo esperaba».[18]

En mi mejor uso de la *praemeditatio malorum* estuvo implicado mi hijo Benjamin. Poco después de su nacimiento, compré una vivienda unifamiliar en Sarajevo. Aunque tiene una hermosa vista, las duras escaleras de madera que conducen al tercer piso, donde se encuentran los dormitorios, son empinadas y peligrosas en extremo. Como diríamos en los Estados Unidos: «No cumplen la normativa». Las escaleras son tan peligrosas que, si Benjamin se hubiera caído por ellas, podría haberse matado literalmente.

Con el fin de evitar que mi hijo se hiciese daño o incluso llegase a matarse, abordé el proyecto por etapas. En primer lugar, tomé todas las precauciones razonables para impedir que sucediese tal cosa. Después de comprar la casa, hice instalar una barandilla en las escaleras para que fuesen más seguras para todos. (¡Para empezar, era increíble que no hubiese ninguna barandilla!) En segundo lugar, encargué una puerta de madera con un cerrojo e hice que la instalaran en lo alto de las escaleras. Cerrábamos la puerta por la noche, de suerte que nadie pudiera caerse por accidente escaleras abajo. Por último, coloqué cinta antideslizante en las estrechas y resbaladizas escaleras, a fin de crear una cierta adherencia y reducir su peligrosidad.

Eso era todo cuanto podía hacer físicamente, pero la escalera seguía siendo insegura. Así pues, el paso siguiente implicaba entrenamiento. Todas las mañanas, cuando Benjamin bajaba las escaleras con su madre para ir al colegio, yo le decía: «¡Benjamin, asegúrate de agarrarte a la barandilla!». Él respondía: «¡Vale!» y procedía en consecuencia. De hecho, todavía lo recuerdo hoy.

Lo último que hice fue practicar la *praemeditatio malorum*. Como se trataba de una preocupación seria, me imaginaba a Benjamin cayéndose por las escaleras y haciéndose daño. De esa forma, si eso llegara a suceder, al menos me pillaría bien preparado. (En otras palabras, no me dejaría llevar por el pánico como hizo mi mujer cuando nuestro hijo se cayó de un tobogán en la guardería y se dio un golpe en la cabeza.) También imaginaba cómo respondería a su caída escaleras abajo, en función de la gravedad de sus lesiones.

Aunque este ejercicio parece un poco desagradable, me alegra haberlo hecho porque, como no podía ser menos, un día se cayó por las escaleras cuando tenía seis años. Por suerte, cuando cayó estaba cerca del pie de la escalera y, pese a rasparse la espalda con los bordes duros y afilados de los escalones, estaba bien. No fue más que un susto sin lesiones de gravedad. El entrenamiento estoico que había utilizado me permitió responder con serenidad al infortunio; con preocupación, pero sin pánico. No tuve ningún sentimiento de conmoción ni de sorpresa cuando sucedió, pues lo había anticipado.

El ejercicio estoico de contemplación de la desgracia futura se asemeja en gran medida a una técnica de la psicoterapia moderna conocida como *terapia de exposición*, que ayuda a los individuos a confrontar y superar sus temores. En la terapia de exposición, el paciente se expone poco a poco a la fuente de la ansiedad o fobia, pero en dosis ínfimas. Con el transcurso del tiempo, la exposición aumenta hasta que el miedo se desvanece por completo o disminuye de forma significativa. Aunque la terapia de exposición puede adoptar múltiples formas diferentes, una técnica consiste en exponerse a la fuente del temor enteramente mediante la imaginación. Esa clase de terapia de exposición, empleada en la actualidad por los psicólogos, se corresponde punto por punto con la antigua práctica estoica.

Como señala William B. Irvine en su reciente libro *The*

Stoic Challenge [El desafío estoico], otro beneficio inesperado de la práctica de la premeditación de la adversidad es que ayuda a algunos a superar la *adaptación hedónica*. La adaptación hedónica sucede cuando te compras un objeto nuevo y deslumbrante que te encanta, pero con el tiempo te adaptas a él y el placer de poseerlo desaparece. Incluso puedes llegar a darlo por sentado. Como el penetrante psicólogo que era, Séneca describió esta experiencia común en varias ocasiones en sus escritos: «¿No te das cuenta —preguntaba— de que todo pierde energía con el hábito?».[19]

Tras llevar más de cinco años viviendo en mi casa, hoy ya no me emociona tanto el lugar como cuando la compré. No obstante, si practico la premeditación de la adversidad e imagino que la destruye un incendio o un terremoto, vuelvo a sentirme agradecido por algo que, por lo demás, podría dar por sentado. Del mismo modo, los estoicos recomiendan que nos recordemos con regularidad a nosotros mismos que nuestros familiares y amigos más cercanos morirán algún día, quizá mañana mismo. Además de ser un hecho natural, la reflexión sobre él nos ayudará a reducir el choque emocional cuando, en efecto, nos dejen. En un sentido positivo, hacer esto nos anima a no darlos por sentados en el momento presente, y a sentirnos agradecidos a diario por el tiempo que todavía compartimos.

Probados por el universo: la adversidad como entrenamiento

Aunque Séneca creía que nada terrible podía acontecer al carácter interior del sabio (véase capítulo 10), es una ley de la naturaleza que todos experimentaremos adversidades. En la visión estoica, sin embargo, esas adversidades nos son enviadas por «Dios» o «el universo» como «ejercicios de entrenamiento», con el fin de ponernos a prueba y ayudarnos a desarrollar nuestro carácter. (Si bien Séneca emplea el término *Dios* al igual que otros estoicos, resulta esencial advertir que la idea estoica no se corresponde con el concepto cristiano de Dios. La noción estoica se refiere a una especie de inteligencia presente en la naturaleza, que designan como *Dios, Naturaleza, Destino, Zeus, el universo* y muchos otros términos intercambiables. En este libro, utilizo en lo posible la expresión *el universo* para evitar cualquier confusión con la idea judeocristiana de Dios.)

Séneca escribió: «El fuego contrasta el oro; la desventura, a los hombres esforzados».[20] Es significativo que escribiera una obra entera, *Sobre la providencia*, acerca de cómo el universo nos envía «pruebas» que nos permiten desarrollar un carácter mejor. Séneca citaba a su viejo amigo Demetrio, quien decía: «Nada me parece más desdichado que uno al que nunca le ha ocurrido ninguna contrariedad». El motivo, explica Séneca, es que esa persona «no ha tenido ocasión de ponerse a prueba».[21]

De hecho, Séneca hace hincapié en que una persona nunca puede estar segura de su fortaleza de carácter hasta que este se ponga a prueba:

> En este momento hago memoria de nuestro Demetrio, quien a la vida tranquila, que no acusa embate alguno de la fortuna, la califica de "mar muerto". No contar con motivación alguna que te mantenga despierto, que te estimule, cuyos presagios y acometidas pongan a prueba la firmeza de tu alma, sino abandonarse a una quietud inalterable, eso no es sosiego, antes bien flojedad.[22]

Como escribe en otro lugar, el universo es como un padre que ama a sus hijos con cierta dureza. Solo si nos sentimos conmocionados por los esfuerzos, los dolores y las pérdidas, podemos llegar a ser genuinamente robustos como seres humanos. De modo inverso, «una prosperidad incólume no soporta ningún golpe».[23]

Para Séneca, una de las peores cosas que podrían ocurrirle a cualquiera sería llevar una vida de extremo placer y comodidad, sin que se ponga a prueba su carácter. Después de Séneca, Epicteto utilizaría un lenguaje casi idéntico. «Las circunstancias difíciles son las que muestran a los hombres», aseguró este. Por tanto, «cuando des con una dificultad, recuerda que la divinidad, como un maestro de gimnasia, te ha enfrentado a un duro contrincante». Cuando alguien preguntó a Epicteto por qué sucede esto, le respondió: «Para que llegues a ser un vencedor olímpico. Pero no se llega a ello sin sudores».[24]

Transformar la adversidad

> Cualquiera que fuere su fortuna, [el sabio] conseguirá con ella hacer alguna gesta memorable.
>
> Séneca, *Epístolas* 85.40

Una de las cosas más inspiradoras del estoicismo romano es que los estoicos creían que siempre podía resultar algo bueno de una situación adversa. Como escribía Séneca: «Un desastre es una oportunidad para el valor».[25] Hasta el peor de los infortunios nos permite responder de una manera virtuosa.

Como explicaba Séneca, con independencia de lo que acontezca, hemos de descubrir lo bueno en ello y transformar la situación en algo positivo. En este sentido, «lo importante no es qué soportas, sino de qué manera».[26]

En el mundo real, la vida está llena de fracasos. A veces, tanto en los negocios como en el amor, nuestros planes mejor trazados se malogran. Durante los diez primeros años, la mayoría de los pequeños negocios se van a pique. Los matrimonios fracasan. Las personas pierden su empleo, a menudo sin falta alguna por su parte. Para el estoico, lo importante es comprender que es un simple hecho de la naturaleza que nuestros planes u objetivos fracasen algunas veces. Y cuando ocurren estos fracasos, es responsabilidad nuestra aprender de ellos, responder a ellos con virtud o convertir el fracaso en alguna otra clase de oportunidad.

Por ejemplo, durante mucho tiempo dirigí una pequeña editorial que apenas era rentable la mayoría de los años. Sin embargo, las destrezas que aprendí al dirigirla me permitieron crear una empresa editorial y de diseño de libros que me ha brindado la oportunidad de trabajar para algunos de los sellos más prestigiosos del mundo. También me ha permitido investigar y escribir este libro.

Séneca decía que el sabio estoico se asemeja a un diestro entrenador de animales, como un domador de leones. En su estado natural, un león podría ser feroz, peligroso y aterrador. Pero, bajo la influencia de un buen entrenador, un león feroz puede convertirse en un dócil compañero, e incluso permitir que el entrenador lo bese, lo abrace y deslice su brazo entre las mandíbulas mortales de la fiera. Para Séneca, el modo en que el estoico domestica la adversidad es muy semejante a la labor del adiestrador de animales: «Así, el sabio es maestro en el arte de domeñar los males: el dolor, la pobreza, la infamia, la cárcel, el destierro, temibles en cualquier situación, cuando han llegado a su presencia, quedan mitigados».[27]

Nadie controla las circunstancias que nos vienen dadas en la vida, pero el estoico toma cualquier situación que se le presente y hace uso de ella transformándola en algo valioso. «Todo se augura favorable, si yo quiero —aseguraba Epicuro—; porque, sea la que fuere la que de estas cosas ocurra, de mí depende sacar provecho de ella».[28]

De esta manera, el estoico aspira a hacer un buen uso de lo que quiera que le ofrezca la vida o el presente. Como explica Marco Aurelio, si te ocurre algo negativo, intenta «que haber sido impedido te sirva para otra virtud».[29] O como presume Séneca, el estoico «transforma en bien los males».[30]

Ryan Holiday tomó esta idea estoica de los escritos de Marco Aurelio y la transformó en el memorable título de su libro de 2014 *The Obstacle Is the Way (El obstáculo es el camino).* Marco Aurelio inspiró ese título, casi veinte siglos después, con este recordatorio a sí mismo, que anotó en su cuaderno estoico:

> Estos podrían ser obstáculo a alguna actuación pero no son obstáculo al impulso y a la disposición gracias a la reserva y al rodeo. La reflexión en lo que hemos aprendido rodea y cambia cualquier impedimento a nuestra actuación, lo que impide nuestra acción se vuelve beneficioso y lo que se interponía en su camino, favorable.[31]

Como podemos apreciar en estos pasajes, Séneca, Epicteto y Marco Aurelio —los principales estoicos romanos— estaban completamente de acuerdo acerca del valor de transformar la adversidad en algo mejor. Y lo que es más importante, como ellos muestran, no importa lo que pueda sucedernos, siempre podemos responder de una manera que traiga bondad al mundo.

CAPÍTULO 7
POR QUÉ NO DEBERÍAS QUEJARTE JAMÁS

> Nada resulta indignante si tú mismo no añades algo con tu indignación.
>
> Séneca, *Epístolas* 123.1

No hay nada peor que tener que pasar tiempo alrededor de alguien que no deja de quejarse. Pero no te preocupes, esta es una mera observación. No es una queja.

Como puedes imaginar, Séneca y los demás estoicos se oponían con vigor a las quejas, los lamentos y los lloriqueos de toda índole. Esto no es nada inesperado. Pero la razón por la que rechazaban las quejas sorprenderá a muchos lectores. Al final de este capítulo exploraremos sus pensamientos acerca de por qué nunca deberíamos quejarnos. Por el momento, echemos un vistazo a cómo se ven las quejas hoy en día.

Mi primera esperanza, no obstante, es que nunca hayas tenido que pasar mucho tiempo alrededor de alguien que se queja sin cesar. Los quejicas crónicos me recuerdan a Pig-Pen, el personaje de la tira cómica *Snoopy*. Pig-Pen siempre andaba por ahí rodeado por una gran nube de polvo y suciedad, dondequiera que fuese. El quejica crónico, sin embargo, no está rodeado por una nube de polvo. En su lugar, está envuelto en una nube de energía psíquica negativa que lo sigue a todas partes. Dentro de esa nube flota un montón de irritación e insatisfacción, siempre dispuestas a expresarse, junto con el deseo de que alguien responda al descontento emocional del quejica.

«Un mal día en la oficina»

Hoy en día, para mucha gente, el ambiente de oficina es un fértil caldo de cultivo para la irritación y las quejas. Séneca mencionaba ya esta circunstancia en sus escritos. Observaba que la gente abrumada por las tareas empresariales es probable que se irrite. Como él advertía: «Para quien corre a innumerables ocupaciones el día nunca transcurre tan felizmente que no le surja de parte de un hombre o de parte de una cosa un agravio que le disponga el ánimo a la ira».[1]

Lo asombroso, sin embargo, es cuánto tiempo malgasta la gente quejándose en el trabajo. Según un estudio de Marshall Goldsmith citado por la *Harvard Business Review*, la mayoría de los empleados se pasan diez o más horas al mes quejándose de sus jefes o directivos, o escuchando a otros quejarse. ¡Más sorprendente aún resulta el hecho de que casi un tercio de todos los empleados se pasan veinte o más horas mensuales quejándose o escuchando quejas![2] ¡Sí, esa estadística me sorprendió incluso a mí!

Por supuesto, toda esa energía gastada quejándose en el trabajo es una enorme pérdida de tiempo y productividad, puesto que las quejas no suelen conducir a ningún cambio. De hecho, «cuanto más nos quejamos, más probable es que aumente la frustración con el paso del tiempo».[3] No obstante, como señala Peter Bregman, el autor del artículo, esas quejas podrían conducir al cambio si se expresaran como críticas constructivas y si se discutieran con seriedad. Pero a muchas personas la idea de tener una conversación real, que podría cambiar las cosas, se les antoja un tanto amenazadora. En contraste, resulta mucho más fácil quejarse.

Pero ¿qué es quejarse?

Si mi hijo se comportara mal hoy en el colegio mordiéndole el pie a una niña —¡sí, eso ocurrió cuando estaba en primero!—, yo podría decir: «Benjamin se ha portado mal hoy», y eso no sería una queja. Pero si dijera: «Benjamin se ha portado mal hoy. ¡Qué niño más terrible!», eso sí sería una queja. (Por supuesto, ¡yo no dije tal cosa!) El primer enunciado es una mera observación. El segundo enunciado es un «desahogo» emocional negativo, que suele aparecer en las quejas. En última instancia, las quejas implican la expresión de insatisfacción emocional.

A la mayoría de las personas les resulta tan fácil quejarse que con frecuencia no son conscientes de ello: para muchas es una suerte de mala costumbre arraigada. Por tanto, la única manera de romper el mal hábito es dar un paso mental atrás, darse cuenta de cuándo aparece la queja e intentar detener la conducta.

Al percatarse de que este era el caso, y de lo tóxicos que pueden ser los quejicas, hace algunos años, Will Brown, un pastor de Kansas City, propuso un «reto de veintiún días sin quejarse». Como indica su nombre, el objetivo del reto era aguantar tres semanas enteras sin quejarse ni una sola vez. El astuto truco consiste en que el desafío implica lucir una pequeña pulsera morada, que el pastor Brown estará encantado de venderte. Una vez que comienzas su reto A Complaint Free World® (Un mundo libre de quejas), empiezas a contar el número de días que aguantas sin quejarte. Pero, tan pronto como te quejes, has de cambiarte de muñeca la pulsera y comenzar de nuevo, volviendo a contar desde el día 1. Como comenta asombrosamente en su sitio web: «*La persona media tarda entre cuatro y ocho meses en completar el reto de los veintiún días* [énfasis mío]. ¡Pero debes perseverar! Solo recuerda que no puedes quejarte en tu camino hacia la salud, la felicidad y el éxito».[4]

Habida cuenta de que existen muchos quejicas en el mundo, ya han aceptado el reto más de diez millones de personas, lo cual debe de haberse traducido asimismo en una respetable cantidad de pulseras vendidas.

Ahora bien, ¿qué habrían pensado los estoicos acerca de esta estrategia? Yo apostaría a que la habrían aprobado, en especial teniendo en cuenta su énfasis en los ejercicios cognitivos prácticos. Por ejemplo, Epicteto enseñaba a sus estudiantes a romper los malos hábitos, paso a paso, durante un período de treinta días. Cuando alguno conseguía pasar un mes sin repetir la mala costumbre, él sugería dar gracias a los dioses.[5]

Además, aunque la mayoría de la gente se queja, algún ejercicio práctico de este estilo resultaría beneficioso para el quejica crónico, y quizá incluso necesario. Un psicólogo llamado Guy Winch hace un divertido retrato de los quejicas. «Los optimistas —dice— ven el vaso medio lleno». «Los pesimistas —continúa— ven el vaso medio vacío». Pero esto es lo que ven los quejicas crónicos:

> Un vaso que está algo desportillado y contiene agua que no está lo bastante fresca, probablemente porque es agua del grifo a pesar de que la he pedido embotellada, y espera, también tiene una mancha en el borde, lo cual significa que el vaso no se ha lavado bien y ahora es posible que acabe contagiado con alguna clase de virus. ¿Por qué siempre me ocurren a mí estas cosas?[6]

¿Qué vería entonces un estoico clásico?

Un estoico vería un vaso de agua y lo consideraría con gratitud, como un regalo del universo, y estaría agradecido por sus propiedades vivificantes. Porque, a fin de cuentas, cuando te quejas, ya no estás viviendo en armonía con la naturaleza. En lugar de ello, a juicio de los estoicos, tu falta de gratitud supone una condena de la armonía y del bello orden del cosmos, que te trajo a la existencia en primer lugar.

Esto nos conduce a una comprensión mucho más profunda de por qué nunca deberíamos quejarnos, que no descarta las numerosas razones psicológicas evidentes contra las quejas. Antes bien, apunta hacia una visión más profunda de la naturaleza humana y de nuestra propia relación con el resto del mundo.

«Sigue la naturaleza» y no te quejes

Zenón, el fundador del estoicismo, decía que el objetivo de su filosofía era «seguir la naturaleza» o «vivir de acuerdo con la naturaleza». Si lográramos vivir de acuerdo con la naturaleza, el resultado sería «un suave flujo de vida», lo cual implica una suerte de felicidad o serenidad de espíritu.[7]

La idea de «seguir la naturaleza» fue adoptada asimismo por los estoicos romanos posteriores, como Séneca, Epicteto y Marco Aurelio. Pero, como cabría esperar, aunque «sigue la naturaleza» es una máxima que podría ser apropiada para una pegatina de parachoques, su significado es algo mucho más profundo que un mero eslogan atractivo.

Según los estoicos, para seguir la naturaleza necesitamos comprenderla: tanto la naturaleza humana como la totalidad del cosmos. Y, como ellos señalaban, no podemos comprendernos plenamente a nosotros mismos sin entender primero el resto del universo.

Para los estoicos, el mundo está impregnado de *logos*, que puede traducirse como «racionalidad», «inteligencia» y de muchos otros modos. Recalcaban que lo que hace únicos a los seres humanos es que somos criaturas capaces de pensamiento racional, lo cual nos distingue de los demás animales. Esto nos permite hacer ciencia, crear sociedades basadas en el derecho, lanzar astronautas al espacio, escribir cartas de amor y muchas otras cosas excelentes. Pero el motivo por el que podemos entender científicamente la naturaleza es que existe alguna conexión entre la racionalidad presente en las leyes de la naturaleza, la estructura del mundo, y la estructura racional de nuestra propia mente. A la postre, la creencia estoica en el *logos* significa que existe una estructura racional en la naturaleza y en nuestra mente.

Dado que somos criaturas racionales, nacemos con la tarea de intentar comprender el mundo —la Naturaleza en su conjunto— junto con nuestra propia naturaleza humana, así como las relaciones existentes entre el mundo en su totalidad y nuestro yo interior. Y habida cuenta de que la racionalidad es la característica definitoria de la naturaleza humana para los estoicos, nacemos para desarrollar nuestras facultades racionales; esto nos permitirá vivir de forma pacífica y reflexiva, alcanzar un buen carácter interior y contribuir a la sociedad.

No hay nada anticientífico en la creencia fundamental de los estoicos en el Logos, ni tampoco hay nada irracional en la creencia estoica en el Destino. Aunque el término *Destino* pueda sonar de entrada inquietante y supersticioso, se refiere tan solo a las cadenas de causas y efectos que existen en la naturaleza, en las que también creen los científicos modernos. De hecho, la mayor parte de la física clásica de la época de Newton estaba basada en la idea del «Destino»: causa, efecto y relaciones deterministas. La creencia estoica en el Destino solo significa que debemos reconocer y honrar las leyes de la naturaleza, que son ineludibles.

Aunque el Logos y el Destino no sean controvertidos, la idea estoica final que plantea dificultades a ciertos lectores (y estoicos) modernos es la de la *Providencia*, ya que la consideran una idea religiosa, lo cual supone una interpretación errónea. Es importante señalar que el concepto estoico de Providencia no tiene nada que ver con la idea cristiana de providencia, y los estoicos no creían en ninguna especie de Dios cristiano que exista fuera de la naturaleza. Para los estoicos, «Dios» *era* la «Naturaleza».

La palabra griega para *providencia* es *pronoia*, que significa «conocimiento previo», y yo creo que la idea estoica de providencia provenía del estudio de los organismos vivos. Por ejemplo, como podemos ver todavía en la actualidad, los organismos vivos son repositorios de inteligencia biológica y poseen la capacidad de curarse a sí mismos, lo cual implica una clase de conocimiento. Por ejemplo, si me hago un corte en la mano, mi mano «sabe» cómo curarse. Si le cortas la cabeza a un platelminto, este sabe cómo hacer crecer una nueva cabeza. Existe asimismo una increíble cantidad de inteligencia biológica incorporada en el desarrollo de un embrión humano hasta convertirse en una persona madura. Hoy en día entendemos que esta inteligencia es una consecuencia de la evolución biológica, lo cual no la torna menos asombrosa o digna de admiración.

Desde la perspectiva de los primeros estoicos griegos, sin embargo, los modernos estaríamos equivocados al tratar el Logos, el Destino y la Providencia como conceptos diferentes. Para los primeros estoicos, estas palabras eran distintos términos intercambiables para designar una misma cosa. Según las fuentes antiguas, «Naturaleza», «Logos», «Destino» y «Providencia» se concebían como idénticos.[8]

Aunque los estoicos modernos rechazan a veces estos términos, que de modo erróneo tachan de anticientíficos, cuando lo hacen pasan por alto con frecuencia algo vital. Una dimensión significativa es la clase de *actitud* a la que conducían estos antiguos conceptos —un modo racional pero inspirado de ver y valorar el mundo—, que ha estimulado durante siglos el desarrollo de la ciencia. Para los estoicos y algunos otros filósofos griegos, «vivimos en un tapiz increíblemente hermoso de un cosmos gobernado por leyes y armonías universales, del que nosotros mismos hemos surgido, y al que nosotros mismos nos hallamos vinculados de manera inextricable». Además, mediante la racionalidad, somos capaces de comprender el universo del que hemos surgido. Es importante señalar que esta antigua actitud filosófica no entra en conflicto con la ciencia moderna: la propia ciencia es un fruto de ella.

Albert Einstein, en su famoso ensayo *Religión y ciencia*, designaba esta actitud como «el sentimiento religioso cósmico» que, a su parecer, era «el más fuerte y noble motivo para la investigación científica», y los estoicos habrían coincidido con él.[9] Con independencia de la terminología empleada por los estoicos, su manera global de concebir el cosmos y nuestro lugar en él sigue siendo relevante en la actualidad. El propio Einstein rechazaba la creencia en un dios personal (al igual que los estoicos) y no era religioso en un sentido tradicional. A pesar de ello, advertía que todo aquel que ha realizado avances genuinos en ciencia «se halla movido por la profunda reverencia hacia la racionalidad que se manifiesta en la existencia», una observación muy estoica.[10]

En última instancia, vemos que los estoicos valoraban muchísimo la naturaleza. Creían que esta no hace nada en vano, que en las leyes de la naturaleza se expresa una especie de racionalidad y que, en virtud de dicha racionalidad, la naturaleza es completamente buena. En otras palabras, si pudiéramos ver y entender cómo opera el universo en su conjunto, desde una perspectiva cósmica, lo veríamos como un perfecto y hermoso modelo de excelencia.

Llegados a este punto, podemos captar en todo su significado lo que querían decir los estoicos con «Sigue la naturaleza». Para vivir una vida humana feliz, hemos de alinear nuestra mente y nuestra voluntad con la naturaleza. De esa manera, nos afanaremos en ser perfectamente racionales y virtuosos, como, a su juicio, lo era la naturaleza. Aceptaremos el Destino, y honraremos sin queja todas las leyes naturales. Y una vez que lo hagamos, la vida fluirá con suavidad, porque viviremos en armonía con la realidad, de la manera más profunda posible, como seres humanos racionales.

Aun cuando seamos criaturas mortales y frágiles, y aunque vivamos en un mundo en el que el dolor y el sufrimiento están destinados a golpear la vida individual, hay asimismo algo perfecto en el funcionamiento de la naturaleza, tomada como un todo. Por consiguiente, cuando nos quejamos, expresamos decepción ante el orden perfecto de la naturaleza.

Por eso los estoicos se oponían con tanta energía a las quejas. Dado que en la naturaleza todo sigue un patrón racional, incluso si no somos capaces de apreciarlo al instante en su totalidad, quejarnos de algún suceso trivial supone un insulto a la bondad del universo mismo.

Como si ofreciera una explicación del precepto de Zenón de «seguir la naturaleza», Epicteto aconsejaba: «No pretendas que lo que sucede suceda como quieres, sino quiérelo tal como sucede, y te irá bien».[11] Esta es una parte esencial de su fórmula estoica para la felicidad, la libertad y la serenidad de espíritu. Dicho de otro modo, hemos de aceptar el Destino y lo que quiera que nos tengan reservado las leyes de la naturaleza. De lo contrario, jamás experimentaremos la tranquilidad de espíritu.

En los primeros tiempos de la escuela, los estoicos recurrían a una historia para ilustrar la naturaleza del Destino. Dicha historia trata de un perro atado a un carro con una correa. Mientras el carro rueda por el camino, el perro puede correr felizmente junto al carro, sonriendo y jadeando conforme avanzan juntos. En cambio, si el perro no logra seguir el ritmo del carro, será arrastrado por el camino, lo cual resultará una experiencia dolorosa.[12] Esta es una metáfora acerca de seguir la naturaleza y aceptar el Destino. Es posible resistirse al Destino, pero no con éxito: serás arrastrado en la misma dirección, incluso si te resistes a ello. En palabras de Cleantes (c. 330-c. 230 a. C.), el segundo director de la escuela estoica de Atenas, «Al que está resuelto los hados lo conducen, al que se resiste lo arrastran».[13]

Dicho esto, los estoicos no eran «fatalistas» que creyeran que no podemos cambiar el mundo. Dado que formamos parte de la red del Destino, nuestras propias acciones y decisiones, mediante la causa y el efecto, influirán en el futuro y el Destino de otros. No obstante, lo importante es recordar que el destino y el funcionamiento de la naturaleza nos pondrán en ciertas situaciones que escaparán a nuestro control. Pero hemos de aceptar o responder a tales cosas con elegancia en lugar de lamentarnos, porque son ordenadas por la naturaleza, que está más allá del reproche.

Séneca explicaba que todo aquel que nace suscribe un contrato con la vida, y dicho contrato implica en parte la aceptación de que sucederán ciertas cosas. Y carece de sentido quejarse de tales inconvenientes o enojarse por ellos. Un ejemplo evidente de esto es la muerte, pues todo aquel que nace está destinado a morir. En lugar de gemir y lamentarte por tu muerte inminente, deberías aceptarla con serenidad y comprender que forma parte de la propia vida.

En uno de sus comentarios más divertidos, Epicteto dice que, si alguien no para de moquear, es estúpido que se queje de ello. Puesto que el universo nos ha dado dos manos, es preferible que se limpie la nariz.

En sus *Epístolas*, Séneca retrata a su amigo Lucilio como un tanto quejica. Y en varias cartas, Séneca, como el buen terapeuta estoico que era, ayuda a Lucilio a reparar en la futilidad de sus lamentos. Por ejemplo, al inicio de la Epístola 98, Séneca responde a Lucilio explicándole por qué hace mal en quejarse:

> ¿Es cierto que te indignas y te lamentas de cualquier infortunio sin darte cuenta de que en estos accidentes no existe otro mal que indignarse y lamentarse? Si me preguntas te diré que, según pienso, el único infortunio para el hombre es el de creer que en la naturaleza existe alguna cosa que constituya para él un infortunio. No me soportaré el día en que no pueda soportar un infortunio.[14]

Acto seguido, Séneca describe los irritantes sucesos que todos hemos de afrontar como los meros «tributos por estar vivo»:

> Ningún revés me sobrevendrá jamás que lo asuma con tristeza, con rostro enojado; ningún tributo pagaré contrariado. Todos los infortunios ante los cuales gemimos, por los cuales nos atemorizamos, son tributos a la vida: no esperes, Lucilio querido, ni pidas verte libre de ellos... [Todas estas incomodidades] se encuentran en una larga vida como el polvo, el barro y la lluvia en un largo camino.[15]

Para Séneca, carece de sentido que nos quejemos de las cosas triviales que deberíamos esperar, en lugar de vivir de acuerdo con la naturaleza y aceptar los inevitables baches en el camino de la vida:

> Molestarse por estas cosas es tan ridículo como lamentarse de que lo salpiquen a uno en el baño, o lo empujen en un lugar concurrido, o lo manchen en medio del fango. En la vida la situación es la misma que en el baño, en la concurrencia, en el viaje: unos agravios te los lanzarán a la cara, otros se te vendrán encima... A través de semejantes contrariedades deberás recorrer esta ruta escabrosa.[16]

Como él advierte: «No debemos sorprendernos de ninguna de las pruebas a las que nos somete nuestra naturaleza, de las cuales nadie debe lamentarse porque son iguales para todos».[17]

Amor fati: ama tu destino

El filósofo del siglo XIX Friedrich Nietzsche empleaba la frase *amor fati*, «ama tu destino», pero la idea se remonta a los estoicos. Séneca decía que el estoico debería «sobrellevar todo lo que te suceda tal como si hubieras querido que te sucediera», porque el universo aprobó esos sucesos. «Llorar, quejarse, gemir —escribía— es desertar» del buen orden del universo que nos ha dado la existencia, y las leyes de la naturaleza que mantienen activo el mundo.[18] Esto se parece mucho al consejo de Epicteto citado con anterioridad: «No pretendas que lo que sucede suceda como quieres, sino quiérelo tal como sucede».

Pero la más bella expresión del *amor fati*, al menos a mi parecer, dimana de estas tiernas líneas de Marco Aurelio, que casi parecen una oración:

> Se armoniza conmigo todo lo que para ti es armónico, universo. Nada que para ti esté en sazón me es prematuro o tardío. Para mí es fruta todo lo que dan tus estaciones, naturaleza. De ti viene todo, en ti está todo, hacia ti se dirige todo.[19]

He aquí ciertamente una muestra de cómo seguir la naturaleza y celebrar su sabiduría y su bondad proveniente de un hombre que experimentó en abundancia el sufrimiento personal. (De sus trece hijos, solo cinco sobrevivieron hasta la edad adulta.) Podemos percibir en estas palabras el profundo sentido de gratitud que Marco Aurelio sentía por todo cuanto había recibido del hermoso y generoso universo, del que también él formaba parte.

Para un estoico, todo cuanto recibimos del universo es un regalo, un préstamo que algún día habremos de devolver. Pero nuestra mentalidad subyacente debería ser de gratitud. Porque, incluso si tropezamos en el viaje de la vida o nos salpican con un poco de barro, ese no es motivo para lamentarse del hermoso mundo que nos trajo a la existencia.

CAPÍTULO 8
LA BATALLA CONTRA LA FORTUNA: CÓMO SOBREVIVIR A LA POBREZA Y LA RIQUEZA EXTREMAS

No es pobre el que tiene poco, sino el que ambiciona más.

Séneca, *Epístolas* 2.6

Montar en la montaña rusa de la fortuna

A todo el mundo le interesa el dinero. ¿Y por qué no? Todos tenemos que pagar facturas. Ahora bien, ¿cuánto dinero es demasiado poco? ¿Cuánto es excesivo? Cada cual tendrá sus propias opiniones al respecto, pero las de Séneca son muy interesantes. Él era una de las personas más ricas de su época, pero tenía plena conciencia de los peligros psicológicos y morales que entraña la búsqueda del éxito financiero. También experimentó la pérdida de la mitad de su riqueza, casi de la noche a la mañana. En la montaña rusa de la Fortuna, lo que sube, a menudo, baja.

Fortuna era una diosa romana y, como ya he señalado, a veces escribo con mayúscula el término *Fortuna*, ya que, para Séneca, rayaba en un poder cósmico, al igual que el Destino. El problema estoico con la Fortuna, tanto la buena como la mala, estriba en el hecho de que no dependa de nosotros ni se halle bajo nuestro completo control. Como señalaba Séneca, lo que te da la Fortuna no es en verdad tuyo. Puede serte arrebatado. En cambio, aquello que es realmente bueno —un carácter bien desarrollado— proviene del interior y su preservación es cosa nuestra.

Séneca escribe con profusión acerca de la Fortuna, sin dejar duda alguna de que era su mayor enemiga. «Es la propia altitud —decía— la que expone las cumbres a los truenos».[1] Explica que quien se enriquece de repente pierde con frecuencia su equilibrio psicológico.

> Imagina que su felicidad ha de ser perpetua, imagina que no solo deben perdurar, sino incrementarse, todos los bienes que ha conseguido, y olvidándose de este trampolín del que se lanza de un lado para otro la suerte humana, se promete a sí mismo la continuidad de los dones de la fortuna.[2]

Como sabemos, el mundo está lleno de historias de ganadores de lotería que han perdido todas sus ganancias. Que alguien obtenga una gran riqueza rápido no significa que posea la destreza o el equilibrio mental para gestionarla. En los tiempos de la burbuja puntocom de finales de los noventa, conocí a una corredora de bolsa aficionada que convirtió cincuenta mil dólares en más de un millón en un brevísimo período de tiempo y luego lo perdió todo. Tenía miedo de vender sus acciones y entonces tener que pagar impuestos sobre las ganancias. Por esa negativa a vender, lo perdió todo cuando estalló la burbuja. Del mismo modo, circulan numerosas historias de celebridades que han perdido enormes sumas por su tren de vida, su extravagancia y su falta de moderación. Entre los múltiples ejemplos posibles, cuando murió, Michael Jackson debía entre cuatrocientos y quinientos millones de dólares.[3]

En la Edad Media, la Rueda de la Fortuna era una célebre alegoría de la impredecibilidad de la riqueza (véase la figura 5). En estas ilustraciones, la Fortuna o el Azar, que con frecuencia lleva los ojos vendados, hace girar una rueda semejante a una pequeña noria. La rueda eleva a los azotados por la pobreza desde la parte inferior hasta la riqueza extrema de los reyes, pero al mismo tiempo arrastra a los ricos desde la parte superior y los hace descender al nivel de los mendigos. Como escribió Séneca: «Sabed, pues, que toda situación es variable y que todo lo que arremete contra alguien puede arremeter contra ti».[4] Además, dado que las cosas oscilan de un lado a otro, nadie debería sentirse demasiado confiado cuando las cosas ruedan bien, ni tirar la toalla cuando marchan mal.[5]

Fig. 5: La Rueda de la Fortuna. La rueda de la señora Fortuna eleva a los azotados desde la pobreza hasta la riqueza de los reyes y arrastra a los ricos sumiéndolos en la pobreza.

El propio Séneca no era ajeno a las salvajes alas de Fortuna. Como mencioné en la introducción de este libro, ascendió de un modo meteórico a la cúspide de la riqueza y la fama como senador romano en los albores de su carrera, para ser luego desterrado a la isla de Córcega durante ocho años por el emperador Claudio. Esto implicó que Séneca perdiera la mitad de su riqueza y fuese separado de su esposa, justo después de perder a su único hijo. Más tarde, tras regresar a Roma, Séneca consiguió una fortuna aún mayor como consejero del emperador Nerón.

Poco después de ser exiliado a Córcega y de perder tantas cosas, Séneca escribió este mensaje a su madre Helvia, reflexionando sobre su experiencia:

> Nunca me fie yo de la suerte, incluso cuando parecía proponerme la paz. Todas las cosas que iba acumulando tan bondadosamente sobre mí, dinero, cargos, influencia, las puse en un lugar del que pudiera ella recuperarlas sin molestarme a mí. Mantuve una gran distancia entre ellas y yo; por lo tanto, me las ha quitado, no arrancado. A nadie ha aplastado la suerte adversa sino al que engañó mostrándosele favorable.[6]

Antes de que el dinero gobernara el mundo, todo era gratis

En la Epístola 90, Séneca cuenta una historia sobre cómo la gente vivía con simplicidad y más libertad en los primeros tiempos, antes de que surgiera la compleja civilización. El relato de Séneca gira en torno a la idea de la *riqueza natural*: la naturaleza ofrece libremente lo que sus criaturas precisan. Por ejemplo, todo cuanto requiere un animal para sobrevivir en su hábitat natural se halla disponible y exige poco esfuerzo.

Otro tanto cabe decir, asegura Séneca, de las primeras gentes. «La naturaleza [...] nada penoso nos ha impuesto —observa—, nada que debamos conseguir con fatiga a fin de prolongar la existencia. Hemos nacido para una vida acomodada.» Y prosigue:

> Todo lo hemos hecho difícil por hastío de los recursos fáciles. El cobijo, el vestido, los alivios del cuerpo, los alimentos y todos los objetos que ahora se han convertido en enorme problema los teníamos a nuestro alcance, de balde y asequibles con pequeño esfuerzo; pues la justa medida de todos ellos estaba acorde con la necesidad: nosotros los hemos convertido en caros, admirables, solo posibles de conseguir mediante complicadas y múltiples artes.[7]

La idea de que «las necesidades naturales son escasas» recorre todas las obras de Séneca. Somos *nosotros* quienes hacemos las cosas mucho más difíciles de lo que necesitan ser. Aunque la vida de las primeras gentes habría sido rústica, vivirían seguras y libres bajo sus techos de paja. Pero aquellos que habitan bajo techos de mármol y oro viven en un estado de servidumbre. En relación con los romanos adinerados de su tiempo, Séneca observa: «Ha desaparecido aquella moderación natural que limitaba los deseos a su necesaria satisfacción; ahora es señal de incultura y miseria contentarse solo con lo suficiente».[8]

Al fin y a la postre, fue la codicia humana la que introdujo la pobreza. Al desear más de lo que necesitábamos, lo perdimos todo. En los primeros tiempos, según la historia de Séneca, las personas cuidaban las unas de las otras en pie de igualdad. Pero más tarde aquel que era más poderoso y codicioso «impuso su ley al más débil» y, «ocultando lo que para él era superfluo», comenzó a «privar a otros de lo necesario».[9] Más tarde, conforme las cosas seguían desarrollándose, la gente iba quedando cegada por la idea de la riqueza y seducida por el deseo de exhibirla ante los demás de formas extravagantes. Esto es lo que hoy llamaríamos la idea de «la fama y la fortuna» y, como señala Séneca: «Las riquezas deslumbran al pueblo y cautivan su atención [...]. La felicidad de toda esta gente se orienta al público».[10]

En vez de fomentar la estrategia de la fama y la fortuna, que causa sufrimiento humano, Séneca propugnaba un camino de simplicidad voluntaria. Como recomendaba a Lucilio: «Así, pues, ninguna otra cosa desearía aconsejarte con más empeño que esta que nadie aconseja lo bastante: que ajustes toda tu conducta a los deseos naturales que se satisfacen gratis o a bajo precio [...]. La naturaleza no desea otra cosa que alimentarse».[11]

Los peligros de la riqueza extrema

> Quien se entrega con exceso a los acontecimientos fortuitos urde para sí una trama ingente e interminable de inquietudes.
>
> Séneca, *Epístolas* 74.6

Para Séneca, los peligros de la riqueza extrema son numerosos. Epicuro, el fundador de una escuela rival de los estoicos, escribió que «para muchos haber adquirido riquezas no constituye el fin de la miseria, sino un cambio en ella».[12] Aunque Séneca discrepaba de muchas doctrinas de Epicuro, esta no figuraba entre ellas.

Como han advertido el escritor de negocios Timothy Ferriss y otros, cuando la gente se enriquece de la noche a la mañana, se acentúan los rasgos de su carácter. Algunas personas mentalmente estables, como Warren Buffett —cuya fortuna en el momento de escribir estas páginas asciende a 83.000 millones de dólares—, no se inmutan con las grandes riquezas. Buffett continúa viviendo en una casa que adquirió por 31.500 dólares en 1958. También consume a menudo comida rápida y económica —del estilo de McDonald's— y conduce un coche asequible. Estos hechos sugieren que su estilo de vida es bastante sobrio y que no se siente atraído por la extravagancia. Pero cuando otras personas se enriquecen, aumenta su sentido de autoimportancia y se acentúan los rasgos negativos de su carácter, que Séneca catalogaba con detalle. Como este observa, la riqueza extrema torna inestables a muchos individuos, pero afecta a la gente de diferentes modos: «La prosperidad es cosa turbulenta; ella misma se atormenta, perturba el cerebro y no de la misma forma: excita en cada uno pasiones diversas, en estos el despotismo, en aquellos la lujuria; a unos los hincha, a otros los ablanda y los destruye en su totalidad».[13]

Aunque el término latino que emplea Séneca puede traducirse como «hincha» o «infla», hoy designamos esta condición como *inflación psicológica.* En otro lugar escribe que las grandes riquezas «exaltan el ánimo, engendran la soberbia, suscitan la envidia y enajenan la mente, hasta el punto de que nos agrada tener fama de ricos aunque haya de sernos perjudicial».[14]

Uno de los mayores peligros de la riqueza extrema es que anima a algunas personas a hacerse adictas al lujo, el exceso y la vida por encima de sus posibilidades. En otras palabras, se tira por la ventana la virtud de la moderación. En el peor de los casos, lo que antes eran lujos se convierten en necesidades. Séneca ofrece un estudio de caso de exceso fuera de control cuando cuenta la historia de Apicio, el romano amante del lujo que se gastaba lo que fuese menester para conseguir la comida más exquisita del mundo. Después de dilapidar cien millones de sestercios romanos (una astronómica cantidad de dinero) en su adicción a la alta cocina, descubrió que «solo» le quedaban diez millones. Por miedo a morir en la «pobreza» y sin sus extravagantes manjares, Apicio se quitó la vida.[15]

Otro problema asociado con la riqueza extrema es el desafío de mantenerla. Al igual que el resto de nosotros, los ricos viven con frecuencia por encima de sus posibilidades. Pero la Fortuna es veleidosa. Una vez que adquieres una propiedad costosa, o dos, o tres, necesitas mantenerlo todo. Ello requiere un flujo continuo de ingresos. «La propia conservación de una gran prosperidad es motivo de inquietud», escribió Séneca, y «una gran suerte es una gran servidumbre».[16] La preservación de grandes riquezas requiere nuevas riquezas, y cuanto más crece una fortuna, más probable es que colapse, lo cual supone una fuente de preocupación y sufrimiento para cualquiera que viva por encima de sus posibilidades.

Como señala el filósofo estoico actual William B. Irvine, la fama y la fortuna van de la mano porque ambas son signos de estatus social. Incluso si no podemos lograr la fama y la fortuna a escala masiva, casi todos buscan el estatus social:

> Si la fama universal los esquiva, buscan la fama regional, el renombre local, la popularidad en su círculo social o la distinción entre sus colegas. Asimismo, si no pueden amasar una fortuna en términos absolutos, aspiran a la riqueza relativa: quieren gozar de un bienestar material superior al de sus compañeros de trabajo, vecinos, familiares y amigos.[17]

Hay cosas que nunca cambian y, como señalaba Séneca hace dos mil años, la búsqueda del estatus social conduce a la envidia, la codicia y la ambición. «En efecto, aunque poseas muchos bienes —advierte—, puesto que alguien posee más, te parecerá que te falta la cuantía en que eres superado [...]. Tal será la locura de tu ambición que a nadie creerás tener detrás de ti, si alguien se encuentra delante de ti».[18] La riqueza puede inspirar la codicia porque, cuanto más dinero tienes, más puedes ganar.

Por último, otra fuente de sufrimiento generado por la riqueza es el dolor de la pérdida. Séneca sugiere que «hay que pensar cuánto más leve pena es no tener que perder: al tiempo comprenderemos que la pobreza ofrece tanto menos ocasión de amarguras cuanto menos de pérdidas».[19]

Superar la angustia financiera: «practicar la pobreza» y la simplicidad voluntaria

> Si quieres consagrarte a tu alma, es necesario que seas o pobre o semejante al pobre. Este empeño no puede resultar provechoso sin la práctica de la frugalidad; mas la frugalidad es una pobreza voluntaria.
>
> Séneca, *Epístolas* 17.5

Si alguna vez te ha preocupado el dinero, no estás solo. De acuerdo con una encuesta reciente realizada por H&R Block, el 59 por ciento de los estadounidenses «se preocupan de forma constante por el dinero en cierta medida».[20] Como recalcaba Séneca, hasta los más ricos se preocupan por el dinero, lo cual sigue siendo cierto. Según Jeremy Kisner, un asesor financiero certificado: «Una encuesta reciente revelaba que al 48 por ciento de los millonarios, y al 20 por ciento de los hogares con grandes fortunas (entre 5 y 25 millones de dólares), los seguía preocupando quedarse sin dinero al jubilarse». Si lees su breve artículo «Why Rich People Worry about Money» [«Por qué los ricos se preocupan por el dinero»], verás que poco ha cambiado desde los tiempos de Séneca, incluidas las razones para preocuparse.[21]

Como sugerí en el capítulo 3, es del todo válido tener *preocupaciones* financieras, pero *angustia* tal vez no sea el término más adecuado para describirlas. Con la simple eliminación del término *angustia* de mi vocabulario y su sustitución por el de *preocupación*, he llegado a ser más resiliente en términos emocionales, porque la angustia es una emoción negativa. En cambio, una preocupación es algo que hemos de abordar con la razón. Aunque el cambio podría parecer insignificante, los resultados han sido notables.

Dicho esto, a juzgar por las cartas de Séneca, su amigo Lucilio sufría una inquietud crónica por los asuntos financieros, aun cuando debía de ser rico. Lucilio andaba siempre intranquilo, preguntándose cómo podría retirarse y llevar un estilo de vida más pausado. Y, como puedes imaginar, Séneca tenía muchos consejos que ofrecerle. Como los multimillonarios a quienes los preocupa quedarse hoy sin dinero, Séneca señalaba que las inquietudes de Lucilio eran primordialmente psicológicas.

Hoy en día, muchas personas tienen preocupaciones financieras legítimas en lo que atañe a la jubilación. Sin embargo, cuesta creer que esto fuese aplicable asimismo a Lucilio, el adinerado amigo de Séneca, que parecía ser un experto en poner excusas. Para abordar este asunto, Séneca dedicó varias cartas a intentar deconstruir las creencias de su amigo acerca de cuánto dinero necesitaba en realidad, junto con su visión de que la «pobreza» era algo terrible. Aunque Séneca empleaba la expresión *pobreza voluntaria* para describir un buen estilo de vida, hoy lo traduciríamos como *simplicidad voluntaria*. Para Séneca, la persona que tiene suficiente es de verdad rica, y la manera más rápida de enriquecerse es renunciar a la interminable búsqueda de la riqueza.

Séneca instaba a Lucilio a no postergar ahora la vida, y sugería que debía moderar su estilo de vida bien remunerado pero insatisfactorio:

> Te hallas metido en tal clase de vida que nunca pondrá fin a tus miserias y a tu esclavitud... Si te retiras a la vida privada, todas las cosas serán menos brillantes, pero te saciarán plenamente; ahora, en cambio, goces muy numerosos, provenientes de todas partes, no te satisfacen. ¿Prefieres la saciedad que procura la pobreza, o el hambre en medio de la abundancia? La felicidad es ávida y a su vez está expuesta a la avidez ajena: en tanto nada fuere suficiente para ti, tú mismo no lo serás para los otros.[22]

Como subraya a lo largo de las cartas, solo el sabio está satisfecho con lo que tiene, y las cosas ordinarias, como las comidas frugales, pueden producirle un gran placer. Si deseas enriquecerte al instante, sugiere Séneca, deja de pensar en sumar a tu dinero y resta en cambio de tus deseos.

Séneca plantea entonces a Lucilio llevar a cabo un proyecto de «practicar la pobreza» para ver con qué poco puede arreglárselas. En lo que hoy es un célebre pasaje, popularizado por Tim Ferriss, escribe: «Te prescribiré que tomes de vez en cuando algunos días en los que, contentándote con muy escasa y vulgar alimentación, con un vestido áspero y rugoso, digas para tus adentros: "¿Es esto lo que temíamos?"».[23]

Huelga decir que esta es una clase de «terapia de exposición» y entrenamiento para la adversidad futura. Séneca le aconseja a Lucilio:

> Soporta estas privaciones tres o cuatro días, alguna vez, más días, de suerte que no constituyan un juego, sino una experiencia. Entonces, créeme, Lucilio, te regocijarás al quedar saciado al precio de dos ases y comprenderás que para tener seguridad no es necesaria la fortuna, ya que lo suficiente para las necesidades te lo dará aun estando enojada.[24]

Lucilio, dice, debería «familiarizarse con la pobreza», como una forma de hallar satisfacción y mitigar sus preocupaciones financieras.

Según Tim Ferriss, su amigo Kevin Kelly, el escritor y

cofundador de la revista *Wired*, realiza una práctica idéntica a la descrita por Séneca. En ocasiones acampa en su salón durante unos días en un saco de dormir y se alimenta solo de harina de avena instantánea y café soluble. Eso le recuerda que es capaz de sobrevivir en cualquier situación. Cuando era un veinteañero, Kelly recorrió el mundo con una mochila, con casi nada de dinero, y parece haber aprendido por su cuenta la práctica de la simplicidad voluntaria sin ayuda de Séneca.

Una forma en la que yo he experimentado con la técnica de Séneca es la preparación en casa de baratos pero deliciosos desayunos calientes, comenzando con dos huevos duros, judías pintas calientes y salsa. La versión *gourmet* incluye unas rodajas de aguacate con zumo de limón y un poco de atún. A veces añado unos tomates deshidratados. De forma periódica calculo el coste por desayuno de cada variante. A los precios actuales, el desayuno más económico sale a un dólar y medio, usando judías enlatadas. Uno de mis almuerzos saludables y calientes favoritos cuesta dos dólares y medio, una hamburguesa de pavo recalentada, con un poco de pasta de aceitunas de Kalamata encima, servida con alubias calientes y salsa al lado. Aunque con frecuencia gasto más comiendo fuera, me resulta psicológicamente reconfortante saber que podría comer bastante bien, si fuera menester, por seis dólares diarios o menos de doscientos dólares al mes. Por supuesto, si optara por la versión vegetariana, gastaría menos todavía.

El ejercicio de calcular la mínima cantidad de dinero con la que se puede vivir, y luego experimentar siguiendo ese estilo de vida, al menos en parte, suele resultar útil para cualquiera que tenga preocupaciones financieras.

Una vida de simplicidad voluntaria, como la propugnada por los estoicos, te permite asimismo mayor libertad personal para perseguir tus intereses. Dado que un estilo de vida sencillo reduce tus gastos, también podría reducir el tiempo que necesitas trabajar, lo cual se traduciría en más tiempo libre.[25] Como escribió Séneca: «¡Cuán pequeñas son las exigencias de la naturaleza! Ella se contenta con poco. No es el hambre de nuestro vientre lo que exige dispendio, sino la codicia».[26] También comentaba, al escribir a su madre, que «quien se mantiene dentro de los límites naturales no notará la pobreza; a quien sobrepasa los límites naturales lo perseguirá la pobreza en medio incluso de la opulencia más absoluta».[27] Séneca advierte que «te encontrarás con la clase más deplorable de indigentes: con pobres en medio de las riquezas».[28]

Utilizar los regalos de la fortuna

> No sale de las riquezas la virtud para los hombres, sino, de la virtud, las riquezas y todos los otros bienes, tanto los privados como los públicos.
>
> Platón, *Apología de Sócrates* 30a-b

Si bien Séneca veía cuánto podía distraer y perjudicar la riqueza extrema a las personas de carácter inestable, los estoicos consideraban que, en conjunto, la riqueza supone una ventaja: es algo que deberías desear en la medida de lo posible, decían, junto con la buena salud, por más que la riqueza y la salud no mejoren tu carácter.

Dado que Séneca era un defensor de la vida sencilla, pero al mismo tiempo era rico en extremo, fue acusado de hipocresía durante su vida.[29] Al final de su breve libro *Sobre la vida feliz*, Séneca apunta a sus críticos y argumenta contra ellos. Pero todos sus pensamientos al respecto pueden sintetizarse en una idea simple: está bien emplear los regalos de la fortuna, siempre y cuando no te esclavicen.

Como Séneca le decía a Lucilio, nadie puede ser de verdad feliz hasta que se haya alzado por encima de la riqueza. Por consiguiente, aquellos que poseen riquezas han de convencerse a sí mismos de que serían felices sin ellas. Deberían ver la riqueza como algo que podría desaparecer en cualquier momento.[30] En otras palabras, si posees riquezas o cualquier don de la fortuna, no deberías apegarte a ello.

El argumento más convincente de Séneca en pro del valor de la riqueza es que la persona rica puede usar sus recursos financieros para practicar la virtud. En otras palabras, los ricos pueden emplear su riqueza con sabiduría para beneficiar a otros y a la sociedad.

Cuando vivía en los Estados Unidos, mi vecino de al lado Fred era una de esas personas. Fred y sus hijas son dueños de una empresa de ingeniería que, por aquel entonces, ganaba doscientos veinte millones de dólares en ventas. Aunque era rico, tenía los pies en la tierra, era fácil hablar con él y jamás mostraba el mínimo atisbo de arrogancia ni extravagancia. De hecho, pese a su éxito empresarial, el principal interés de Fred en la vida era ayudar a otras personas e intentar mejorar la sociedad. La fundación de su familia había donado millones de dólares a la comunidad local. Un programa que creó, y del que estaba comprensiblemente orgulloso, formaba a treinta personas con las destrezas necesarias para dejar de recibir asistencia social. Cuando completaban su formación, él les ofrecía a todos ellos empleos permanentes, una hazaña que el Gobierno había sido incapaz de lograr.

Un día que estuve en su casa —que tenía unas hermosas vistas al campo, pero un modesto interior de estilo rústico—, mientras tomábamos café, me confió: «Me encanta trabajar en estos proyectos para mejorar las cosas. El problema más interesante, en el que pienso a menudo, es cómo acabar con la pobreza».

En una ocasión en la que sufrí una tragedia personal, Fred vino a mi casa para ver cómo estaba. Estuvimos charlando y me dijo: «Cuando sucede algo así, creo que solo puedes ponerlo en manos de Dios». Aunque Fred era cristiano, esas palabras tienen un aroma muy estoico. Y es que, como repetían los estoicos, «algunas cosas no dependen de nosotros».

En cualquier caso, Fred es un perfecto ejemplo de lo que

Séneca tenía en mente cuando afirmaba que, si posees riquezas, tienes una fabulosa oportunidad para practicar la virtud.

Cuando Séneca se dirigió a quienes lo criticaban y lo acusaban de hipocresía por ser rico, les ofreció una respuesta aguda y perfecta, que me deleita cada vez que la leo: «A mí las riquezas, si desaparecen —escribió—, no se me llevarán nada más que a ellas mismas; tú quedarás aturdido y te parecerá que te has quedado sin ti, si ellas se alejan de ti; para mí las riquezas tienen alguna importancia, para ti la mayor; a fin de cuentas, las riquezas son mías, tú eres de las riquezas».[31]

CAPÍTULO 9
LAS MULTITUDES DESPIADADAS Y LOS LAZOS QUE UNEN

¿Preguntas qué es, a mi juicio, lo que debes ante todo evitar? La multitud.

Séneca, *Epístolas* 7.1

Tiempo de degollar

Cuando Séneca le indicó a Lucilio que debería evitar las multitudes, acababa de regresar de los juegos de gladiadores. Allí vio y escuchó como la turba jaleaba a otros seres humanos para que se mataran ante sus ojos, como una forma de entretenimiento.

Así pues, cuando Séneca decía que deberíamos «evitar las multitudes», no se refería en general a los grandes grupos de gente. Estaba hablando de las turbas o las multitudes despiadadas, que pueden provocar un efecto terrible sobre nuestro carácter interior, sobre todo si somos arrastrados por las emociones de las masas. Como advertía a Lucilio:

> El contacto con la multitud nos es hostil: cualquiera nos encarece algún vicio, o nos lo sugiere, o nos lo contagia sin que nos demos cuenta. Ciertamente, el peligro es tanto mayor cuanto más numerosa es la gente entre la que nos mezclamos. Pero nada resulta tan perjudicial para las buenas costumbres como la asistencia a algún espectáculo, ya que entonces los vicios se insinúan más fácilmente por medio del placer.
>
> ¿Qué piensas que intento decirte? ¿Me vuelvo más avaro, más ambicioso, más disoluto? Y hasta más cruel e inhumano porque estuve entre los hombres.[1]

Séneca explica que esperaba presenciar en los juegos «acrobacias y bufonadas», pero aquello se convirtió en una masacre cuando alguien condujo hasta la arena a los criminales condenados. Según la gráfica crónica de Séneca:

> Los combates precedentes han sido, en comparación, modelos de misericordia; ahora, suprimidos los juegos, no hay más que puros homicidios. Los combatientes nada tienen con qué cubrirse; expuesto a los golpes todo el cuerpo, nunca atacan en vano... el resultado de la lucha es la muerte. La acción se lleva a cabo con el hierro y con el fuego.[2]

En un momento dado, la turba se estaba alborotando y gritaba «¡Mata, azota, quema!», y cosas por el estilo. Y durante un receso del espectáculo, alguien exclamó: «Mientras tanto, que se degüellen hombres, para que no cese la función».[3]

Séneca saca esto a colación para defender una idea relevante: nuestro carácter se halla profundamente influenciado por quienes nos rodean en la vida cotidiana. El entorno también afecta con intensidad a las personas cuando forman parte de una muchedumbre en los mítines políticos, los espectáculos deportivos, los eventos religiosos o las concentraciones que derivan en disturbios. Pero las formas en las que los otros nos influyen, ora en la vida diaria, ora en una multitud, en el fondo son las mismas: «Un solo ejemplo de lujuria o de avaricia causa mucho daño: un camarada afeminado nos debilita y ablanda poco a poco; el vecino adinerado excita nuestra codicia; un compañero malvado contagia su herrumbre a otro, por más puro y sencillo que este sea».[4]

Séneca recurre al relato de su visita a los juegos para plantear la idea de que la calidad de las personas de las que nos rodeamos es esencial en lo que concierne a la mejora de nuestro carácter. En breve exploraremos los pensamientos de Séneca al respecto, pero echemos un vistazo en primer lugar a cómo las emociones y las conductas «se vuelven virales» en los grandes grupos, una característica notable de nuestra era de internet. Resulta sorprendente que esta idea de que el comportamiento humano puede ser «viral» o «contagioso» haya sido descrita con claridad por Séneca dos mil años atrás.

Cuando las cosas se vuelven contagiosas

Valiéndose de una metáfora médica, Séneca explica que podemos «infectarnos» con las malas cualidades de los otros. En una epidemia, observa, podemos contraer una enfermedad por el «mero aliento», por lo que hemos de elegir con mucho esmero a nuestros amigos, basándonos en la salud de su carácter. «Pondremos cuidado en ganarnos a los menos corrompidos», escribió, porque «preámbulo de la enfermedad es mezclar a los sanos con los dolientes».[5]

Cabe destacar que esto no es algo que Séneca mencione una sola vez. Como escribe en otra obra: «Las costumbres las tomamos de los que conviven con nosotros, y lo mismo que ciertas taras se transmiten por el contacto físico, así el espíritu contagia sus males a sus vecinos». Por ejemplo, una persona codiciosa puede transmitir su carácter corrupto a sus vecinos. Por fortuna, sin embargo, «El comportamiento de las virtudes es el mismo pero a la inversa, de manera que suavizan todo lo que tienen al lado». Por consiguiente, mientras que las personas con un carácter defectuoso pueden transmitirnos sus malos hábitos, los individuos con un buen carácter que entablen amistad con nosotros pueden hacernos mejores seres humanos.[6]

Los contagios a los que se refería Séneca se describirían hoy en día como una forma de *influencia inconsciente*. Y para que seamos influenciados de modo inconsciente, poco importa que se trate de un grupo grande, de un grupo pequeño o de una sola persona. El proceso es similar en todos los casos.

Por ejemplo, cuando yo era pequeño, nunca me gustaba estar con la gente que fumaba cigarrillos. De hecho, cuando era un muchacho, decidí no convertirme jamás en un fumador. Pero cerca de la veintena estaba rodeado de amigos y compañeros de trabajo que fumaban con frecuencia. Cuando salíamos a almorzar, solían encender un cigarrillo con el café, antes y después de las comidas. Ni que decir tiene que no tardé mucho en empezar a fumar yo también. Al cabo de un tiempo, las cosas empeoraron. El hábito de fumar acabó convirtiéndose en una adicción de una cajetilla diaria. Sin embargo, lo dejé a los veinticuatro años. El tabaco y sus efectos llegaron a resultarme demasiado insoportables. Incluso desarrollé un dolor persistente en el pulmón izquierdo. Como señalan los científicos, la nicotina es tan adictiva como la heroína. Me costó muchísimo dejarlo, pero, al cabo de un mes sin fumar, empecé a sentirme normal de nuevo.

Asimismo, en torno a esa misma época, mi mejor amigo era muy inteligente, pero también increíblemente sarcástico. Los comentarios sarcásticos salían de su boca con la misma facilidad con la que mana el agua de una fuente. Por desgracia, por imitación inconsciente, me contagió ese comportamiento, que se convirtió en un desagradable rasgo de mi carácter. Algunos años más tarde, me esforcé para eliminarlo.

Mientras que Séneca hablaba de los peligros de las turbas y de lo contagiosas que son las costumbres, hoy hablamos de cosas como «hacerse viral» en los medios sociales, que se han convertido en nuestros días en un centro neurálgico del comportamiento de masas. Si Séneca estaba en lo cierto acerca de los peligros de las multitudes y cómo pueden afectar de manera adversa a nuestro bienestar mental, quizá deberíamos ser más cautos a la hora de conectarnos. Las imágenes hipnóticas, las emociones crudas y la furia a menudo parecen caer en cascada por las redes en línea y cobrar vida propia. Con el pleno desarrollo de internet, se ha eclipsado el periodismo más serio de la era de la imprenta. Por desgracia, los artículos en línea que lo han reemplazado están destinados con frecuencia a causar indignación, conseguir clics y hacerse virales. Esto no puede ser bueno para nosotros como individuos ni como sociedad.

En el siglo XIX, los psicólogos sociales Gabriel Tarde (1843-1904) y Gustave Le Bon (1841-1931) iniciaron el estudio de la psicología de las masas, que desde entonces se ha convertido en un campo relevante. Tarde y Le Bon introdujeron la idea de la *mentalidad de rebaño*, también conocida como *mentalidad de turba*, sobre la que Séneca había escrito dos mil años antes. Los estudios científicos han demostrado que los individuos presentan una propensión natural a imitar el comportamiento ajeno, tanto en el mundo real y físico como en línea.[7]

Pero, al margen de los estudios científicos, cualquier observador atento puede apreciar cómo la conducta individual puede estar gobernada a menudo por la psicología del rebaño en los medios sociales. Un ejemplo de ello es cómo los grupos responden a las noticias con indignación incluso antes de que se conozcan del todo los hechos. En cierto modo, «las turbas de Twitter», cuando son presa de un contagio emocional, no son menos peligrosas que las turbas físicas. Cuando la indignación se propaga en línea, el deseo resultante de justicia popular o por mano propia derroca la necesidad de garantías procesales que la verdadera justicia requiere en todo caso. Hoy en día proliferan los ejemplos de amenazas de muerte publicadas en línea (o en privado por correo electrónico) y la gente intenta «cancelar» la carrera de aquellos por quienes se siente ofendida. Dado que cualquiera puede quedar atrapado en un contagio emocional, estos comportamientos no se circunscriben a ningún lado del espectro político.

En su libro clásico de 1895 sobre la psicología del rebaño o la manada, *Psychologie des foules (Psicología de las masas)*, Gustave Le Bon comentaba:

> Las más cuidadosas observaciones parecen demostrar que un individuo inmerso durante un tiempo en una muchedumbre en acción pronto se encuentra —bien como consecuencia de la influencia magnética ejercida por la multitud, bien por alguna otra causa que ignoramos— en un estado es-

pecial, que se asemeja mucho al estado de fascinación en el que el individuo hipnotizado se encuentra en las manos del hipnotizador.[8]

Cuando la mente grupal emerge y toma el control, escribía, «un individuo en una multitud es un grano de arena en medio de otros granos de arena, que el viento agita a voluntad».[9]

Como observaba asimismo Gabriel Tarde, el hecho de que las personas se imiten de manera inconsciente unas a otras explica, al menos en parte, el comportamiento de rebaño y el surgimiento de la mente grupal. Y como señala un pensador más reciente, Tony D. Sampson, es en virtud del poder hipnótico de la imitación como las emociones y los sentimientos se propagan viralmente a través de las redes digitales para infectar a otros.[10]

Un vistazo a las influencias invisibles

El interés de Séneca en cómo nos influyen otras personas está relacionado con la *socialización*, un término popularizado en la década de 1940. La socialización es el proceso a través del cual las personas son asimiladas a los valores de la sociedad o a las normas de un subgrupo más reducido.

Gran parte de la socialización es intencional y deliberada, como cuando los padres enseñan a sus hijos a ser educados y amables y a respetar las normas, todas ellas destrezas importantes para la vida. No obstante, otras formas de socialización son más invisibles e inconscientes: por ejemplo, la manera en que los individuos absorben las creencias y las conductas a través de los medios de comunicación, la publicidad y los grupos de pares. Por este motivo, los estudiosos de la socialización distinguen entre *socialización deliberada* y *socialización inconsciente*.

Si queremos llegar a ser seres humanos bien desarrollados, la socialización resulta esencial. Pero podemos socializarnos para bien o para mal. Por ejemplo, unos padres pueden socializar a su hijo para que sea honesto y justo, pero otra familia podría socializar a su hijo para que tenga ideas racistas. En el mundo de Séneca, la muchedumbre sedienta de sangre que veía en los juegos, gritando consignas de muerte y destrucción, había sido socializada para deleitarse con la violencia. Expresado en el lenguaje de la psicología moderna, cuando la multitud reclamaba la muerte, se había convertido en una mente grupal en pleno contagio emocional. Séneca fue uno de los primeros en percatarse de que las emociones pueden ser contagiosas, lo cual constituye hoy un campo de estudio científico. Por ejemplo, los investigadores han descubierto que el bostezo no solo es contagioso entre humanos. Es contagioso incluso *entre especies*: los perros y los chimpancés pueden contagiarse de los bostezos de los seres humanos.[11] Esta clase de conducta imitativa contagiosa debe de estar de hecho profundamente arraigada.

Si bien todos los estoicos pensaban que las creencias u opiniones falsas causan sufrimiento humano, algunos de ellos se percataban asimismo de que absorbemos dichas creencias mediante el entrenamiento.[12] Por ejemplo, muchos padres enseñan a sus hijos que el dinero es un bien incondicional. Pero Séneca, que tenía la perspicacia psicológica más profunda de todos los estoicos, era consciente de que sucedía algo de más calado. Podemos ver esto por su empleo reiterado de metáforas acerca de las influencias imperceptibles que aplicaba a la psicología humana: «infecciones invisibles», «epidemias» y «hábitos contagiosos», que, cuando se transmiten «sin que seamos conscientes», pueden afectar a nuestro carácter. Hoy en día podemos ver estas descripciones como metáforas de la socialización «invisible» o inconsciente.[13]

La psicología nos ha enseñado que ciertas emociones, ideas, creencias y conductas pueden poseer una «cualidad magnética» y ser transmitidas sin percepción consciente. Como también hemos aprendido que la hipnosis, la *imitación* y la *sugestionabilidad* figuran entre los fenómenos psicológicos más potentes. A pesar de que la imitación y la sugestionabilidad funcionan de maneras en gran medida inconscientes, son factores primordiales a la hora de tornar contagiosos los estados mentales. Los psicólogos advierten asimismo que las costumbres y los comportamientos sociales son adoptados en gran parte mediante la imitación no intencional o inconsciente.[14]

Aunque Séneca fue tal vez el primer pensador en describir esto, sus ideas son más relevantes todavía en la actualidad. A través de los medios de comunicación de masas y las plataformas de los medios sociales, la influencia de la psicología de las masas y el contagio emocional se ha extendido mucho más allá de lo que Séneca podría haber alcanzado a imaginar. Para más inri, industrias enteras como la publicidad y los medios en línea intentan manipular de forma activa los sentimientos, las creencias y las conductas de las personas a nivel masivo. Por desgracia, no se trata de un esfuerzo tibio, sino acometido con rigor científico y basado en «resultados mensurables». Cada vez que clicamos en un enlace viral o en un titular que provoca indignación, alguien en algún lugar —o alguna máquina— está manteniendo un registro de la popularidad de ese enlace.

Me parece evidente cómo respondería Séneca a este «mundo feliz». Nos diría: «No seas antisocial, pero da un paso atrás» de todo aquello que se asemeje a la psicología de las masas o el pensamiento grupal. Ciertamente, deberíamos dar un enorme paso atrás de todo lo que se parezca a la manipulación psicológica. Cuando decía «evita las multitudes», Séneca no sugería que evitásemos a la gente en general. Lo que quería decir es que deberíamos estar en guardia ante las influencias a las que estamos expuestos. Si Séneca hubiera podido emplear nuestra terminología moderna, habría dicho: «No dejes que tus pensamientos o tu autonomía mental se vean influidos por el poder hipnótico de la mente grupal». Desde una perspectiva estoica, el único antídoto contra el condicionamiento social inconsciente consiste en salvaguardar nuestra autonomía como seres humanos racionales. Y, para ello, hemos de cultivar el pensamiento crítico.

En este sentido, Séneca estaba en lo cierto: las multitudes *pueden* ser peligrosas.

La búsqueda de buena compañía

> No solo para nuestro cuerpo, sino también para nuestra conducta moral, debemos escoger el lugar saludable.
>
> Séneca, *Epístolas* 51.4

Si las masas propenden hacia el comportamiento infeccioso e insalubre, ¿cuál es la alternativa? Tras describir la conducta burlona y violenta que había presenciado en el anfiteatro, Séneca aconsejaba a Lucilio: «Trata con los que han de hacerte mejor, acoge a aquellos que tú puedes mejorar. Tales acciones se realizan a un tiempo y los hombres, enseñando, aprenden».[15]

Si nos rodean personas de carácter poco saludable, el primer y más crucial paso es escapar de su presencia. «Una gran parte de la salud —explica Séneca— está en haber abandonado a los instigadores de la locura y en mantenernos alejados de ese contacto mutuamente nocivo».[16] El segundo paso consiste en rodearnos de personas que tengan un buen carácter, incluso si se trata de un grupo muy reducido o de un solo individuo. El motivo es que las personas virtuosas pueden influirnos con tanta fuerza como las mezquinas, pero a la inversa: «Una comarca adecuada y un clima bien saludable no han sido tan provechosos para la salud como para los espíritus poco firmes el estar metidos en un grupo de gente mejor».[17] Al igual que las malas cualidades pueden transmitirse de forma viral, las buenas cualidades también son contagiosas. Séneca habría estado de acuerdo, al menos en principio, con el famoso dicho del escritor de negocios Jim Rohn: «Eres el promedio de las cinco personas con las que pasas más tiempo», por lo que deberíamos escoger a esas personas con cuidado.

Esto pone de relieve una vez más por qué las amistades y las relaciones significativas son cruciales en la filosofía de Séneca. Pasar tiempo con personas que posean un buen carácter nos ayudará a progresar. «El bueno es útil al bueno, porque ambos practican las virtudes». Incluso el sabio estoico «tiene necesidad de practicar sus virtudes; como él se estimula a sí mismo, es asimismo estimulado por otro sabio». Del mismo modo que «a los expertos en lucha los prepara el ejercicio [y] al músico lo estimula quien ha aprendido su mismo arte», los sabios necesitan otros con quienes practicar y de los que aprender.[18] Si aspiramos a ser sabios y a tener un buen carácter, necesitamos que otra persona «active» esas cualidades en nosotros. Y para activar el buen carácter de otra persona, hemos de activar el nuestro.

Una humanidad: la unidad frente al tribalismo tóxico

> Disuelve esta sociedad y desatarás la unidad del género humano, sobre la cual se sustenta la vida.
>
> Séneca, *De los beneficios* IV.XVIII.4

Con su creencia en que la humanidad es una debido a la chispa de razón o *logos* que todos compartimos, los estoicos hicieron una contribución monumental al desarrollo de los derechos humanos. Las ideas estoicas contribuyeron a poner fin a la esclavitud y a garantizar la igualdad de las mujeres en el mundo occidental y a nivel mundial.

Si bien Aristóteles tuvo muchas ideas filosóficas excelentes y ayudó a sentar las bases de la investigación científica, algunas de sus ideas eran erróneas y perjudiciales. En concreto, Aristóteles creía que solo los hombres poseían de un modo pleno la razón. En comparación con los varones, las mujeres poseían un grado menor de razón, en tanto que los «esclavos naturales» y los «bárbaros» (o no griegos) carecían por completo de ella.[19]

Los estoicos, en cambio, creían que todas las personas poseen razón exactamente de la misma manera. En otras palabras, todos aquellos que son seres humanos —incluidos los hombres, las mujeres, los esclavos y la gente de todos los países— poseen razón, y el alma humana es «igual siempre y en todas partes».[20] Los primeros cristianos adoptaron esta idea de los estoicos. Como escribiría el autor cristiano Lactancio: «La sabiduría es dada al género humano, es dada a todos sin discriminación... *Los estoicos comprendían esto hasta tal punto que decían que incluso los esclavos y las mujeres deberían cultivar la filosofía* [énfasis mío]».[21] Dicho de otro modo, al igual que todos los seres humanos nacen con músculos, todos los humanos nacen dotados de razón. De nosotros depende el desarrollo de estos dones.

Aunque no fue un filósofo estoico, el estadista y escritor romano Cicerón (106-43 a. C.) estudió el estoicismo con esmero y simpatizaba profundamente con muchas doctrinas estoicas. Como filósofo político, Cicerón adoptó y desarrolló la idea estoica de la *ley natural*, que tendría una historia larga y significativa.[22] La ley natural se basa en la idea estoica de que las leyes de la naturaleza son racionales y de que la racionalidad humana también se origina en la naturaleza. Con base en estas premisas, Cicerón pensaba que las leyes humanas deberían ser evidentes para la razón: en última instancia, habrían de basarse en la clase de racionalidad que vemos reflejada en la naturaleza, en el cosmos y en nuestro propio sentido moral. Como filósofo político, definía la *ley* como «una recta razón, congruente con la naturaleza». Si pudiéramos ver las cosas con claridad, pensaba Cicerón, desearíamos que las leyes fuesen idénticas en Roma, en Atenas y en todas las demás ciudades, porque deberían estar fundadas sobre la razón universal.[23]

En otras palabras, la ley natural es universal: no es inventada por los humanos, sino descubierta. Dimana en último término de la Naturaleza, la Razón o «Dios», tres términos que eran sinónimos para los estoicos. Conforme a la ley natural, todas las personas poseen derechos inherentes, o derechos naturales, que son intrínsecos a la naturaleza humana.

Fig. 6: El largo desarrollo de los derechos humanos, desde los estoicos hasta las Naciones Unidas.

Si bien nuestra idea moderna de los «derechos humanos universales» no existía en el mundo antiguo, las semillas de estas nociones se hallaban contenidas en la idea estoica de ley natural, defendida por Cicerón.[24] Los estoicos ya habían establecido el concepto de igualdad humana. Más tarde, en el transcurso de los siglos, la ley natural dio origen a la idea de los derechos naturales, que a su vez dieron lugar a la noción moderna de derechos humanos (véase la figura 6).[25] En esencia, los derechos naturales son los derechos humanos.

Las ideas estoicas acerca de la ley natural, tal como fueron expresadas por Cicerón, informaron a los pensadores ilustrados como John Locke (1632-1704) e inspiraron profundamente a los fundadores de los Estados Unidos.[26] Por ejemplo, Thomas Jefferson (1743-1826), que escribió el primer borrador de la Declaración de Independencia, estaba, al igual que otros fundadores, del todo familiarizado con las ideas de Séneca, los estoicos y Cicerón.[27] El propio concepto de ley natural de Jefferson era estoico.[28] Y cuando Jefferson escribió las palabras «Todos los hombres son creados iguales», reflejaba la idea estoica de la igualdad humana.[29]

Cicerón había explicado que una función primordial del Gobierno era proteger la vida, la libertad y la propiedad de los ciudadanos. Siglos después, John Locke identificaría «la vida, la libertad y la propiedad» entre los derechos naturales más fundamentales de las personas. Cuando Thomas Jefferson escribió la Declaración, transformó los derechos naturales descritos por Locke en «la vida, la libertad y la búsqueda de la felicidad». En palabras de Jefferson: «Sostenemos como evidentes estas verdades: que todos los hombres son creados iguales; que son dotados por su Creador de ciertos derechos inalienables; que entre estos están la vida, la libertad y la búsqueda de la felicidad».

Para Jefferson, los derechos que enumeraba eran «evidentes» para la razón, y aspectos de la «ley de la naturaleza». Estos derechos son tanto naturales como humanos. Y como ha observado el historiador Joseph J. Ellis, las líneas de la Declaración de Jefferson son «la declaración de derechos humanos más citada en la historia documentada».[30]

Así pues, esta es la trayectoria histórica que conecta las ideas estoicas con el desarrollo de los derechos humanos modernos: desde los estoicos y Cicerón sobre la ley natural, pasando por John Locke y los demás filósofos ilustrados, hasta Thomas Jefferson, que se basó en todos ellos en sus proclamaciones sobre los derechos humanos.

Resulta obvio que Jefferson fue una figura importante, pero de transición, en la abolición de la esclavitud. Por una parte, muchos creen que no vivió de acuerdo con sus elevados ideales (después de todo, fue dueño de esclavos, lo cual no concordaba con sus principios morales). Por otra parte, su compromiso con el fin de la esclavitud era profundo: abogó de forma sistemática por la eliminación de la esclavitud, propuso planes prácticos para la emancipación e incluso promulgó una ley, durante su presidencia de los Estados Unidos, que prohibía la trata internacional de esclavos. En las célebres palabras de Martin Luther King Jr.: «El arco del universo moral es largo, pero se inclina hacia la justicia». Si bien la esclavitud no terminó en vida de Jefferson, el largo arco histórico de la eliminación de la esclavitud se originó en, y fue inspirado por, las ideas estoicas de la ley natural y la igualdad humana. Jefferson confirió centralidad a dichas ideas en la opinión pública y promovió con vigor la causa de la abolición.

Si los estoicos estaban en lo cierto y toda la familia humana es una, ¿por qué existe hoy en día tanta división y polarización en el mundo? La respuesta breve es que estas divisiones tienen que ver con nuestra historia biológica como animales tribales. La pertenencia a un grupo o a una tribu es una necesidad humana natural. Por definición, quien no posee un sentimiento de pertenencia experimenta la soledad y la alienación. Las cosas se tornan problemáticas, sin embargo, cuando el tribalismo deviene tóxico.

Durante aproximadamente los últimos doscientos mil años, los *Homo sapiens* hemos vivido como criaturas tribales. En virtud de esa historia evolutiva, el tribalismo es casi imposible de eliminar. Pero como observa el físico y filósofo Marcelo Gleiser: «Una tribu sin enemigos, casi por definición, no es una tribu. En consecuencia, las disputas y las guerras tribales forman parte de lo que define a la humanidad». Y observa a continuación:

> *El mayor enemigo contra el que tenemos que luchar hoy en día es nuestro pasado tribal.* Lo que nos sirvió tan bien durante miles de años es hoy un concepto obsoleto. Ya no se trata de la supervivencia de esta tribu o de aquella otra, sino del *Homo sapiens* como especie [...]. Por primera vez en nuestra historia colectiva, hemos de pensar en nosotros mismos como una única tribu en un único planeta [...]. Somos una única tribu, la tribu de los humanos. Y, en cuanto tal, no es una tribu en absoluto.[31]

Los estoicos fueron los primeros en explicar en detalle esta idea: todos somos miembros de una *cosmópolis*, decían, una comunidad mundial e interconectada de seres humanos. En otras palabras, somos ciudadanos del mundo entero. Séneca, al igual que otros estoicos, nos enseñó que los seres humanos deberían desear beneficiar a toda la humanidad, a la cosmópolis en su totalidad. Sin el apoyo mutuo de los demás, la sociedad se derrumbaría. «Somos miembros de un gran cuerpo», afirmaba. «Nuestra sociedad es muy semejante al abovedado, que debiendo desplomarse si unas piedras no sostuvieran a otras, se aguanta por este apoyo mutuo».[32]

El sentimiento de pertenencia resulta esencial, pero el tribalismo tóxico divide a la gente y obra en detrimento de la visión prosocial de los estoicos. En palabras de Séneca: «Has de vivir para el prójimo, si quieres vivir para ti».[33] En el peor de los casos, el tribalismo tóxico puede conducir a la demonización de los otros, a la violencia e incluso al genocidio. En virtud de su creencia en la unidad humana, si hoy vivieran entre nosotros, los estoicos romanos se opondrían vigorosamente a la *política de la identidad* moderna en todas sus versiones, puesto que la política de la identidad divide a la gente en subgrupos diferentes basándose en características como el género, la raza o la orientación sexual. De esta guisa alienta a esos grupos a competir unos con otros por un estatus o un poder especial, como si la identidad grupal fuera más importante que nuestro estatus fundamental como seres humanos.

Al adoptar una estrategia de «divide y vencerás», y al fragmentar a la familia humana en grupos rivales, la política de la identidad representa la forma suprema de tribalismo tóxico en nuestro tiempo. Su estrategia aumenta la división social y amenaza con destruir la sociedad. Como advertía Séneca: «Disuelve esta sociedad y desatarás la unidad del género humano, sobre la cual se sustenta la vida».[34] Para los estoicos, la humanidad es una sola: todos somos hermanos. En lugar de dividir la sociedad en tribus enfrentadas, deberíamos reconocer nuestra común humanidad y apoyarnos los unos a los otros.

Los lazos que unen: sentirse en casa con todos los demás

> Así los hombres respetan a cada uno, porque han sido engendrados para la vida en común, pero la sociedad no puede estar segura si no es por medio de la preservación y la estima de sus componentes.
>
> Séneca, *Sobre la ira* II.31.7

La idea de Séneca de que pertenecemos a una comunidad global de seres humanos, unidos mediante la razón y la amistad con los demás, se nos antoja moderna. Dado que hoy vivimos en una civilización planetaria, conectada por el comercio mundial y las redes de comunicación, la asociación global forma parte de nuestra experiencia cotidiana.

Ahora bien, ¿cómo surge de entrada la sociedad humana e incluso la sociedad global? Si todo estuviese gobernado de forma exclusiva por los instintos tribales, el mundo estaría mucho más polarizado y sería mucho más peligroso de lo que es en realidad.

Los estoicos proponían una hermosa explicación para ello. Se conoce como *okeiōsis* y parece remontarse a Zenón, el fundador de la escuela.[35] El término procede del vocablo griego *oikos*, que significa «casa» o «familia». La *okeiōsis* designa el sentimiento de parentesco o de estar en casa que experimentamos en relación con otras personas —la afinidad humana que sentimos por otros— y es la fuente última de toda la ética estoica. La *okeiōsis* nos permite ver a los demás seres humanos como cercanos y queridos, incluso si no estamos directamente relacionados con ellos. Marco Aurelio escribía con frecuencia acerca de nuestro parentesco con todos los seres humanos y cómo dicho parentesco forma la base de la sociedad. Como él decía: «Los animales racionales han surgido unos por otros».[36]

La explicación más detallada de cómo el afecto humano natural da origen a la sociedad aparece en los escritos de Cicerón, y la idea básica es simple. «Creen los estoicos», dice, «que es la naturaleza la que hace que los padres amen a sus hijos», y que este afecto parental es «el origen de la común sociedad del género humano». Este afecto de los progenitores hacia la prole es racional y forma parte de la ley natural, y se halla incluso en otras especies. Cuando vemos el trabajo que se toman los animales para dar a luz y criar a sus pequeños, «nos parece oír la voz de la propia naturaleza».[37] Para los estoicos, explica:

> También es evidente que la naturaleza misma nos impulsa a amar a nuestros hijos. De aquí nace que sea también natural aquel sentimiento, común a todos los hombres, en virtud del cual ningún hombre, por el hecho mismo de ser hombre, puede parecer extraño a otro hombre.[38]

Si los animales —como las abejas— trabajan unos con otros en armonía, «mucho más estrecho es este vínculo entre los hombres. Y así, por naturaleza, somos aptos para formar grupos, asambleas, Estados».[39] Además, a medida que crecemos y se desarrolla nuestra razón, la *okeiōsis* extiende nuestros sentimientos de afinidad hacia los demás. Mediante el uso de la razón y el entendimiento, la clase de afecto natural que sentimos hacia los familiares llega a aplicarse a la sociedad en su conjunto.

Los estoicos tenían otra forma de ilustrar la *okeiōsis*, los lazos que nos unen a otros seres humanos. Esto lo explicaba el filósofo estoico Hierocles, quien vivió en torno a la época de Marco Aurelio. En uno de sus escritos, Hierocles describió los círculos de humanidad de los que formamos parte (véase la figura 7), y por qué «anhelamos por naturaleza ganarnos a todos y entablar amistad con ellos».[40]

Fig. 7: Versión simplificada de los círculos de humanidad del filósofo estoico Hierocles.

El círculo más interior es donde nos hallamos como individuos. Representa nuestro yo individual. El círculo siguiente es el de la familia inmediata, padres, hermanos, cónyuges e hijos. El tercero contiene a los familiares más distantes: tíos, abuelos y primos. El siguiente incluye a los ciudadanos de nuestras comunidades locales y luego a los compatriotas. Por último, el círculo exterior y más grande engloba a la humanidad en su totalidad. Muchos estoicos actuales, entre los que me incluyo, dibujarían un círculo aún mayor, que representaría la naturaleza o la biosfera viviente, de la que todos formamos parte. Pero esta idea no es moderna. Se inscribe en la antigua tradición estoica. Como observa el estudioso de la filosofía John Sellars:

> El proceso de ampliación de nuestro círculo de preocupaciones no debería detenerse una vez que abarca a toda la sociedad humana [...]. En última instancia, nuestra *okeiōsis* debería extenderse para incluir la totalidad del cosmos, generando una preocupación por la preservación de todos los seres humanos y del mundo natural [...]. Cuando alcancemos este círculo más amplio posible de preocupaciones, llegaremos a ser cosmopolitas, esto es, ciudadanos del cosmos.[41]

El sabio, sugiere Hierocles, procurará atraer los círculos exteriores hacia el centro, o bien comprimirlos, de manera que sintamos nuestro parentesco con toda la humanidad y no solo con quienes se hallan más próximos a nosotros. Si bien admite que la «diferencia de sangre» restará afecto hacia aquellos que están más alejados, la meta estoica consiste en sentir afecto por la humanidad en su conjunto, y no solo un sentimiento de afinidad hacia nuestros más íntimos allegados.

De esta guisa, conforme avancemos para llegar a ser más sabios y unos seres humanos más cabales, no ignoraremos las necesidades de las personas más cercanas a nosotros. Antes bien, reconoceremos toda la humanidad y la naturaleza como parte de la más amplia comunidad viviente a la que todos pertenecemos. Entonces, esos círculos más amplios, de los que todos hemos surgido, se nos antojarán indispensables para nuestro bienestar y florecimiento.

CAPÍTULO 10

CÓMO SER AUTÉNTICO Y CONTRIBUIR A LA SOCIEDAD

El jardín epicúreo frente a la cosmópolis estoica

El estoicismo llegó a ser la filosofía más extendida y exitosa del Imperio romano porque prometía una sensación de serenidad interior en un mundo estresante que parecía, como en nuestro tiempo, peligrosamente fuera de control. Pero el estoicismo no era la única filosofía que prometía serenidad interior a sus seguidores. Eso mismo aseguraban los epicúreos, llamados así por su fundador Epicuro (341-270 a. C.). Y al igual que los filósofos griegos precedentes, tanto estoicos como epicúreos andaban en busca de la *eudaimonía* o felicidad duradera.

Existen ciertos ámbitos en los que los pensamientos epicúreos y estoicos se solapan. No obstante, resulta imposible reconciliar otras ideas de ambas escuelas porque se encuentran demasiado alejadas. En la primera treintena de cartas que Séneca escribió a Lucilio, incluye una máxima de Epicuro al final de cada misiva. Estas máximas o epigramas se hallan en perfecta armonía con las doctrinas estoicas y cubren temas tales como la importancia de la vida sencilla y cómo conseguir la riqueza mediante la frugalidad. Aun cuando Séneca considerase que los epicúreos eran «el campo contrario», tenía una mentalidad muy abierta a la hora de reconocer el valor de la sabiduría genuina, cualquiera que fuese su fuente. Como gustaba de señalar a su amigo Lucilio, las buenas ideas son el «patrimonio común» de la humanidad, con independencia de quién las exprese.

Al igual que sucede con el sentido moderno de la palabra *estoico*, los estereotipos populares y la evolución del lenguaje también han sido injustos con los epicúreos. Hoy en día, *epicúreo* hace referencia a alguien que busca el placer, como el *gourmet* mediante los manjares. Si bien es cierto que los epicúreos hicieron del «placer» el fundamento y el objetivo de su filosofía, distaban de ser hedonistas. De hecho, para ellos, el «placer» solo significaba vivir una vida libre de dolor. Y en cuanto a la comida *gourmet*, nada podía estar más lejos de la verdad. El propio Epicuro se alimentaba a base de pan y agua, y si alguna vez podía acompañarlo con un poco de queso, lo consideraba un banquete.[1]

Aunque tanto los estoicos como los epicúreos buscaban la serenidad de espíritu en la vida, sus visiones del universo eran diferentes por completo. Para los estoicos, el universo se asemejaba a un organismo inteligente, del cual forman parte todos los seres vivos, incluidos nosotros. Los patrones que observamos en la naturaleza, mantenían, son un reflejo de la inteligencia de la naturaleza, del mismo modo que tu mano es una manifestación de la inteligencia biológica. En cambio, los epicúreos creían que el universo estaba formado por átomos —o partículas diminutas de materia— que chocaban de forma aleatoria y se unían por azar. Subrayemos por un instante esos dos términos: *aleatorio* y *azar*. Aunque el atomismo es una idea interesante, no explica la clase de orden y de patrones que vemos en la naturaleza o en la vida biológica, que dista mucho de ser aleatoria.[2]

Descubrimos otra enorme diferencia entre las dos escuelas en sus ideas respectivas acerca de cómo deberíamos contribuir a la sociedad. Cuando Epicuro fundó su escuela filosófica en Atenas, compró un terreno fuera de la ciudad y lo llamó *el Jardín.* Los estudiantes de Epicuro solían pasar el rato en el Jardín, que parecía una comuna *hippy*, pues los epicúreos vivían una vida en común, pero al margen de la sociedad. Aunque el objetivo era lograr la serenidad de espíritu, en la práctica eso implicaba desvincularse de cualquier cosa que pudiera turbar el alma, incluidas las frustraciones surgidas del matrimonio, los hijos y la participación en política. Como si resumiera su creencia en la desvinculación de la sociedad, Epicuro propugnaba su célebre consigna: «Vive oculto».[3]

Para los estoicos, la cultura epicúrea de la automarginación planteaba serios interrogantes éticos, pero inspiraba asimismo oportunidades para el humor. Epicteto, por ejemplo, poseía un agudo ingenio, que hoy sigue resultando divertido. En cierta ocasión, mientras bromeaba con un estudiante, le preguntó: «¿Te imaginas una ciudad de epicúreos? "Yo no me caso". "Ni yo, no hay que casarse". Pero tampoco hay que tener hijos ni participar en política».[4]

En cambio, los estoicos hacían mucho hincapié en la importancia del compromiso cívico porque entendían que nacemos para ser animales sociales. Para los estoicos, pertenecemos a dos ciudades o comunidades diferentes. La primera es la ciudad o comunidad en la que nacemos (o en la que vivimos en la actualidad). La segunda comunidad es la *cosmópolis*, la «ciudad-mundo» o «comunidad del cosmos», que abarca el mundo entero y toda la humanidad. En virtud de esta hermandad de humanidad de la que formamos parte, enseñaban los estoicos, tenemos el deber de mejorar la sociedad, no desertando de ella e ingresando en una comuna, sino sirviendo de un modo activo a nuestras comunidades locales y a la sociedad en su conjunto. Por eso tantos estoicos, como Séneca y Marco Aurelio, eran estadistas o funcionarios del Imperio romano. El estoicismo los exhortaba a emplear lo mejor de sus facultades para mejorar la condición humana.

Para los estoicos, vivir una vida auténtica significa contribuir a la sociedad de alguna manera que beneficie a los demás. Pero, dado que las personas son diferentes, ese servicio a los demás adoptará diversas formas. Después de todo, no estamos cortados por el mismo patrón. Por ese motivo, el primer paso para vivir con autenticidad es comprenderte a ti mismo y tu naturaleza única.

Conócete a ti mismo

> Es cada cual quien escoge sus costumbres, las funciones las asigna el azar.
>
> Séneca, *Epístolas* 47.15

Inscrito en la pared del templo de Apolo en Delfos en la antigua Grecia aparecía el célebre aforismo «Conócete a ti mismo». Aunque esto guarda relación con todos los aspectos de la vida, en especial es aplicable a la pregunta ¿cómo puedo vivir con autenticidad y contribuir a la sociedad? Habida cuenta de que cada persona es diferente, cada una es más apta para distintas tareas y ocupaciones. Y luego está el factor añadido del azar o la Fortuna, que se suma a la mezcla. Como explicaba Séneca, mientras que todos somos responsables de la calidad de nuestro carácter interno, cómo se gana la vida cada persona no está del todo bajo su control.

Aun cuando no ejerzamos pleno control sobre nuestra carrera profesional ni sobre lo que somos capaces de lograr en la vida, deberíamos esforzarnos por conseguir lo mejor, o aspirar al mejor trabajo para el que seamos aptos. Por tal motivo, Séneca escribe que «ante todo es preciso valorarse a sí mismo», y luego considerar lo que nos gustaría llevar a cabo. Como él explica, hemos de esmerarnos en comprendernos, «porque por lo general imaginamos poder más de lo que podemos».[5] Por supuesto, a menudo sucede lo contrario. A veces conseguimos menos de lo que podríamos, simplemente porque dudamos de nuestras capacidades.

Al discutir estos asuntos, Séneca parece estar siguiendo las ideas de un filósofo estoico romano anterior, Panecio (c. 185-c. 110 a. C.). En sus escritos, Panecio describía los «cuatro papeles» (o cuatro *personae*) que contribuyen al lugar de una persona en la sociedad, incluidos su trabajo y sus elecciones profesionales.[6] En lugar de llamarlos *papeles*, llamémoslos *factores*.

El primer factor que nos influye es nuestra naturaleza universal como seres humanos, lo cual, para un estoico, significa el hecho de que somos seres racionales, lo que nos permite entender el mundo y actuar de maneras adecuadas. El segundo factor que nos influye son todas las cualidades que nos asigna la naturaleza en cuanto individuos, con una amplia variación. Como advertía Séneca, las cualidades que nos son dadas por nacimiento tenderán a acompañarnos a lo largo de la vida.[7] Las personas varían de forma extraordinaria en lo que atañe a sus diferencias físicas. Por ejemplo, unas son atléticas por naturaleza y otras no. Pero existen diferencias aún mayores en las disposiciones psicológicas, los rasgos de personalidad y la amplia gama de talentos que todos poseemos.[8] Como observa Séneca:

> La timidez de algunos es poco apropiada para los asuntos oficiales, que requieren una expresión enérgica; la terquedad de otros no dice con la corte; unos no tienen su ira bajo control y un enfado cualquiera los exalta hasta las palabras temerarias; otros no saben contener su ingeniosidad y no se abstienen de las bromas peligrosas: para todos estos el reposo es más práctico que una ocupación; el altanero e intolerante por naturaleza, que evite las tentaciones de una libertad que va a perjudicarlo.[9]

Además de entender nuestras características y capacidades individuales, un tercer factor que nos afecta es el azar, que excede a nuestro control. Por ejemplo, las circunstancias de nuestra crianza, si nuestros padres eran ricos o pobres, si tuvimos buenos o malos maestros y muchas otras cosas de esa índole. El cuarto y último factor es nuestra propia voluntad o agencia personal: nuestra intención y nuestra toma de decisiones. A qué decidimos dedicarnos y la energía con la que perseguimos nuestras intenciones, todo ello ejercerá un impacto significativo sobre nuestra carrera y nuestra contribución a la sociedad.

Según la concepción estoica, hemos de comprender nuestras características de modo que no luchemos contra la naturaleza y tratemos de perseguir algo más allá de nuestras capacidades. Sencillamente, no es posible vivir con autenticidad, con autoconciencia, si no comprendes quién eres. Por último, es imposible vivir de un modo auténtico o feliz si intentas imitar a otros al tiempo que ignoras tu propia naturaleza.[10]

Como podemos ver, los estoicos romanos hacían hincapié en nuestra naturaleza universal como seres humanos, o aquello que todos tenemos en común. Pero reconocían la importancia de las características individuales, que también nos son dadas por la naturaleza. Para vivir una vida feliz y plena en la sociedad, necesitamos prestar atención a ambas dimensiones. En este sentido, los estoicos extendían la idea de «seguir la naturaleza» para dar cabida a los rasgos personales.

Autoconsistencia

> Antes de nada cuida de estar en consonancia contigo.
>
> Séneca, *Epístolas* 35.4

Para Séneca, vivir con autenticidad implica ser un individuo con una personalidad estable. Sin ese sólido sentido del yo, la persona muda sus intenciones como los vientos cambiantes. «Mas no pretendo que el sabio haya de caminar siempre al mismo paso, sino por la misma ruta», aclara Séneca.[11] Esta idea está íntimamente relacionada con su metáfora de que, cuando viajamos, es importante tener un auténtico destino, en lugar de vagar al azar.

La consistencia, y tener alguna clase de «destino», es un subproducto de poseer una verdadera filosofía de vida. Una persona con un carácter sólido será una sola en lugar de muchas, tendrá una meta en la vida y un correspondiente sentido de la intención. Pero mucha gente no está segura de lo que quiere en realidad hasta el momento en que lo desea. Como dice Séneca, muchos no son guiados por sus intenciones, sino «lanzados por su instinto».[12] En otro lugar ilustra esta idea con un divertido relato de lo que hoy podríamos denominar *comportamiento neurótico*:

> No hay ni uno que no cambie cada día su propósito y su deseo: ora quiere tener una esposa, ora una amante; ora quiere ser rey, ora actúa como si nadie fuera un siervo más obsequioso; ora se hincha hasta provocar la envidia, ora se rebaja y empequeñece humillándose más que los verdaderamente abatidos; ora desparrama el dinero, ora lo arrebata.
>
> Así, principalmente, se descubre la falsedad del alma imprudente: se muestra siempre diferente y —lo que considero más vergonzoso— es desigual a sí misma. Juzga tú un gran mérito representar un mismo personaje. A excepción del sabio, nadie representa un mismo papel, los demás presentamos muchas caras. Unas veces te daremos la impresión de ser frugales y responsables, otras de ser pródigos e inconstantes; cambiamos enseguida de personaje y asumimos uno contrario al que hemos abandonado. Por consiguiente, exige de ti mismo conservarte hasta el final tal como has decidido mostrarte.[13]

Un distintivo de las personas dotadas de un buen carácter es que «se complacen consigo mismas, son constantes. La mala conducta es tornadiza, se trueca a menudo no en algo mejor, sino en algo distinto».[14] Por ese motivo, Séneca exhorta a Lucilio: «De una vez por todas escoge una regla para vivir y ajusta a ella toda tu vida».[15]

Otra forma de vivir con autenticidad y consistencia es presentarte al mundo tal como eres en realidad. Séneca explica que las personas llevan máscaras en público y se dedican a actuar. En público nos presentamos de un modo diferente de como solemos comportarnos en casa. Esto implica a menudo algo de fingimiento y exhibición. El problema estriba en que, una vez que alguien construye un personaje falso, adaptado para su exhibición pública, surge la ansiedad debido a la probabilidad de que se descubra la falsedad de su imagen. Esto podría causar una conmoción a algunos, como las fotos de actrices muy conocidas de Hollywood mostradas sin maquillar. Como observa Séneca: «No es una vida amena o sosegada la de los que siempre viven tras una máscara» y «es preferible ser menospreciado por tu sencillez que ser atormentado por una perpetua simulación».[16]

En último término, para vivir con autenticidad, nuestras obras reales deberían corresponderse con nuestras palabras y creencias. Como dice el dicho: «Debemos predicar con el ejemplo». Séneca se mostraba especialmente crítico a este respecto con los filósofos profesionales, pues con frecuencia estos tienen mucha labia, pero no viven en consecuencia. «La filosofía no es una actividad agradable al público —advierte Séneca— ni se presta a la ostentación. No se funda en las palabras, sino en las obras».[17] En resumidas cuentas: «Sea este, en esencia, nuestro propósito: expresar lo que sentimos y sentir lo que expresamos; que nuestra forma de hablar concuerde con nuestra vida. Ha cumplido su promesa quien, tanto al verlo como al escucharlo, se muestra el mismo».[18]

Libertad intelectual

> Nada hay, por tanto, que procurar más que no seguir, al modo del ganado, el rebaño de los que nos preceden.
>
> Séneca, *Sobre la vida feliz* 1.3

Una de las formas en las que el propio Séneca vivía con autenticidad era abrazando de un modo profundo la libertad intelectual. Esta cualidad lo convertía en uno de los mejores pensadores de su tiempo. Asimismo lo hace parecer del todo moderno. Mientras que hoy son muchos los que abrazan la libertad intelectual con algo de desafío o arrogancia, el enfoque de Séneca era diferente: él abrazaba la libertad intelectual por *humildad*. En otras palabras, era consciente de que el conocimiento humano es limitado e incierto. Era consciente de que, con el transcurso de los siglos, los nuevos descubrimientos nos permitirán comprender el mundo y el universo con mucha más profundidad. Dado que el conocimiento científico evoluciona, hemos de tener una mente abierta. Por otro lado, mediante el pensamiento crítico, nosotros mismos podemos contribuir a la expansión del conocimiento humano. Como él observa, tanto nosotros como las generaciones futuras añadiremos conocimiento al que hemos heredado de quienes nos han precedido.[19] Por ejemplo, a propósito de los descubrimientos científicos, Séneca comenta:

> Vendrá un día en que la dedicación de los hombres de un largo período sacará a la luz del día lo que actualmente se ignora. Una sola generación no basta para investigar tantos fenómenos, aunque se dedique exclusivamente al cielo [...]. Vendrá un día en el que los que nos sigan se extrañarán de que no conociésemos fenómenos tan evidentes.[20]

Como describe con tanta belleza, los pensadores anteriores «allanaron el camino» para los descubrimientos futuros, lejos de haber agotado las posibilidades del conocimiento humano.[21] Para Séneca, esto era tan aplicable al estoicismo como a la astronomía y a las demás ciencias. Habida cuenta de que el estoicismo es una filosofía y no una religión, se basa en argumentos, no en creencias. Si los argumentos del estoicismo te resultan creíbles, al hallar formas de ponerlos a prueba, quizá los encuentres útiles como una filosofía de vida. Pero un estoico auténtico jamás te pedirá que aceptes nada por fe. Tal vez esta sea una de las razones por las que la filosofía estoica atrae hoy en día a muchas personas que se definen a sí mismas como humanistas seculares.

No es de extrañar que Séneca, como pensador independiente, fuese a veces crítico con los estoicos anteriores. Por ejemplo, Séneca detectaba problemas en algunos argumentos de Zenón, el fundador de la escuela. Tampoco vaciló a la hora de criticar la lógica de Crisipo (c. 279-c. 206 a. C.), uno de los primeros estoicos más influyentes, por su excesiva abstracción y su falta de fuerza.[22] Para Séneca, ser filósofo implica ser un pensador crítico y no un mero creyente. Aunque en lo básico seguía a los estoicos precedentes y estaba de acuerdo con ellos, escribió: «¿Es que no sigo a mis predecesores? Lo hago, pero me permito introducir algún hallazgo, modificar y abandonar alguna doctrina: no soy esclavo suyo, les doy mi asentimiento».[23]

Aunque muy pocos se han percatado de ello, Séneca extendió el pensamiento estoico de maneras significativas. Lo impulsó combinándolo con sus profundas percepciones de la psicología y las motivaciones humanas. Los estoicos anteriores entendieron que las creencias falsas abocan al sufrimiento psicológico. Pero Séneca fue el primer estoico en explicar, con mucha más profundidad, cómo se asimilan esas falsas creencias mediante la socialización y el condicionamiento social.

En un pasaje memorable, Séneca explica que seguirá los

pasos de sus predecesores al tiempo que permanecerá abierto a nuevos descubrimientos:

> ¿Entonces, qué?, ¿no voy a seguir las huellas de los antiguos? Por supuesto tomaré el camino trillado, mas si encontrare otro más accesible y llano, lo potenciaré. Quienes antes que nosotros abordaron estas cuestiones no son dueños, sino guías de nuestra mente. La verdad está a disposición de todos; nadie todavía la ha acaparado; gran parte de su estudio ha sido encomendado también a la posteridad.[24]

La perseverancia estoica: «llegar a ser invencible»

> Hay otros mil casos en que el tesón franquea cualquier obstáculo y muestra que no es difícil nada que la mente se haya impuesto resistir.
>
> Séneca, *Sobre la ira* II.12.4

Imaginemos que te comprendes a ti mismo y tus capacidades. Has investigado el proyecto o la carrera que deseas seguir y todo pinta bien. Parece encajar a la perfección con tus talentos y habilidades. Pero, entonces, cuando sigues adelante, el proyecto fracasa.

Aunque los estoicos propugnaban la paciencia y la resistencia, yo he aprendido que hay ocasiones en las que pasar a otra cosa podría ser la decisión más racional. El cambio de rumbo puede ser otra forma de mostrar persistencia, otra manera de convertir la adversidad en algo positivo, o podría estar justificado por otros motivos. Ser perseverante no implica tener que ser masoquista y darse cabezazos contra la misma pared día tras día. Del mismo modo, tampoco significa que sea una idea buena y virtuosa perseguir algo que quizá ni siquiera sea lo que más te convenga a la larga. Ser persistente significa que continúes avanzando o «haciendo progresos» en general. Los aspectos concretos variarán siempre de un caso a otro.

Para los estoicos, la resistencia era una cualidad humana esencial. Séneca escribió que «hay que sembrar aun después de una mala cosecha. A menudo, cuanto perece por la persistente esterilidad de un suelo improductivo, lo devuelve la fecundidad de un solo año». En la misma línea afirma: «Después de un naufragio uno vuelve al mar [...]. Presto se paralizará la vida con un ocio estéril, si hay que abandonar cuanto nos molesta».[25]

Los estoicos creían que nada exterior podía perjudicar al sabio que posee virtud, siempre y cuando su virtud permanezca intacta. Séneca escribió una extensa obra al respecto, que todavía podemos leer. Hoy la conocemos como *Sobre la firmeza del sabio*, pero al principio se titulaba *Sobre cómo el sabio no sufre lesiones ni agravios*.[26] Ser invencible no significa que el estoico no sea vulnerable en un sentido físico. Como señalaba Séneca, incluso un sabio estoico puede ser golpeado, perder un miembro o experimentar dolor físico extremo. Para el estoico, esos acontecimientos serían lamentables, pero no supondrían una lesión. La única forma de *lesionar* de veras a un estoico sería dañar su virtud, su bondad o su carácter.

Para ilustrar la perseverancia, Séneca se vale del ejemplo de alguien que, en los Juegos Olímpicos, agota a un rival mediante la mera paciencia. (La palabra latina *patientia* significa «resistencia».) En lo que atañe a la resistencia mental, la persona sabia, mediante un largo entrenamiento, adquiere la paciencia para agotar, o solo ignorar, cualquier ataque contra su carácter. Epicteto emplea asimismo una analogía de la competición atlética. Explica que, incluso si flaqueas en un combate atlético, nadie puede impedir que vuelvas a levantarte y reanudes la lucha. Incluso si pierdes ese combate concreto, puedes continuar entrenando y volver a participar en la competición. Entonces, si al final logras la victoria, será como si nunca hubieses renunciado.[27] A veces, la mera capacidad de seguir progresando supone una enorme victoria en sí misma.

Como todo el mundo, los estoicos sufrirán la adversidad y el infortunio. Lo que torna invencibles a los estoicos es que no se rinden. Los estoicos sacarán el máximo partido de cualesquiera circunstancias, incluso en medio del fracaso, el desastre o las dificultades financieras. Si los tiran al suelo, los estoicos se pondrán en pie, se sacudirán el polvo, seguirán entrenando y continuarán avanzando.

Cómo contribuir a la sociedad

A los romanos les encantaba una pregunta que en su origen provenía de las escuelas filosóficas griegas. Ellos la reformularon en estos términos: ¿qué es preferible: una vida dedicada a servir al Gobierno romano o una vida de ocio, consagrada a la filosofía?

Epicuro había dicho que, en la medida de lo posible, una persona sabia debería evitar desempeñar cargos políticos, pues ello amenazaría su tranquilidad mental. En contraste, los primeros estoicos griegos decían que el sabio debería asumir cargos políticos a menos que fuese imposible, porque la política brinda al filósofo una oportunidad de contribuir a la sociedad.[28]

Por supuesto, hoy en día nos enfrentamos a una realidad harto más compleja y matizada que esta clase de simple dicotomía en blanco y negro. En la Antigüedad, una de las formas más seguras de contribuir a la sociedad era seguir una carrera política. También podía ser una manera de enriquecerse. Pero, en la actualidad, la política no es en absoluto el único modo de realizar un servicio público. En ciertos casos, podría ser incluso una de las peores formas de contribuir al mundo, al desperdiciar tu tiempo tratando de reparar un sistema disfuncional. Por otro lado, existe una gran diferencia entre trabajar hoy en día como funcionario gubernamental y ser un consejero principal del emperador romano en tiempos de Séneca.

Al igual que nosotros en la actualidad, Séneca rechazaba la antigua visión en blanco y negro de cómo cabía contribuir a la sociedad. Como nosotros hoy, adoptó una perspectiva mucho más matizada. Aunque el propio Séneca se involucró en política como un buen estoico, a veces da la impresión de aconsejar sin tregua a sus amigos, a través de sus diversos escritos, que procuren retirarse de sus cargos públicos oficiales y dedicarse en su lugar al estudio de la filosofía.

Aunque parezca irónico, si bien los primeros estoicos griegos decían que el filósofo debía participar en la política, ninguno de ellos lo hizo en realidad. No obstante, como señala Séneca, los fundadores de la Stoa sí que promovían leyes, pero no solo para un Estado. Antes bien, guiaban a «todo el género humano», sirviendo no solo a sus contemporáneos, sino «a todos los hombres de todas las naciones, los que son y los que serán».[29] Como aduce Séneca: «Porque lo que se exige del hombre es que sirva a los hombres, si puede ser, a muchos, si no, a unos pocos, si no, a los más cercanos, si no, a sí mismo. En efecto, cuando se hace útil a los demás, se ocupa de un asunto público».[30]

Séneca creía que el sabio estoico no participaría en política en cualquier comunidad y bajo cualquier circunstancia.[31] Si una situación no tenía remedio, ¿de qué serviría? Además, si el sabio decidía seguir, en cambio, una vida de ocio, trabajaría en beneficio de la sociedad o la posteridad por otros medios.[32] De hecho, Séneca veía su propia vida y su trabajo de un modo similar. Casi con certeza lamentaba el tiempo que había pasado trabajando para Nerón y deseaba enderezar las cosas mientras siguiera vivo. Como Séneca confesaba a Lucilio:

> Me ocupo de los hombres del futuro. Redacto algunas ideas que les puedan ser útiles; les dirijo por escrito consejos saludables, cual preparados de útiles medicinas [...]. El recto camino que descubrí tardíamente, cansado de mi extravío, lo muestro a los demás.[33]

Es significativo que Séneca le explicara a Lucilio que su labor actual consistía en escribir para las generaciones futuras; escribir, de hecho, para nosotros. Creía que esa tarea con miras al futuro era mucho más importante que cualquier cosa que pudiera haber hecho en el Senado romano o en la corrupta esfera social y política de su tiempo.

Séneca poseía un increíble grado de confianza en su labor. No albergaba la menor duda de que sus escritos encontrarían lectores en el futuro remoto. «Alcanzaré el favor de la posteridad», vaticinó. Llegó incluso a sugerirle a Lucilio que preservaría el nombre de este junto con el suyo para los futuros lectores.[34] Asombrosamente, Séneca acertó de lleno en esa predicción de increíble audacia. Hoy en día, veinte siglos después, las *Epístolas morales a Lucilio* de Séneca figuran entre las obras más vendidas de la filosofía antigua. Como le confió a su amigo: «Para utilidad de pocos ha nacido quien únicamente piensa en los hombres de su generación. Muchos miles de años, muchos miles de pueblos vendrán después: tómalos en consideración».[35]

Tanto si estás trabajando para los más próximos a ti como si trabajas para las generaciones futuras, ambos enfoques son dignos de admiración. Séneca nos muestra que existen innumerables formas en las que todos podemos contribuir a la sociedad, ya sea beneficiando a una sola persona, ya a muchas. Con independencia de las destrezas e inclinaciones individuales, hay un camino abierto para cada uno.

CAPÍTULO 11

VIVIR CON PLENITUD A PESAR DE LA MUERTE

Cuánto tiempo viva no depende de mí, pero que viva plenamente todo el tiempo de mi existencia depende de mí.

Séneca, *Epístolas* 93.7

Vivir largo tiempo depende del destino; vivir satisfactoriamente, de tu alma.

Séneca, *Epístolas* 93.2

La prueba definitiva del carácter

«Adondequiera que vuelvo la mirada, descubro indicios de mi vejez», confió Séneca a Lucilio. Séneca acababa de llegar a su villa de las afueras de Roma, donde conversaba con el administrador de su propiedad sobre el elevado coste de mantener aquel edificio ruinoso. Pero, acto seguido, Séneca le explicaba: «El granjero me asegura que no es imputable a negligencia de su parte, que él hace todo lo necesario, pero que la quinta es vieja. La quinta surgió entre mis manos: ¿qué porvenir me aguarda si tan descompuestos están unos sillares tan viejos como yo?».[1]

Por aquel entonces, Séneca se acercaba ya a los setenta años y estaba empezando a sentir los achaques de la vejez. Pero la vejez también se le antojaba agradable. No obstante, conforme te haces mayor, las cosas se van tornando más difíciles. La vejez extrema, decía, es como una enfermedad de larga duración de la que nunca te recuperas; y cuando el cuerpo decae de veras, es como un barco que empieza a hacer agua.

Donde vivo en la actualidad, en Sarajevo, veo casi a diario personas extremadamente ancianas, que están bastante cerca de la muerte. Diríase que algunos de mis vecinos —flacos, frágiles y encorvados, caminando con frecuencia con un bastón a paso de tortuga por las viejas calles empedradas— podrían caerse y expirar en cualquier momento. Dicho esto, ver de un lado para otro personas tan ancianas es para mí una experiencia inspiradora y conmovedora. En primer lugar, es maravilloso encontrar personas que han vivido tanto tiempo, a menudo contra todo pronóstico, y es imposible verlas sin sentir una enorme ternura hacia ellas. En segundo lugar, son un recordatorio oportuno de mi propia mortalidad.

También es una realidad muy diferente de la que recuerdo haber visto en los Estados Unidos.

A diferencia de muchos otros países, los Estados Unidos han consumado un acto de desaparición de primera categoría en lo que atañe al mantenimiento de los mayores (y cualesquiera otros recordatorios de la muerte) fuera de la vista y de la mente. Con sus resplandecientes edificios de vidrio y acero, sus centros comerciales y sus dispersos suburbios, el paisaje estadounidense ha sido esterilizado y artificialmente «limpiado» de tal manera que es raro ver personas muy mayores expuestas al público. Pero aquí, en una ciudad europea histórica con antiguos edificios de piedra erigidos hace siglos y barrios bien establecidos con calles adoquinadas, las personas de muy avanzada edad que andan cojeando son una parte feliz de la vida cotidiana. Me recuerdan que la vida no está exenta de extrema lucha. Y cuando la gente muere, lo cual puede suceder a cualquier edad, las comunidades religiosas locales publican esquelas, con fotos de los difuntos, en los barrios de la ciudad. Es otra bonita costumbre que nos recuerda que somos mortales.

El estoico quiere vivir bien, y vivir bien significa asimismo morir bien. Un estoico vive bien si tiene un buen carácter, y la muerte es la prueba final de ello. Si bien cada muerte será un poco diferente, los estoicos romanos creían que una buena muerte se caracterizaría por la serenidad mental, la ausencia de lamentos y la gratitud por la vida que nos ha sido concedida. En otras palabras, como el acto final de vivir, una buena muerte se caracteriza por la aceptación y la gratitud. Además, el hecho de poseer una auténtica filosofía de vida, y de haber trabajado en la forja de un buen carácter, permite que la persona muera sin sentimientos de pesar.[2]

Séneca pensaba en la muerte y escribía sobre ella con frecuencia. Esto se habría debido en parte a su mala salud. Al haber sufrido tuberculosis y asma desde una temprana edad, debió de haber sentido la certidumbre y la proximidad de su propia muerte durante toda su vida. En la Epístola 54 describe, con todo lujo de detalles, un reciente ataque de asma que casi acaba con él. Pero mucho antes, tal vez en la veintena, estuvo tan enfermo y tan cerca de la muerte que pensó en poner fin a su vida para acabar de una vez con el sufrimiento. Por suerte no lo llevó a cabo por amor a su padre. Como él mismo relata:

> A menudo sentí el impulso de arrancarme la vida: fue la ancianidad de mi benignísimo padre la que me contuvo. En efecto, pensé no en la entereza que yo tendría para morir, sino en la que a él le faltaría para soportar mi separación. En consecuencia me impuse la obligación de vivir, porque en ocasiones hasta el vivir supone obrar con entereza.[3]

Para un estoico (y también para otros filósofos antiguos), el *memento mori* —la contemplación de la muerte inevitable— era un ejercicio filosófico esencial que reportaba beneficios inesperados. Como anticipación de la adversidad futura (véase el capítulo 6), el *memento mori* nos permite prepararnos para la muerte y nos ayuda a eliminar el miedo a morir. Asimismo nos alienta a tomarnos más en serio nuestra vida actual, pues nos damos cuenta de que es limitada. Como he descubierto en un sentido práctico, la reflexión acerca de mi propia muerte —y la inevitable muerte de mis seres queridos— ha tenido un beneficio del todo inesperado y poderoso: experimentar un sentimiento más profundo de gratitud por el tiempo que nos queda juntos.

Memento mori: recordar la muerte

La locución latina *memento mori* significa literalmente «recuerda que tienes que morir». A lo largo de los siglos, los estudiosos guardaban con frecuencia en su estudio una imagen simbólica del *memento mori*, como una calavera, a modo de recordatorio de su propia mortalidad.

En el mundo de la filosofía, el modelo de alguien que muere bien, sin un ápice de temor, era Sócrates. Encarcelado bajo falsos cargos de corromper a los jóvenes atenienses, Sócrates estuvo detenido treinta días antes de enfrentarse a su sentencia de muerte, consistente en beber cicuta. En el momento de su muerte, en 399 a. C., Sócrates rondaba los setenta años. De haberlo deseado, podría haber escapado de prisión con mucha facilidad, con la ayuda de sus amigos, y luego establecido su vida en algún otro lugar de Grecia. Pero eso habría ido en contra de todo aquello en lo que creía. Además, la fuga habría dañado su reputación para siempre. Dado que uno de los objetivos principales de Sócrates era mejorar la sociedad, eso implicaba que debía obedecer las leyes de esta, incluso si había sido tratado de un modo injusto.

Sócrates disponía de treinta días para reunirse con sus amigos y sus discípulos a fin de proseguir sus discusiones filosóficas. Había cuestionado la moralidad de quienes reclamaban su muerte con una frase memorable: «Sabed bien que, si me condenáis a muerte, no me dañaréis a mí más que a vosotros mismos».[4] Ese pensamiento fue muy apreciado por los estoicos posteriores, pues, a juicio de estos, nada puede dañar el carácter del sabio. Durante su último encuentro con sus discípulos, justo antes de su muerte, Sócrates discutió y cuestionó la posibilidad de un más allá. También profirió la memorable declaración de que «la filosofía es una preparación para la muerte», que probablemente marcó el auténtico comienzo de la tradición del *memento mori* (al menos para los filósofos). Una vez concluida su última conversación, Sócrates bebió la cicuta y falleció con serenidad, rodeado por sus discípulos.[5]

Según Séneca, el filósofo Epicuro decía: «Ensaya para la muerte», una práctica que el propio Séneca alentaba con energía. Para Séneca y los demás estoicos romanos, la muerte era «el miedo primordial», y una vez que alguien aprende a superarlo, pocas cosas temibles persisten.

El filósofo estoico Epicteto decía a sus estudiantes que, cuando des el beso de buenas noches a tu hijo, deberías recordarte a ti mismo que tu hijo podría morir mañana. Si bien es literalmente cierto que tu hijo *podría* morir mañana, a muchos lectores modernos les repugna la idea de contemplar siquiera semejante pensamiento. No obstante, esa podría ser una medida de su renuencia a aceptar la inevitabilidad de la muerte, o una forma de reprimir el hecho de que la muerte puede llegar de improviso en cualquier momento. Como alguien que emplea esta práctica, puedo decirte que resulta inocua, una vez que superas la turbación inicial. El enorme beneficio que reporta es el mayor sentimiento de gratitud que experimentas con tus seres queridos. Cuando realizas esta práctica, eres consciente de que algún día, que nadie puede predecir, será vuestra última vez juntos, por lo que experimentas una gratitud mucho mayor por el tiempo que compartís *ahora*. Como Séneca recomendaba con sabiduría, gocemos con avidez de nuestros amigos y seres queridos mientras todavía disfrutamos de su compañía.[6]

¿Qué supone en términos emocionales contemplar tu propia muerte o la de un familiar cercano? Yo llevo ya algún tiempo experimentando con esto y solo puedo referir resultados positivos. Y es que, cuando pienso en la mortalidad de un ser querido y en el hecho de que todo nuestro tiempo compartido es limitado por definición, mejora la calidad de mi vida. Me hace experimentar un sentimiento mucho más profundo de agradecimiento por todo el tiempo que estamos juntos. Si no recuerdas que tu tiempo es limitado y finito, es mucho más probable que des las cosas por sentadas.

Yo recuerdo la muerte con suma frecuencia cuando estoy con mi hijo Benjamin, que, cuando escribo estas páginas, tiene siete años y medio. Es una edad deliciosa porque es muy juguetón y ya es capaz de mantener conversaciones divertidas. También estamos empezando a hablar de temas filosóficos.

Por supuesto, a la mayoría de los niños de su edad les resulta imposible captar la gravedad o el carácter definitivo de la muerte, pues la mayor parte de ellos jamás han experimentado de primera mano la pérdida de un ser querido. Los niños viven en una especie de edad dorada psicológica, en la que todas sus necesidades parecen satisfechas de forma mágica. Dado que habitan en una esfera protegida, la mayoría de ellos no han estado expuestos todavía a los aspectos más desafiantes de la vida.

Por ese motivo, he intentado enseñarle a Benjamin un poco acerca de la muerte y el hecho de que papá, mamá y él morirán algún día. Este esfuerzo supone un poco de entrenamiento estoico básico para un niño, y siento curiosidad por saber si podría ser posible aumentar su gratitud por el tiempo limitado que tenemos juntos, incluso a una edad tan temprana. Cuando menos, confío en que reduzca de manera significativa el nivel de conmoción que experimente cuando muera alguien cercano a él, porque lo estará esperando.

El otro día regresábamos a casa en coche después de darnos un festín de comida rápida, y Benjamin me habló de Dios por primera vez en su vida. Con una sensación infantil de deleite, me explicó que «Dios tiene poderes increíbles, como ser capaz de verlo y oírlo todo. ¡Pero su mayor superpoder consiste en ser invisible!».

Yo me reí de su uso de la palabra *superpoder*, que hacía parecer a Dios un superhéroe como Spiderman. Pero, risas aparte, Benjamin había abierto la puerta para hablar de cuestiones profundas, de modo que traje a colación el tema de la muerte.

—Benjamin —le pregunté—, ¿sabes que, algún día, mamá, papá y tú vamos a morir?

—Sí —respondió.

—Yo tengo casi sesenta años —le expliqué—, así que podría vivir otros veinte.

—No creo que vivas tanto tiempo —dijo—. Pero tal vez algo por el estilo. (¡Gracias, Benjamin! Ya veremos cómo ruedan las cosas.)

Luego le pregunté:

—¿Sabías que tú podrías morir en cualquier momento?

Él me respondió:

—No creo que vaya a morirme pronto.

—Pero —repliqué— podrías. No es algo que podamos controlar. Eres pequeño, de manera que podrías vivir mucho tiempo. Pero, como vamos en un coche, podríamos tener un accidente dentro de cinco minutos y ambos podríamos morir al instante. Por tanto, aunque seas muy muy joven, puedes morir en cualquier momento. Si te mantienes sano, aumentan tus probabilidades de vivir una larga vida. Pero, en definitiva, no podemos controlar cuándo morimos.

Benjamin asintió con la cabeza y parecía comprender. Y, por suerte, llegamos a casa sanos y salvos unos minutos después.

Aquello ocurrió hace unos días. Ayer recogí a Benjamin en el colegio. Salió en fila del edificio del colegio con unos cuantos niños de su edad, todos con mascarillas. Yo también llevaba una.

Escribo estas páginas a comienzos de 2021, durante el primer año de la pandemia mundial de la COVID-19. Una nueva oleada de infecciones se propaga por toda Europa, y los casos han alcanzado aquí niveles sin precedentes. La Organización Mundial de la Salud anunció hace poco que el próximo índice de mortalidad por la COVID-19 podía llegar a quintuplicar el experimentado por Europa durante la primera ola. Podría ocurrir, ¿quién sabe? Lo que yo sé es que el estoicismo puede ayudarnos a afrontar la muerte con serenidad y con equilibrio emocional, por lo que es una filosofía ideal para estos tiempos inciertos.

Después de recoger a Benjamin en el colegio, tuvimos que hacer unos recados a pie, provistos de mascarillas. Cuando cruzamos una bonita y concurrida calle del casco viejo de Sarajevo, Benjamin deslizó su manita dentro de la mía por seguridad. Cruzar una calle aquí puede ser bastante peligroso para los adultos, por no mencionar a los niños.

Una de las prácticas estoicas que he aprendido de Séneca consiste en tratar cada día como si pudiera ser el último para mí. Por ese motivo, pregunto a Benjamin cada día: «¿Sabes que te quiero?». Él siempre responde que sí, y yo le hago la pregunta por una razón: si ese resultase ser de veras mi último día, me gustaría que él lo supiese.

A sus siete años, Benjamin ha desarrollado la capacidad de expresar su afecto. Mientras caminamos por la calle de la mano, puedo sentir literalmente el amor que fluye entre nosotros, de mano en mano entre dos seres vivos. Tener un hijo me ha enseñado la belleza de la *philostorgía*, una palabra empleada por los estoicos, que significa «amor de familia».

Hay quien encuentra a Epicteto un tanto morboso o intimidante por enseñar a sus estudiantes a recordar que sus hijos son mortales. Por el contrario, mientras agarro la mano de Benjamin y ambos recorremos la calle, yo tengo una experiencia por completo diferente. La práctica estoica de recordar nuestra mortalidad me hace estar más agradecido aún por este tiempo que compartimos. Hace que mi corazón se abra de par en par.

Vencer el temor primordial

> Líbrate primero del miedo a la muerte [...] luego del miedo a la pobreza.
>
> Séneca, *Epístolas* 80.5

En la filosofía de Séneca, la muerte es «el temor primordial» porque suele ser el peor desenlace en el que cabe pensar. Imaginemos que eres psicólogo y tu paciente tiene miedo de que vaya a sucederle algo terrible. Podrías decirle: «De acuerdo, imaginemos que en efecto ocurre algo así. ¿Qué es lo peor que podría suceder después?».

Si le sigues haciendo la misma pregunta una y otra vez, para averiguar lo malas que podrían llegar a ser las cosas, entonces tu paciente acabará respondiendo: «Y entonces podría morir». Dado que la muerte es terminal por definición, ¡cuesta imaginar que pueda ocurrir algo peor después de eso!

De esta manera, podemos ver la forma en que la muerte se erige como el «temor primordial». Basándose en esta idea, Séneca y los demás estoicos romanos pensaban que, una vez que somos capaces de librarnos del miedo a la muerte, todo lo demás se vuelve mucho más sencillo. Al quitar de en medio el miedo a la muerte, otros temores también pierden su poder.

Por consiguiente, vencer el miedo a la muerte es esencial para llegar a ser libre. Como escribe Séneca:

> Ha entendido la sabiduría quien muere con la misma seguridad con que nace; mas ahora, cuando nos acecha el peligro, temblamos; ni el ánimo ni el buen semblante persiste en nosotros, derramamos lágrimas que de nada servirán. ¿Qué mayor vergüenza que estar uno angustiado en el mismo umbral de la seguridad?[7]

Epicteto y Marco Aurelio veían las cosas de un modo similar. Como observaba Epicteto, la fuente de todos los males y la cobardía de los seres humanos «no es la muerte, sino más bien el miedo a la muerte».[8] Séneca decía que, para aquel que ha superado el miedo a la muerte, es posible abandonar la vida con satisfacción y con espíritu sereno, mientras otros sienten terror. Pero aquellos que temen la muerte «se aficionan y aferran [a la vida] como lo hacen con los espinos y las rocas los que son arrastrados por un agua torrencial».[9]

Séneca sostiene que, por esa razón, la muerte es la prueba definitiva del carácter. Como le explica a Lucilio (aunque refiriéndose a sí mismo), alguien puede decir y creer algo, y obrar con valentía mientras está vivo. Pero, al borde de la muerte, se pondrá de manifiesto si sus palabras eran o no ciertas. «El juicio sobre mi aprovechamiento —afirma Séneca— he de confiarlo a la muerte.» De esta manera, la muerte revelará nuestro auténtico carácter:

> Los debates y coloquios doctrinales, las máximas sacadas de las enseñanzas de los sabios y una conversación erudita no manifiestan la verdadera fortaleza del alma, pues hasta el lenguaje de los más tímidos es osado. La calidad de tus obras se mostrará cuando entregues tu alma. Acepto el acuerdo, no me asusta el juicio.[10]

¿Cómo vencer entonces el miedo a la muerte? Como filósofos que eran, los estoicos intentaban contemplar la muerte de un modo racional. Así pues, presentaban argumentos racionales para deconstruir cualesquiera temores que pudieran estar asociados con ella. Algunos de estos argumentos se enumeran de forma breve a continuación. Se explican con más detalle en los escritos de Séneca y los demás estoicos romanos:

1. ***La muerte solo es una parte arte natural de la vida.*** Cuando nacimos, establecimos el acuerdo de que un día moriremos. La muerte es una parte natural de la vida. Por ello, y porque la vida y la naturaleza son buenas, deberíamos aceptar la muerte sin temor y sin quejas. Mientras escribía sus cartas, Séneca visitó a su viejo amigo y maestro Demetrio, un filósofo epicúreo que estaba moribundo. Como este explicó a Séneca, lo único que la gente teme acerca de la muerte es su incertidumbre. Por lo demás, decía Demetrio:

> Se niega a vivir quien se niega a morir. La vida nos ha sido concedida con la limitación de la muerte [...]. La muerte es una necesidad igual para todos e inevitable. ¿Quién puede quejarse de estar incluido en la condición que a todos alcanza? El primer supuesto de la justicia es la igualdad.[11]

Expresado de otro modo, la muerte no es un castigo, sino una mera consecuencia de estar vivo. Y dado que es una ley de la naturaleza, que afecta por igual a todo aquel que vive, no hay nada que temer.

2. *Con independencia de lo que suceda al morir, estaremos bien.* En palabras de Séneca: «La muerte o nos destruye o nos libera: liberados nos queda el componente más noble, una vez desembarazados de la carga; destruidos nada nos queda, al sernos arrebatados por igual los bienes y los males». En otros términos, si se destruye el alma, no quedará nada para experimentar el sufrimiento. Y si el alma sobrevive, iniciará una nueva aventura de una nueva forma.[12] Suceda lo que suceda en realidad, ningún desenlace es dañino.

3. *¿Qué hay de terrible en regresar al lugar del que venimos?* Esto se conoce como el *argumento de la simetría* y fue empleado por muchos filósofos antiguos. Si la muerte es simple inexistencia, cuando mueres vuelves al mismo estado en el que te hallabas antes de nacer. Si esta interpretación es correcta, la condición que existía antes de nuestro nacimiento nos acompañará tras la muerte: en ambos lados de la vida impera una gran paz, exenta de todo sufrimiento.[13]

Cuando Epicuro pronunció la célebre sentencia «La muerte no es nada para nosotros», no pretendía mostrarse superior ni menospreciar la muerte. Sencillamente se refería a este argumento. A su juicio, la muerte no será nada para nosotros porque no quedará ningún «nosotros» que sufra por su causa.[14]

Los estoicos creían que el alma, o nuestra fuerza vital mental y biológica, es material. Por tal motivo, dejaban abierta la posibilidad de algún tipo de supervivencia del alma tras la muerte física, o de que sobreviva durante un período de tiempo. O podría fundirse con la inteligencia y la fuerza vital del universo entero. Séneca y Marco Aurelio no estaban seguros de que esto fuese probable, pero no descartaban esa posibilidad. En cualquier caso, con independencia de lo que en realidad suceda, ninguno de los estoicos creía que hubiese algo dañino en la muerte, ni siquiera en el peor escenario posible, el de la simple aniquilación.

¿Qué es lo que hace de entrada que la vida merezca la pena?

> El bien de la vida no se halla en la duración de esta, sino en su aprovechamiento.
>
> Séneca, *Epístolas* 49.10

El estoico procura hacer progresos, y el progreso es un viaje. Para Séneca, en ese viaje existe un punto de destino definitivo: llegar a ser un humano virtuoso o «completo». En el estoicismo, esto implica desarrollar el carácter y la racionalidad con el fin de poder comprender y poseer aquello que de verdad es bueno en la vida. Además de haber cultivado un carácter sólido, cuando alguien alcanza ese destino final, consigue la libertad humana, la serenidad y el gozo perdurable (véase el capítulo 14). En ese punto, para Séneca, la vida es realmente completa, y uno vive con la mayor plenitud posible. Entonces la persona ha alcanzado lo que Séneca denomina *la vida feliz*, un estado de bienestar profundo y duradero. A pesar de que yo tiendo a rehuir los paralelismos entre diferentes tradiciones, resulta difícil leer las ideas de Séneca acerca de dicho estado sin pensar en las palabras *iluminación* o *liberación* en las tradiciones orientales.

Una vez que alguien ha alcanzado la vida feliz, su vida es en verdad completa, con independencia de su duración. Para Séneca, esto significa que, una vez que hemos logrado la felicidad auténtica, o un estado de ánimo dichoso, la prolongación de la vida no nos hará más felices. Aunque vivir más tiempo no nos reporte más satisfacción, esos días o años adicionales serán como la guinda del pastel de una vida ya feliz. Como él dice, una cualidad esencial de la vida virtuosa o feliz es que «no tiene necesidad del futuro y no echa cuenta de sus días». Ello se debe a que «en el tiempo que quiera, por breve que sea, llega a la plenitud de los bienes eternos».[15] Para Séneca, encontrar la verdadera felicidad supone experimentar algo atemporal, que no puede ser superado; es «la cima», el objetivo último de estar vivo.

Como recalca Séneca más de una docena de veces en diferentes escritos, lo importante es la calidad de la vida, no su cantidad ni su duración. En mi descripción favorita al respecto, compara la vida con una obra teatral: lo que importa no es la duración de la obra, sino la calidad de la representación.[16]

A juicio de Séneca, lo importante en la vida es forjar un carácter virtuoso, no cuánto dure. Alcanzar la vida feliz significa vivir con plenitud, al margen de su duración. En cambio, señala, muchos ancianos han «existido» mucho tiempo, pero nunca han vivido de veras. Por desgracia, algunos terminan muriendo incluso antes de haber empezado a vivir del todo.

Séneca ofrece un ejemplo de ello. Está escribiendo a Lucilio acerca de un amigo común, un filósofo llamado Metronax, que murió bastante joven, en la flor de su vida. No obstante, pese a su temprana muerte, Metronax había cultivado un carácter excelente. Alguien podría lamentarse de que Metronax muriera en su mejor momento, pero Séneca responde:

> Ha cumplido las obligaciones de un buen ciudadano, de un buen amigo, de un buen hijo; no ha claudicado en ningún deber. Aunque el tiempo de su vida sea incompleto, su vida es completa. «Ha vivido ochenta años.» Mejor, ha existido ochenta años, a menos que digas que ha vivido como decimos que viven los árboles. Te suplico, Lucilio, que obremos de modo que, como los objetos preciosos, así también nuestra vida no tenga mucha extensión, sino mucho peso. Valorémosla por su actividad, no por su duración.[17]

Al fin y a la postre, para Séneca, es la calidad de la vida de una persona lo que le permite vivir con plenitud, no su duración.

Las bondades y los peligros de la vejez

> No es un bien el vivir, sino el vivir con rectitud. En consecuencia, el sabio vivirá mientras deba, no mientras pueda [...]. Piensa siempre en la calidad de la vida, no en su duración.
>
> Séneca, *Epístolas* 70.4

Nadie sabe cuánto tiempo vivirá; esto es algo que excede por completo a nuestro control. Dicho esto, dados los significativos avances que se han producido en medicina y en tecnología, la probabilidad de que alguien alcance hoy en día una edad avanzada, e incluso llegue a ser nonagenario, ha aumentado de forma espectacular desde los tiempos de Séneca. Pero de la mano de la vejez extrema vienen las dificultades, como las piedras ruinosas de la villa campestre de Séneca. En cierto punto, una estructura cada vez más antigua se derrumbará poco a poco. Esto es aplicable asimismo al envejecimiento del cuerpo.

Para Séneca, la vejez puede ser una bendición y una de las etapas más agradables de la vida. En sus palabras:

> Esto debo a mi quinta: que mi vejez se me haga patente a dondequiera que me dirijo. Démosle un abrazo y acariciémosla; está llena de encantos, con tal que sepamos servirnos de ella. La fruta es muy sabrosa cuando está terminando la cosecha. El final de la infancia ofrece el máximo atractivo.

> A los aficionados al vino los deleita la última copa, aquella que los pone en situación, que da el toque final a la embriaguez.
>
> La mayor dulzura que encierra todo placer la reserva para el final. Es gratísima la edad que ya declina, pero aún no se desploma, y pienso que aquella que se mantiene aferrada a la última teja tiene también su encanto.[18]

Séneca pensaba que había que atesorar la vejez, y que esta podía ser una de las etapas más dichosas de la vida. Pero llega un punto en que, si una persona vive lo suficiente, su vida se asemeja a «una muerte lenta». Tal vez a causa de su propio temor a la muerte, algunos creen que la vida debería ser preservada a toda costa, bajo cualquier circunstancia, incluso si eso implica mantener vivo pero inconsciente a un ser querido, conectado a una máquina, sin esperanza alguna de recuperación. Como puede que hayas adivinado, Séneca no habría estado de acuerdo con este enfoque. De hecho, escribió: «Pero ¿qué clase de vida hay en un morir lentamente? ¿Acaso se encuentra alguien que quiera consumirse en medio del suplicio, morir miembro a miembro y entregar tantas veces la vida, gota a gota, en lugar de expirar de una vez?».[19]

Como Séneca señalaba una y otra vez, «lo que importa es vivir bien, no vivir mucho tiempo»,[20] y quedarse solo en una habitación de hospital, desmoronándose miembro por miembro, no es la manera más noble de dejar este mundo. Por consiguiente, la filosofía de Séneca entraña implicaciones significativas hoy en día para pensar en los problemas del final de la vida.

Tanto los estoicos griegos como los romanos aceptaban el suicidio bajo condiciones muy extremas, que era mucho más probable que existieran en el mundo antiguo que en la actualidad. Pero, aparte del suicidio, no cabe duda de que Séneca defendería con energía la eutanasia, o tener una «buena muerte», en lugar de continuar viviendo durante años en un estado de incapacidad. Sostiene:

> Son escasos aquellos a quienes una vejez prolongada condujo hasta la muerte sin afrenta; para muchos su vida languideció inactiva sin ningún provecho para sí. Según esto, ¿juzgas mucho más cruel la renuncia a algunos días de vida que la renuncia al derecho de acabar con ella?[21]

Séneca no pensaba que hubiese que anhelar la vejez, pero tampoco que hubiese que rechazarla. Al fin y a la postre, dado que todas las vidas son diferentes, podría ser una bendición o un impedimento. A su parecer, «es agradable estar con uno mismo el mayor tiempo posible, cuando uno ha hecho de sí mismo una compañía digna de que gozar».[22]

A pesar de ello, había un punto definido en el que Séneca decía que él trazaría la línea. Como le confesó a Lucilio:

> No abandonaré la vejez en el caso de que me conserve íntegro para mí mismo, pero íntegro en aquella parte más

> noble; por el contrario, si comienza a perturbar mi inteligencia, a desquiciarla en sus funciones, si no me permite ya vivir, sino respirar, saltaré fuera de un edificio descompuesto y ruinoso.[23]

Esto tiene perfecto sentido porque, para un estoico, la mera capacidad de seguir respirando, sin estar en posesión de las facultades mentales —ser capaz de pensar, conocer y apreciar—, no sería una vida en absoluto.

Vivir cada día como si fuese el último

> Me esfuerzo en que un día sea para mí como la vida entera.
>
> Séneca, *Epístolas* 61.1

Tal vez conozcas el dicho «Cada día tiene su afán». Se remonte o no a Séneca, sí se remonta a él en su espíritu.

Como Séneca señala de forma reiterada, la preocupación por el futuro es una fuente de ansiedad. Pero esto se debe a que uno todavía no se ha «encontrado a sí mismo» lo suficiente como para vivir en el presente y disfrutarlo en profundidad.

Séneca sugiere que deberíamos vivir cada día como «una vida entera», como si fuese el último día que estamos vivos. En Séneca, esta idea se convierte en una fantástica práctica interior que conecta múltiples temas diferentes de su obra: la plenitud de la vida feliz, la importancia de vivir en el presente, el *memento mori* y la liberación de toda ansiedad, incluido el miedo a la muerte.

Como dijo en cierta ocasión Steve Jobs en una charla dirigida a estudiantes universitarios:

> Cuando tenía diecisiete años, leí una cita que venía a decir: «Si vives cada día como si fuese el último, con toda certeza algún día acertarás». Aquellas palabras me impresionaron y, desde entonces, durante los últimos treinta y tres años, cada mañana me miro en el espejo y me pregunto: «Si hoy fuese el último día de mi vida, ¿querría hacer lo que estoy a punto de hacer hoy?». Y cada vez que la respuesta ha sido «no» durante demasiados días consecutivos, he sabido que necesitaba cambiar algo.[24]

Séneca tenía la firme creencia de que cada día *podía* ser el último. Pensaba que deberíamos tener en cuenta nuestra muerte inminente sin ningún rastro de ansiedad, sino con una feliz aceptación, incluso si esa muerte hubiese de llegar hoy. En la práctica, eso significa que no deberíamos dejar nada importante sin hacer cuando nos acostamos por la noche. «Así pues, modelemos nuestra alma como si hubiéramos llegado al término», aconsejaba. «No aplacemos nada; cada día ajustemos las cuentas con la vida».[25] Esta práctica nos anima a no dar nada por sentado, a contemplar de modo retrospectivo la vida con gratitud, y nos recuerda que vivamos lo más plenamente posible, conforme a nuestros valores más profundos.

Para Séneca, ser capaz de acostarse con gratitud, pensar que la vida podría haber llegado de veras a su fin, era un distintivo de alguien que había vivido una vida plena. Pero, si amanece un nuevo día, «recibámoslo con júbilo» y aceptémoslo con gratitud. «Es muy feliz y dueño seguro de sí aquel que espera el mañana sin inquietud», asegura Séneca. «Todo el que dice: "He vivido", al levantarse recibe cada día una ganancia».[26]

CAPÍTULO 12
DA LA IMPORTANCIA DEBIDA A LA AFLICCIÓN

> Vierten lágrimas aun quienes intentan reprimirlas, y derramadas con profusión, alivian el espíritu.
>
> Séneca, *Epístolas* 99.15

Deja que fluyan las lágrimas

Los primeros estoicos griegos sostenían una teoría insólita por rigurosa y extraña: si a un sabio estoico o a una persona sabia la muerte le arrebatara un amigo íntimo, no lloraría por la muerte de su amigo porque semejantes emociones se originarían en falsas opiniones. Séneca rechazaba con energía esta concepción y pensaba que las lágrimas de aflicción son del todo apropiadas. Explicaba: «Ya sé que se encuentran algunos hombres de sabiduría más insensible que valerosa, que llegan a afirmar que el sabio no debe sufrir», lo cual a él se le antojaba inhumano.[1] En otro lugar declaró: «No separo al sabio de la comunidad humana, ni le sustraigo al dolor como si fuera una roca carente de toda sensibilidad».[2]

Para Séneca, las lágrimas que experimentamos cuando perdemos a un ser querido no provienen de juicios erróneos. Son fruto de sentimientos humanos naturales en el nivel más profundo de nuestro ser. En otras palabras, son instintivas. En una de sus cartas, Séneca explica la forma en que lloró por la muerte de su único hijo, un bebé que murió solo veinte días antes de que Séneca fuese desterrado a la isla de Córcega por el emperador Claudio. Describe al niño muriendo en los brazos de su abuela —la madre de Séneca, Helvia— mientras esta le llenaba de besos. Marco Aurelio también perdió muchos hijos, y sabemos que lloraba en público por la muerte de sus amigos.

Séneca creía que el llanto es solo una respuesta fisiológica natural, un sentimiento humano natural (véase capítulo 4). Dado que el dolor y el llanto son instintivos, no están basados en creencias o en juicios erróneos como lo están las emociones negativas. Séneca era perfectamente consciente de que incluso los animales lloran la pérdida de sus crías. Las aves madres se sienten afligidas si regresan a su nido y descubren que falta un huevo. Incluso entre especies, los perros lloran con frecuencia la pérdida de un amo querido cuando esa persona fallece, del mismo modo que las personas lloran la pérdida de una mascota.

Séneca se tomaba en serio la aflicción. De hecho, escribió cinco obras diferentes para consolar a amigos y familiares que habían perdido seres queridos.[3] Y en esas obras nos ofrece valiosos consejos acerca de cómo afligirse bien, cómo aliviar la punzada del dolor antes de que este aparezca y cómo transformar la aflicción en algo mejor: los recuerdos felices de aquellos que hemos perdido.

La aproximación básica de Séneca al dolor es que deberíamos otorgarle la importancia debida. En otras palabras, debemos permitir que las lágrimas naturales fluyan con libertad, pero sin forzarlas jamás, y sin hacer que la aflicción parezca más intensa solo porque nos hallamos en presencia de otros.

Para Séneca, existen diferentes clases de lágrimas. Las *lágrimas de conmoción* se producen cuando nos enteramos de la amarga pérdida de un ser querido y cuando vemos su cuerpo sin vida, tal vez en un funeral. No ejercemos ningún control sobre esas lágrimas. Es como si las expulsase de nosotros la propia naturaleza, como el dolor hace que una persona jadee profundamente y sacude el cuerpo entero. Esta clase de lágrimas son involuntarias y escapan a nuestro control.[4]

Otra clase de lágrimas, que podríamos denominar *lágrimas de gozo*, aparecen cuando recordamos con dulzura a alguien que hemos perdido. Pensamos en la agradable voz de la persona, las felices conversaciones que un día mantuvimos y sus notables acciones. A diferencia de las más duras lágrimas de conmoción, estas lágrimas no se nos imponen más allá de nuestra voluntad, sino que brotan de los recuerdos felices y dulces.[5]

A veces, incluso para el sabio estoico, las lágrimas brotan de forma espontánea. Cuando tal cosa sucede, no se trata de una emoción negativa, sino de una simple señal de la humanidad de una persona. Del mismo modo, señala Séneca, es posible que los ojos se llenen de lágrimas cuando uno se siente tranquilo y en paz.[6]

Hallar un justo medio

> Los ojos, ante la pérdida del amigo, ni deben estar secos ni desbordados en llanto; las lágrimas han de brotar, pero no se ha de sollozar.
>
> Séneca, *Epístolas* 63.1

> Pues incluso para el dolor hay un límite.
>
> Séneca, *Consolación a Marcia* 3.4

Para Séneca, dado que los seres humanos estamos profundamente vinculados a aquellos que amamos, es natural que sintamos dolor y derramemos lágrimas por la pérdida de un ser querido. También es catártico. Toda esa aflicción no puede guardarse dentro, sino que ha de ser liberada. El llanto es un fenómeno complejo que no comprendemos del todo. Pero sí sabemos que al llorar se liberan oxitocina y endorfinas. Estas sustancias químicas ayudan a aliviar el dolor y, como potenciadoras del estado de ánimo, hacen que la persona se sienta mejor y más tranquila.[7]

Séneca no veía ningún problema en el dolor y las lágrimas, siempre y cuando fuesen genuinos o naturales. Pero algunos aumentan su aflicción más allá de lo que exige la naturaleza. Y algunos empujan su dolor hasta la locura. Por ejemplo, es poco lo que sabemos sobre Marcia, la primera persona a la que Séneca escribió para ayudarla a superar su aflicción. Pero Séneca le escribió porque esta se hallaba todavía en un estado de profunda desesperación por la pérdida de su hijo, que había muerto tres años atrás. Aunque Séneca creía que Marcía poseía valor y fortaleza de carácter, pensaba que había mantenido viva la conmoción inicial de su dolor hasta el punto en que este había cristalizado en una enfermedad grave. En ese sentido, le reprocha «que retengas y te aferres a tu dolor, que has hecho perdurar en lugar de tu hijo».[8]

Séneca creía que deberíamos buscar algún tipo de moderación en el dolor y que es contrario a la naturaleza que la aflicción extrema se prolongue durante largos períodos. Asimismo, ponía objeciones a la manera en que a veces las personas hacen que su dolor parezca peor de lo que es cuando lo exhiben en público. Como aconsejaba a Lucilio, permitamos que fluyan las lágrimas, pero «no las forcemos; viértanse cuantas hace brotar el afecto, no cuantas exige el deseo de imitar a otros. Pero no añadamos nada a la tristeza ni la incrementemos siguiendo el modelo de los demás. Tiene mayores exigencias la ostentación del dolor que el propio dolor».[9]

Séneca advertía que, cuando están rodeadas de otras, las personas se lamentan con frecuencia en voz más alta, a fin de que los demás puedan oírlas. Pero, una vez que desaparecen los espectadores, su propio dolor se atenúa, pues ha terminado el espectáculo. Dado que Séneca valoraba la autenticidad, creía que nuestro pesar debía ser genuino, o basarse en lo que nosotros y la naturaleza requerimos. Jamás debería convertirse en una forma de actuación ante un público.

Por este motivo, Séneca buscaba una suerte de moderación en la aflicción. El dolor no debe estar carente de amor ni de sentimiento genuino, pero tampoco ha de tornarse un modo de actuación ni, lo que es peor, debe asemejarse a una forma de locura. Cuando hemos perdido a alguien cercano, el hecho de sentirnos de continuo abrumados por el dolor puede convertirse en una forma poco saludable de autocomplacencia. Por otra parte, no sentir pena alguna denotaría insensibilidad e inhumanidad. Incluso en la aflicción, deberíamos procurar un equilibrio entre la razón y el afecto genuino.[10] Como Séneca recomienda a su amigo Polibio, que había perdido a su hermano:

> Guarde [la razón] más bien estos límites, de modo que ni dé muestras de insensibilidad ni de insensatez, y nos mantenga dentro de la actitud propia de una mente sensible, no de una perturbada: que corran las lágrimas, pero que también ellas terminen; que se profieran quejidos desde lo hondo del corazón, pero que también ellos se concluyan; gobierna tus

> sentimientos de manera que puedas ganarte tanto la aprobación de los sabios como de tus hermanos.[11]

Al final, es natural que el dolor se disipe con el tiempo. Pero es mejor aún que seamos capaces de superar el dolor, en lugar de dejar que este nos agote. Como Séneca aconsejaba a Lucilio: «Antes deseo que abandones tú el dolor que él te abandone a ti».[12]

Reducir la conmoción del dolor

> ¿Deplora alguien un suceso que decía que no podía dejar de tener lugar? Todo el que se lamenta de que alguien haya muerto, se lamenta de que ha sido hombre.
>
> Séneca, *Epístolas* 99.8

No es posible evitar que surja el dolor cuando perdemos a un ser querido. Pero es posible minimizar la conmoción del dolor si somos conscientes de antemano de que todas las personas que conocemos son mortales y, un día, nuestros caminos se separarán para siempre. Séneca llegó al extremo de sugerir que, cuando alguien da a luz a un hijo, es bueno pensar: «Yo, cuando lo engendré, ya sabía que tenía que morir».[13] Lejos de ser un pensamiento despiadado, solo es una verdad acerca de la naturaleza humana.

Saber que alguien está en proceso de morir reduce de forma dramática la conmoción o la sorpresa de perderlo. Cuando yo tenía veintisiete años, mi padre, que había llevado una vida extraordinaria, fue hospitalizado. También era evidente que se acercaba a su final. Murió más o menos un mes después, el 31 de diciembre. Como yo solía decir: «Se marchó con el año viejo». De haber vivido seis días más, habría cumplido setenta y cinco. En aquel momento sentí un profundo dolor. No obstante, como todos esperábamos su fallecimiento, la conmoción inicial fue mucho menos intensa de lo que habría sido si hubiese muerto sin previo aviso.

Como observa Séneca: «Quita fuerza a sus desgracias presentes quien ha previsto que llegarían».[14] Con todo, es difícil imaginar que los jóvenes, en la flor de la vida o incluso mucho más jóvenes que nosotros, puedan sufrir una muerte súbita en cualquier momento. Por ello es útil que nos recordemos de vez en cuando a nosotros mismos que eso podría acontecer. Ni siquiera Séneca logró seguir su propio consejo al respecto con su íntimo amigo Anneo Sereno, que murió a una edad temprana. Como Séneca le confió a Lucilio: «Estos consejos te doy a ti yo, que lloré con tanta desmesura a mi carísimo Anneo Sereno». Y es que Sereno era mucho más joven y Séneca confesó «no haber pensado nunca que él podía morir antes que yo». Y concluyó: «Así que hemos de pensar de manera constante que tanto nosotros como los seres queridos somos de condición mortal [...]. Hoy mismo puede acaecer cuanto en cualquier momento es posible».[15]

Una de mis ideas estoicas favoritas es que todo cuanto tenemos o creemos poseer no es sino «un préstamo» del universo. Todo. Y un día, todas esas cosas habrán de ser devueltas. Séneca trae esto a colación en su mensaje a Marcia, que seguía en extremo afligida por la muerte de su hijo, como si acabara de suceder la víspera. Séneca le dice: «Sea lo que sea, Marcia, lo que por casualidad brilla a nuestro alrededor», incluidos hijos, dignidades, riquezas y todo cuanto depende del incierto azar, «son pompas que otros nos han dejado: nada de esto se da de regalo».[16] Y Séneca prosigue:

> [Los objetos] debemos amarlos tal como si no se nos hubiera prometido nada sobre su perpetuidad, mejor dicho, nada sobre su longevidad. A menudo hay que recordar al espíritu que ame las cosas tal como si fueran a desaparecer, mejor dicho, como ya desapareciendo. Todo cuanto la suerte te ha dado poséelo como algo carente de garantía.[17]

Epicteto decía: «Nunca digas respecto a nada "lo he perdido", sino "lo he devuelto"», incluso si se trata de un ser querido.[18] Como Séneca escribió a Polibio con motivo de la muerte de su hermano: «Alegrémonos por lo que nos den y devolvámoslo cuando nos lo reclamen».[19] Séneca explicaba en otro lugar que quien vea el mundo de forma correcta será consciente de que todas sus propiedades, e incluso su vida, son un regalo temporal de la Fortuna. Entonces vivirá como si todo fuese un mero préstamo y estará preparado para devolver esos regalos sin pesar cuando el universo se los reclame al final.[20]

Algunos lectores han asumido erróneamente que los estoicos propugnaban el desapego emocional de quienes los rodeaban por pensar de esta manera. Sin embargo, nada podría estar más lejos de la verdad. Saber que nada es permanente supone aceptar un hecho de la naturaleza. Nada tiene que ver con la capacidad de una persona de amar con profundidad. El hecho de ser consciente de que todos mis seres queridos son temporales me alienta a atesorarlos con más esmero. Me hace sentirme más agradecido aún por el tiempo limitado que compartimos.[21]

Convertir el dolor en gratitud

> Persevere [el hombre prudente] en el recuerdo, cese en su duelo.
>
> Séneca, *Epístolas* 99.24

> Conviene que no te quejes de lo que te han quitado, sino que estés agradecida de lo que te tocó en suerte.
>
> Séneca, *Consolación a Marcia* 12.2

Séneca tiene la estrategia más brillante para disipar el dolor a largo plazo. Cuando perdamos a un ser querido, sin duda pasaremos un período de aflicción. Pero, a medida que el dolor comience a desvanecerse, podemos reemplazar esos sentimientos tristes por recuerdos felices y gozosos.

La profunda intuición de Séneca es que, en cierto sentido, la aflicción es egoísta y carente de gratitud hacia nuestros seres queridos. En lugar de sentir ingratitud y tristeza, estemos agradecidos por las maravillosas experiencias que hemos compartido. Como le escribió a un amigo que había perdido a un hijo pequeño: «La mayoría no valora cuántos bienes ha recibido, de cuántos ha gozado. El presente dolor acusa entre otros este defecto: no solo es superfluo, sino también ingrato».[22]

Y prosigue:

> ¿Vas a enterrar con el amigo la amistad? ¿Por qué te dueles de haberlo perdido si no te aprovecha haberlo poseído? Créeme, una gran parte de aquellos que hemos querido, aunque el azar nos los haya arrebatado, queda con nosotros. Es nuestro el tiempo que ha transcurrido y nada está más seguro en su puesto que aquello que ya ha sido.[23]

Séneca tiene razón en que, con el tiempo, la aflicción se puede sustituir por los recuerdos felices. Durante los años posteriores a la muerte de mi padre, solía sentir una tristeza estacional en torno a la época de su muerte, a finales de cada año. Era como si hubiese un espacio vacío que supuestamente él debía ocupar. Muchas otras personas que han perdido a sus familiares han experimentado también esa clase de tristeza estacional. Pero ha transcurrido ya mucho tiempo. Cuando hoy pienso en mi padre, o incluso en su muerte, no siento ningún dolor; tengo un sentimiento de felicidad y de gratitud por el tiempo que compartimos. Pero, cuando la mente de una persona está llena de aflicción y de tristeza, cuesta dejar espacio para los recuerdos felices y el agradecimiento, que honrarían de un modo más profundo a sus seres queridos. Sustituir el dolor por la gratitud no solo es posible, sino también crucial para vivir una vida feliz.

Séneca sostiene que esto es aplicable incluso a quienes han perdido hijos pequeños. Su memoria puede traernos aún la alegría, aun cuando su vida fuese breve. Como Séneca le sugiere a Marcia: «Y al muchacho mismo, tan merecedor de causarte alegría siempre que se le nombre o recuerde, lo pondrás en posición más favorable si, tal como solía en vida, se presenta ante su madre risueño y con gozo».[24] En vez de afligirte, dice Séneca, recuerda todos los momentos felices que pasaste con tu hijo, y «sus tiernas caricias de niño».[25]

CAPÍTULO 13
AMOR Y GRATITUD

No parece bien en la gratitud una urgencia tan inquieta; al revés, debe tener consigo misma la más serena confianza y la consciente seguridad de que es sincera su adhesión; ha de ahuyentar toda suerte de ansiedades.

Séneca, *Sobre los beneficios* VI.XLII.1

Amor y afecto estoicos

Como hemos visto, el estereotipo de los estoicos fríos e insensibles no es cierto. De hecho, los estoicos consideraban que el amor y el afecto eran las emociones humanas primordiales. Situaban el amor, en cuanto emoción, en una categoría exclusiva. A juicio de Séneca, los estoicos profesaban más amor a la humanidad que ninguna otra escuela filosófica. Mantenían que el amor y el afecto forman la base misma de la sociedad humana. Eran conscientes de que los padres aman por instinto a sus hijos. Asimismo, pensaban que esa clase de afecto primario podía hacerse extensiva hasta abarcar a toda la humanidad. Por eso advertía Séneca que «la sociedad no puede estar segura si no es por medio de la preservación y la estima de sus componentes».[1] Por tal motivo, no supone una exageración decir que la ética estoica se basa en última instancia en el amor. El hecho de que las personas se amen mutuamente es un aspecto de la ley natural, que proporciona una base natural para la comunidad y la sociedad humanas.

Como el más humano de los autores estoicos, Séneca menciona con frecuencia la importancia del amor, el afecto y la gratitud. Pero, en sus escritos, nos transmite la importancia del amor sobre todo con su manera de hablar de quienes formaban parte de su vida con bondad y afecto. Como señala la erudita clásica Anna Lydia Motto: «Séneca aprendió mucho sobre el amor, la bondad y la generosidad de sus propios familiares». En sus obras, «detectamos una profunda comprensión del auténtico sentimiento del amor en sus diferentes aspectos: amor por nuestra familia, por nuestros amigos, por nuestro cónyuge, por nuestros semejantes, por nuestro país».[2]

Todos podemos identificarnos con el amor como emoción, pero los estoicos romanos enfatizaban una clase específica de amor, la *philostorgía*. Este término podría traducirse como «amor de familia» o «afecto humano». Esta es la clase de amor que los estoicos aplicaban a la humanidad en su conjunto, que es asimismo una forma de *filantropía* o amor a todo el género humano. Marco Aurelio menciona muchas veces este tipo de amor. Como se recuerda a sí mismo a menudo, nacemos para amar a otros y a la humanidad misma. «Ama, pero de verdad, a los hombres con los que te ha tocado vivir», decía.[3]

Marco Aurelio escribió asimismo para expresar su gratitud a sus diversos maestros. Pero en un comentario sobre uno de sus profesores, el filósofo Sexto, parece resumir toda la actitud estoica hacia el amor y las emociones. Marco Aurelio nos cuenta que Sexto jamás mostró el más leve signo de ira ni de ninguna otra emoción negativa. Antes bien, se distinguía por «ser al tiempo el más impasible y el más afectuoso».[4] En efecto, este es el ideal estoico: estar lleno de amor a los demás y por completo libre de emociones negativas y violentas.

Por último, los estoicos creían que la persona debería amar de forma libre y generosa, sin esperar nada a cambio. En palabras del filósofo William O. Stephens: «Uno puede amar a otro sin supeditar ese amor a que sea siempre, o alguna vez, correspondido. Esta es la convicción de que el amor ha de dispensarse libremente con pura alegría y sin mezcla alguna de pesar».[5]

La gratitud estoica, antigua y moderna

Otra emoción estoica que ha sido ignorada casi por completo es el sentimiento natural de gratitud. La gratitud tiene una importancia especial en la cultura romana, y Séneca y los demás estoicos romanos hacían hincapié de manera sistemática en la importancia de la gratitud. Cicerón decía que «la gratitud no es solo la mayor virtud, sino también la madre de todas las virtudes».[6] Por su parte, Séneca señaló: «No es maravilla que entre tantos y tan grandes vicios ninguno sea tan frecuente como el de la ingratitud».[7] Su extenso libro *Sobre los beneficios* se ha descrito como «el primero (y, durante muchos siglos, el único) gran tratado sobre la gratitud en el pensamiento occidental».[8] En parte, esta obra trata acerca del arte de dar, apreciar y devolver «beneficios» o «favores».

En tiempo de Séneca y con anterioridad, los mecenas romanos adinerados tenían «clientes» que los saludaban por la mañana buscando beneficios o favores financieros, sociales o políticos. Luego caminaban juntos por el Foro de Roma. Con frecuencia, los beneficios se pagaban o se devolvían de algún modo, por lo que se trataba de un auténtico código y ciclo social que implicaba dar, recibir con agradecimiento y devolver los beneficios.[9] Aquello era una especie de pegamento que mantenía unida la sociedad, en especial entre la élite ciudadana de Roma, pero no era el foco de atención primordial de los escritos de Séneca sobre la gratitud. De hecho, en toda la filosofía de la gratitud, no había nadie que fuese «tan revolucionario y radical como Séneca». Ello se debe a que, como explica el filósofo Ashraf Rushdy, Séneca transformó el modo en el que sería considerado por los pensadores posteriores todo el tema de la gratitud. Como recalca

Rushdy, Séneca examinó todas las clases de gratitud que ocuparían la mente de los pensadores que le sucedieron, entre las que figuran la gratitud sagrada, la gratitud cósmica, la gratitud secular y la gratitud personal.[10]

Como veremos, existen tres tipos principales de gratitud que la gente ha sentido durante miles de años. Sin embargo, curiosamente, pese a la importancia crucial de la gratitud en el estoicismo romano, el tema de la gratitud en el estoicismo ha sido ignorado casi por completo.[11]

Amor y gratitud van de la mano porque ambos implican aprecio. Sería difícil, si no imposible, amar a alguien sin apreciarle. También la gratitud es una forma de aprecio. En cierta ocasión, el escritor estoico Donald Robertson dio una charla titulada El estoicismo y el amor en la que sugirió que «es posible ver el estoicismo fundamentalmente como una filosofía del amor».[12] Del mismo modo, podríamos decir que «el aprecio y la gratitud enmarcan la visión estoica del mundo». Pese a que tanto nosotros como todos los que nos rodean seamos seres mortales, el estoico puede seguir relacionándose con ellos con amor, aprecio y gratitud.[13] Aunque no haya nada misterioso en ello, existe otra dimensión de la gratitud estoica que a algunos lectores puede resultarles desconcertante de entrada. Esta «modalidad diferente de gratitud» se ha designado como gratitud *cósmica* o *no personal*, y con otros muchos nombres, porque no se dirige hacia una persona concreta.[14]

Cuando comencé a experimentar con los ejercicios filosóficos estoicos o meditaciones, me sorprendió descubrir que generaban sentimientos de gratitud y aprecio, y he incluido algunos ejemplos de ello en este libro. Por ejemplo, cuando practiqué la «premeditación de la adversidad futura» e imaginé que mi casa era destruida por el fuego o por un terremoto (capítulo 6), me sentí agradecido una vez más por una casa cuya familiaridad había llegado a aburrirme. Marco Aurelio mencionaba incluso esta clase de gratitud como una meta de la práctica estoica. En lugar de buscar algo nuevo, explicaba cómo podemos sentir felicidad apreciando las cosas que ya tenemos. Como se recordaba a sí mismo: «No reflexiones en los bienes ausentes como ya presentes, sino selecciona de los que están a tu lado los de mejor augurio y evoca a través de ellos cómo los perseguirías de no estarlo».[15]

Mi siguiente experiencia de gratitud me sobrevino mientras practicaba el *memento mori*, la meditación estoica consistente en recordar mi propia muerte y el hecho de que mis seres queridos también son mortales (capítulo 11). Mientras caminaba por la calle con mi hijo, durante el pico de la pandemia de la COVID-19, los dos con nuestras mascarillas puestas, sintiendo el calor de su mano en la mía, recordé que ambos somos mortales y que, en algún momento, nos separaremos para siempre. Pero eso me hizo experimentar un profundo sentimiento de gratitud, no solo por aquel preciso momento en que estaba vivo con él, sino por cualquier tiempo restante que compartamos en el futuro. Al reflexionar sobre nuestra mortalidad, no solo atesoramos la vida más a fondo, sino que también puede intensificarse de forma significativa el sentimiento de estar vivos en el presente.

Otro ejemplo de gratitud estoica implicaba reemplazar el dolor que sentía por la pérdida de mi padre por la gratitud. Todavía no había comenzado a leer a Séneca, pero en un proceso natural, con el transcurso del tiempo, mi aflicción se evaporó y fue sustituida por recuerdos felices. Llegué a sentirme agradecido por los buenos tiempos que pasamos juntos (capítulo 12). Séneca recomienda esta práctica para ayudarnos a superar la aflicción. En retrospectiva, si me hubiera concentrado de manera consciente en la gratitud por su vida, en lugar de limitarme a dejar que el tiempo hiciese su tarea, es probable que el dolor hubiese disminuido más deprisa.

Otra idea estoica sobre la gratitud es que, cuando estemos muriendo, deberíamos sentirnos agradecidos por la vida y por todas las experiencias que el universo nos ha concedido. Exploraremos esta idea al final de este capítulo.

Comprender la gratitud

> Habrá que agenciarlo todo para ser agradecidos en sumo grado.
>
> Séneca, *Epístolas 81.19*

Lo que hace interesante la gratitud es el hecho de que sea tanto una emoción como una virtud. No obstante, en palabras del filósofo Robert Solomon, esta es «una de las emociones más desatendidas y una de las virtudes más subestimadas».[16] Como él advierte, la gratitud concierne a nuestra manera de relacionarnos con otras personas, por lo que «mora en el corazón mismo de la ética». Desde una perspectiva estoica, este es otro de los modos en los que el amor y la gratitud convergen como formas de aprecio: ambos tornan posible el funcionamiento de una sociedad ética. En términos de desarrollo ético, no consideraríamos virtuosos a quienes careciesen de amor o de gratitud. Pensaríamos que padecen un defecto significativo en su carácter. Dicho de otro modo, sin amor y gratitud resulta imposible vivir bien. O, como Séneca podría haberlo descrito, sin amor y aprecio, es imposible vivir «la vida feliz».

A lo largo de la historia de la psicología moderna, los psicólogos se han centrado en tratar de entender el sufrimiento y la patología humanos, a pesar de que la mayoría de la gente es feliz la mayor parte del tiempo. En un estudio del año 2000 en el que se investigaba a las personas de forma aleatoria, el 89 por ciento estaban experimentando un estado de felicidad, en tanto que un porcentaje mucho menor sufría un estado de tristeza. La emoción negativa sentida con más frecuencia era la ansiedad.[17] No es de extrañar que, según un estudio de 2007, las personas felices vivan en torno a un 14 por ciento más que las infelices.[18]

En los últimos años, el estudio de la «psicología positiva», incluido el estudio de la gratitud, ha emergido como un nuevo campo de investigación. Psicólogos como P. C. Watkins han descubierto que la gratitud no es solo «una faceta importante del bienestar emocional». Antes bien, la gratitud «provoca en realidad el aumento de la felicidad».[19] Tras años de estudios, Watkins concluyó que «la gratitud fomenta el bienestar porque, en términos psicológicos, *amplifica lo bueno* en nuestra vida». Esto sucede «porque identifica con claridad quién y qué es bueno para los individuos».[20] Como resulta obvio, los estoicos (y las tradiciones religiosas del mundo) habían descubierto algo relevante al hacer hincapié en la importancia de la gratitud en la vida cotidiana. Miles de años después, los psicólogos están empezando a ponerse al día al estudiar de modo científico la gratitud y otras emociones positivas.

Ahora bien, ¿qué es la gratitud en realidad? En su forma más básica, se la ha descrito como «el reconocimiento positivo de los beneficios recibidos».[21] Es un sentimiento de agradecimiento o aprecio por recibir algo de valor, un bien o un regalo. Muchos imaginan que, para sentir gratitud, has de estarle agradecido a alguien o a una persona. Y aunque eso es cierto en algunas clases de gratitud, no lo es para todas ellas.

En esencia, experimentamos tres tipos de gratitud, que he resumido en la figura 8.

1. ***Al primer tipo de gratitud lo llamo* gratitud personal *o* cívica *porque se dirige a otra persona.*** Es la clase de gratitud que sentimos en un contexto social o cívico cuando alguien hace algo bueno por nosotros o nos ofrece un regalo.

Tipos de gratitud	Objetos
Personal o cívica	Otra persona
Teísta	Dios o dioses
Cósmica, existencial o no personal	La naturaleza, el cosmos o la existencia

Fig. 8: Tres tipos de gratitud.

2. ***Al segundo tipo de gratitud lo denomino* gratitud teísta *porque está dirigida a Dios (o a los dioses, si eres politeísta).*** Si eres una persona religiosa —sobre todo si eres judío, cristiano o musulmán—, esta clase de gratitud teísta es muy similar a la gratitud personal, ya que esas religiones conciben a Dios como una persona. Asimismo, ven a Dios como el dador supremo.

3. ***Al tercer tipo de gratitud lo designo como* gratitud cósmica, *existencial o no personal.*** Es diferente de los dos primeros tipos porque no se dirige a una persona (como un humano o un dios). En su lugar, se dirige a la naturaleza, el cosmos o la existencia misma. O a veces no se dirige a nada, sino que es un reconocimiento de las bendiciones recibidas. En cierto sentido, se trata de un sentimiento espiritual de gratitud, de una clase que experimentaban los estoicos. Pero no está dirigida a un Dios creador que se encuentra fuera del

universo. En otras palabras, difiere tanto de la gratitud personal como de la teísta.

A veces, estas diferentes modalidades de gratitud pueden entremezclarse entre sí. Por ejemplo, cada mañana, mi mujer me trae a la mesilla de noche una taza de té negro con leche, que me bebo mientras me voy despertando. (Si no me trae una taza de té, significa que está enfadada conmigo, ¡lo cual siempre envía un mensaje importante!) Ni que decir tiene que, cuando me trae una taza de té, le estoy muy agradecido a ella como persona, y siempre le doy las gracias. Pero luego, mientras bebo el té, suelo sentir también otras clases de gratitud, lo cual es una forma perfecta de comenzar el día. A veces me siento agradecido por el propio té y su teína, mientras mi conciencia empieza a enfocarse. A veces me siento agradecido por la agradable sensación de estar sentado en una cama tan cálida y confortable, y tener un techo sólido sobre mi cabeza, en especial porque algunas personas no tienen un hogar y se ven obligadas a dormir a la intemperie. A veces me siento agradecido por tener un aire limpio para respirar. A veces me siento agradecido por ser capaz de escribir mientras bebo mi té. Y a veces me siento agradecido por todas esas cosas en un período muy breve. Ahora bien, aparte de estar agradecido a mi mujer, esas otras clases de gratitud no están dirigidas a una persona. ¿Cómo explicamos entonces esas otras modalidades de gratitud?

Si eres una persona religiosa, espero que no te enfades conmigo por decir esto, pero yo no dirijo mi gratitud hacia un dios personal cuando bebo mi té. ¿Quiere eso decir que soy ateo? La respuesta sería «no». Dicho esto, tampoco significa que sea teísta. Personalmente, odio ser encasillado en ese tipo de categorías. Pero, si me viese forzado a encarcelarme en una de esas casillas conceptuales, tal vez diría: «Soy más bien un *panteísta*, al igual que los estoicos, Spinoza y Einstein, e incluso lumbreras populares de la talla de Carl Sagan».[22]

Los panteístas creen que no existe ningún dios «fuera» del universo. En vez de eso, creen que el universo entero es Dios, incluidas las leyes y los principios que lo configuran. Por supuesto, el ateísmo, el teísmo y el panteísmo no son conceptos comprobables desde un punto de vista científico. Con todo, al igual que Carl Sagan, creo que el panteísmo es una *metáfora* mucho más útil que la idea de Dios como una persona que existe fuera del cosmos, como alguien que ha trazado un plan para el universo.[23] Ninguno de los antiguos filósofos griegos pensaba en Dios de esa manera.[24] Dicho esto, al margen de las creencias (o falta de creencias) religiosas de la gente, puedo llevarme estupendamente con cualquiera, sobre todo si reconoce la importancia del amor y la gratitud. Se trata de rasgos de carácter y valores humanos fundamentales que deberían unir a todas las personas, al margen de la fe o la creencia.

Un sentido diferente de la gratitud

Algunas personas —en particular los filósofos analíticos (que se centran en el lenguaje) o los teólogos (que creen en un dios personal)— han sostenido que solo tiene sentido que alguien le esté agradecido a una persona, esto es, a otro ser humano o a Dios. En otras palabras, creen que no es posible la gratitud cósmica o no personal. A mi juicio, esta es una idea un tanto discutible, que discrimina a las personas que no piensan igual que quienes niegan esa forma de gratitud. Implica que necesitas tener unas creencias limitadas y especiales para sentir gratitud. Asimismo, sugiere que ciertos tipos de gratitud, que la gente experimenta desde hace miles de años, no son intelectualmente creíbles, sino «de acceso prohibido».

Séneca creía que los seres humanos debían estar agradecidos tanto a «Dios» como a la «Naturaleza». Pero, como los estoicos eran panteístas, Séneca se cuidaba de señalar que los términos *Dios* y *Naturaleza* son intercambiables.[25] El panteísmo no es ateísmo, pero tampoco teísmo. Aunque la idea de Dios no me molesta en absoluto, me consta que la religión y la idea de Dios incomodan a algunas personas. Por tanto, si estás leyendo un texto estoico antiguo y te topas con el término *Dios*, eres del todo libre de reemplazar en tu mente ese término por la palabra *Naturaleza*. Ningún estoico te culparía por hacerlo.

La gratitud es una respuesta a la generosidad, en especial a un regalo entregado de forma gratuita. El poeta persa Rumi

(1207-1273) encontraba en el Sol un símbolo perfecto de generosidad, ya que, en sus palabras, «su única propiedad consiste en dar y otorgar». Escribió que «el Sol torna verde y fresca la tierra y produce varios frutos en los árboles. Su única función es dar y otorgar; nada se lleva».[26] Séneca, que escribía unos mil doscientos años antes que Rumi, habría estado de acuerdo con esta bella metáfora. De hecho, resulta sorprendente que el propio Séneca la utilizara. Para Séneca y los estoicos, la Naturaleza, o el universo, es generosa. En un pasaje, Séneca sugería que el modelo supremo de generosidad desinteresada era la obra de «los dioses», con lo que parecía referirse al Sol y los cuerpos celestes:

> Nuestro propósito es vivir según la Naturaleza y seguir el ejemplo de los dioses [...]. Considera cuántas cosas obran cada día, cuántas distribuyen, la cantidad de frutos con que hinchen la tierra [...]. Y todo esto hacen los dioses sin recompensa, sin que les acarree utilidad alguna.[27]

Al ser filósofos, los estoicos no creían en los dioses tradicionales de los griegos y los romanos. En vez de ello, veían a los dioses como personificaciones simbólicas de los elementos de la naturaleza y poderes vivificantes; por ejemplo, el mar, la lluvia que da vida y la fertilidad presente en la naturaleza.[28] En otras ocasiones, los estoicos empleaban la expresión «los dioses» en referencia al Sol y a otros cuerpos celestes. Los movimientos del Sol y de los planetas trazan a lo largo del tiempo patrones matemáticos ordenados, racionales y predecibles, lo cual reforzaba la creencia estoica en un universo racional, sujeto a la ley natural.

Como panteístas, los estoicos no creían en un dios personal que se encontrara fuera del universo, como el Dios del teísmo y del cristianismo.[29] Pero tampoco eran ateos. En lugar de ello, creían en una profunda fuerza unificadora, presente en la naturaleza y el cosmos, que podríamos describir como racional, «divina», resplandeciente, la fuente del orden y la belleza de la naturaleza, y algo digno de admiración. Como decía Séneca resumiendo con claridad la concepción estoica: «¿Qué otra cosa es la Naturaleza sino Dios y la razón divina que penetran el mundo todo y sus partes?».[30] Hemos de recordar asimismo que, para los estoicos, Dios no era sobrenatural, sino material, una especie de aliento o fuerza vital que impregna el cosmos.

Podemos tener la certeza de que para los estoicos, como filósofos interesados en la lógica y la ciencia, ideas como la de Dios significaban algo muy diferente que para la mayoría de sus vecinos. Por ejemplo, los filósofos estoicos no aceptaban al pie de la letra las historias y los mitos relativos a los dioses. Antes bien, les daban interpretaciones simbólicas o alegóricas en armonía con la razón. Al mismo tiempo, sin embargo, no rehuían las prácticas religiosas de su tiempo. Al igual que el amor y la gratitud, los estoicos veían la reverencia y la piedad como virtudes importantes que mantenían unida la sociedad.

Para los estoicos romanos y para muchas personas en la

actualidad, la gratitud puede ser algo más que una mera emoción interpersonal o social. Son múltiples las formas en las que podemos experimentarla y sentirnos agradecidos por los dones y las bendiciones que no vienen de otras personas. Por ejemplo, Séneca recalcaba todos los increíbles regalos que recibimos de la Naturaleza. En cierto pasaje enumera algunos de ellos. Menciona «tantas virtudes [...], tantas artes, y un alma, en fin, que al punto que quiere una cosa, luego le sale al camino», que es «más veloz que los astros». Nos han sido concedidos «tantos frutos de la tierra, tantas riquezas, tanto amontonamiento de unas cosas encima de otras». La naturaleza nos ha dado tantos regalos, dice, que sería absurdo no sentir gratitud. Y concluye: «Después de hacer aprecio justo de las bondades de la Naturaleza, fuerza será que confieses que nos tuvo muy grande predilección».[31]

El filósofo Friedrich Nietzsche era un ateo declarado que proclamaba «la muerte de Dios». Algunos le han visto como un profeta del nihilismo. Pero, hacia el final de su carrera, Nietzsche experimentó un «día perfecto» y un sentimiento espontáneo de profunda gratitud. Aquel día, no solo maduraban las uvas bajo el sol otoñal, sino que también, como él lo describió, «acaba de posarse sobre mi vida un rayo de sol». Según nos cuenta: «He mirado hacia atrás, he mirado hacia delante, y nunca había visto de una sola vez tantas y tan buenas cosas». Y entonces Nietzsche se preguntó: «*¿Cómo no había yo de estar agradecido a mi vida entera?*».[32]

Por su parte, Richard Dawkins, el ateo más famoso y

más franco de nuestro tiempo, cuando le preguntaron si alguna vez había tenido una experiencia religiosa, contestó: «Yo no la llamaría experiencia *religiosa*», aunque reconocía haber vivido un profundo sentimiento de gratitud por su propia existencia. Explicó algunas de esas experiencias en un tono de voz profundamente conmovedor:

> Cuando me tumbo boca arriba y contemplo la Vía Láctea en una noche clara y veo las vastas distancias del espacio y pienso que son también vastas distancias de tiempo, cuando contemplo el Gran Cañón y veo los estratos que descienden a través de períodos de tiempo que la mente humana no alcanza a comprender, me embarga abrumadoramente un sentimiento *casi de adoración*. No es que adore nada personal en mayor medida de lo que lo habría hecho Einstein. Es una especie de sentimiento de *gratitud* abstracta por el hecho de estar vivo para apreciar esas maravillas. El sentimiento es el mismo cuando miro a través de un microscopio. Estoy agradecido de estar vivo para apreciar semejantes maravillas.[33]

Como es obvio, en cuanto ateos, ni Nietzsche ni Dawkins expresaban gratitud por su existencia a Dios. Al igual que mi experiencia de despertarme y beber té por la mañana, muchos sentimientos de gratitud no están dirigidos hacia nadie. Creo asimismo que estas experiencias de gratitud cósmica, no personal ni existencial, son bastante comunes. Le suceden a mucha gente y aumentan su sensación de bienestar. Incluso puede ocurrirles a los ateos. Pero ¿cómo explicarlas?

Como señalaba el filósofo Robert Solomon, no deberíamos pensar siempre en la gratitud en términos de una relación personal. Antes bien, «*La gratitud es una emoción filosófica* [la cursiva es mía]. Es, en una sola frase, ver el panorama completo».[34] En este sentido, la gratitud cósmica se origina al experimentar la vida en el contexto de una totalidad mayor. Estar agradecido por tu vida entera, por la existencia misma de un ser querido o por la sublime belleza de la naturaleza, no se trata de estarle agradecido a alguien. Más bien, como explica Solomon, lo que inspira el profundo aprecio es el hecho de ser consciente de cosas en un contexto más amplio. Como él dice: «Al igual que muchos estados de ánimo, la gratitud se expande más allá del foco de atención de un objeto particular para abarcar el mundo en su totalidad».[35] Esta clase de gratitud es mucho más que una mera respuesta a una transacción social. En cuanto tal, merece nuestra atención.

Aprecio estoico

En ciertos casos, la gratitud puede ser una forma de amor. Decirle a otra persona «estoy agradecido por tu existencia» equivale a expresar una clase de amor. A veces, como un modo de expresar amor, yo digo simplemente «te aprecio».

En el estoicismo, como forma de vida filosófica, es central un profundo sentimiento de aprecio del que dimanan tanto el amor como la gratitud. Podemos apreciar con profundidad la belleza de una puesta de sol aun cuando esté cambiando a cada instante y pronto desaparecerá. Su transitoriedad acrecienta su belleza singular. De la misma forma, el estoico puede comprender que en la naturaleza todo es cambiante, transitorio y efímero, incluida la propia vida, sin merma de la hondura de su aprecio.

Los estoicos no buscan las cosas exteriores para ser felices, porque la felicidad proviene del interior. (La felicidad nace asimismo de la manera en que decidimos percibir el mundo, en función de nuestros juicios internos.) Pero un estoico puede hallar un profundo sentimiento de aprecio y gratitud en los regalos más sencillos de la vida: una puesta de sol, agarrar la mano de un ser querido o incluso la comida más básica. Aunque los auténticos bienes moran en nuestro interior, podemos experimentar un enorme sentimiento de gratitud por todos los dones que el universo nos concede. Al mismo tiempo, podemos llegar a ver, con los ojos del aprecio, que los mejores regalos del universo son a menudo gratuitos, o dados sin pedir nada a cambio. Por eso hallamos placer en las cosas simples, como una taza de té una mañana soleada. Experimentar asimismo una gran felicidad y satisfacción sin buscar un flujo interminable de lujos muy costosos. Como señalaba Séneca, aquel que tiene lo suficiente ya es rico. Cuando vemos el mundo con un sentimiento de aprecio, hasta las experiencias más simples poseen valor.

Para Séneca, quien haya encontrado la felicidad o el bienestar será capaz de contemplar la vida en retrospectiva con gratitud por todo cuanto el universo le ha otorgado cuando se esté enfrentando a la muerte. De manera análoga, muchas veces Epicteto describió la vida y el mundo como semejantes a un festival. A su juicio, cuando lleguemos al final de la vida, deberíamos sentirnos agradecidos por el tiempo que hemos estado vivos, por la oportunidad que hemos tenido de participar en el festival. Decía asimismo que el filósofo debería estar lleno de gratitud por haber podido contemplar las maravillas del universo e investigar el orden subyacente a la naturaleza. Dijo a sus estudiantes: «¡Ojalá me sorprenda la muerte teniendo esto en el ánimo, escribiendo esto, leyendo esto!».[36]

Marco Aurelio nos dejó una imagen aún más gráfica de la clase de gratitud que puede sentir un estoico al final de su vida. En sus *Meditaciones* se recordaba a sí mismo:

> Ese instante de tiempo hay que recorrerlo según la naturaleza y verlo disolverse con ánimo favorable, como caería la aceituna tras haber madurado, dando vivas al que la produjo y reconociendo los favores al árbol que la hizo crecer.[37]

Para Marco Aurelio, el hecho de que vayamos a morir algún día forma parte del orden providencial de la naturaleza, que deberíamos aceptar sin quejarnos y con gratitud. Los estoicos eran conscientes de que nuestra vida es minúscula, y en cierto modo insignificante, en relación con la inmensidad del cosmos entero. Pero que se nos haya concedido una oportunidad de participar en un universo tan extraordinario, y en la sociedad humana, deberíamos verlo como un regalo y como un honor.

En última instancia, sentimos gratitud por algo bueno o hermoso que recibimos, ora de una persona, ora de la naturaleza, que nos ofrece esos regalos sin parar. Como la luz emitida por el Sol, la generosidad no es merecida por nosotros, sino libremente dispensada a todos. El Sol, mientras nos concede a todos el don de la vida, da verdor a los prados de la Tierra. Pero no exige nada a cambio. Quizá de esta manera, como sugerían los estoicos, la naturaleza, la vida y todos los regalos que recibimos reflejan un resplandor de generosidad, ofrecido sin coste por el propio universo.

CAPÍTULO 14
LIBERTAD, SERENIDAD Y GOZO PERDURABLE

> Es la libertad lo que se nos ha prometido, trabajamos por esta recompensa. ¿En qué consiste la libertad, preguntas? En no esclavizarse a cosa alguna, a necesidad alguna, a contingencia alguna; en atraer la fortuna a una competición leal.
>
> Séneca, *Epístolas* 51.9

Llegar a ser libre

La promesa suprema y más radical del estoicismo es que la verdadera felicidad se halla por entero a nuestro alcance en este preciso instante. Para los estoicos, «la felicidad depende de nosotros y no es cuestión de suerte, porque la persona que cultiva un buen carácter poseerá una profunda satisfacción interior y la mejor y más duradera clase de felicidad».[1]

Especial importancia reviste el hecho de que los estoicos nos enseñan el camino exacto para obtener esta clase de felicidad perdurable. Si bien podría requerir un cierto esfuerzo, los estoicos aseguraban que el resultado final de «una vida en verdad digna de ser vivida» se halla a nuestro alcance. En este último capítulo, exploraremos cómo se conquista esa felicidad duradera según Séneca.

Para los estoicos romanos, la meta práctica de la filosofía era la forja de un carácter interior saludable o excelente. Ahora bien, una de las consecuencias de tener un buen carácter es experimentar tranquilidad y serenidad de espíritu, y poseer una vida realmente digna de ser vivida. Por consiguiente, la posesión de un buen carácter y la felicidad (*eudaimonía*) van de la mano.[2]

Para Séneca —y para Epicteto, el maestro estoico al que siguió— la clave para cultivar un buen carácter y la felicidad radica en la idea de la *libertad* y en el proceso de llegar a ser libre. Como observa Séneca, «la libertad es la recompensa que estamos buscando» y, como afirma en otro lugar, la promesa de la filosofía estoica es «la libertad perpetua».[3] De hecho, para Séneca, «la libertad», «tener un buen carácter» y «la felicidad» estaban relacionados de forma tan íntima que llegaban a solaparse.

Para Séneca, la *libertad* significa no estar esclavizado por los juicios erróneos, las emociones negativas extremas, la ira, las compulsiones, la infelicidad, la ansiedad acerca del futuro, el deseo de objetos externos, los sentimientos de daños emocionales y las opiniones o acciones ajenas. Ya hemos explorado estas ideas en este libro. Pero, en otro sentido, la libertad significa también pertenecerte a ti mismo, vivir una vida plena y ser autosuficiente.

Como antiguo esclavo, Epicteto no estaba menos interesado en la libertad que Séneca. No es de extrañar que la libertad fuese uno de los temas principales de sus enseñanzas. Como Epicteto decía a sus estudiantes: «La libertad es el mayor bien, y nadie que sea de verdad libre puede ser desdichado. Por tanto, afirma con seguridad que no son libres cuantos veas desdichados, intranquilos, padeciendo».[4]

En un sentido estoico, ser libre supone no ser perturbado por nada que no dependa de nosotros, nada que pertenezca al ámbito del azar o la Fortuna. La libertad significa asimismo no estar sujeto a opiniones falsas que generen angustia, ansiedad, ira y otras formas de sufrimiento emocional.

En una de sus definiciones de *libertad*, Séneca declara: «¿Quieres saber lo que esta supone? No temer a los hombres ni a los dioses, no codiciar ni lo deshonesto ni lo excesivo, poseer el máximo dominio de sí mismo. Es un bien inestimable llegar a la propia posesión».[5] Cuando Séneca menciona «poseer el máximo dominio de sí mismo», se refiere, al menos en parte, a la libertad de ser capaz de emitir juicios sensatos, lo contrario de estar esclavizado por las creencias falsas y el condicionamiento social negativo.

Para el estoico, la libertad suprema se alcanza mediante la capacidad de hacer juicios sensatos. Solo entonces «seremos dueños de nosotros mismos» de verdad. Solo entonces poseeremos la auténtica libertad y autosuficiencia. Solo entonces seremos capaces de despreciar la Fortuna y no permitir que nuestra felicidad mental dependa de los acontecimientos aleatorios que escapan a nuestro control.

La autosuficiencia y la vida feliz: elevarse por encima de la fortuna y el azar

> Es menester, entonces, escapar hacia la libertad. Esta no la procura ninguna otra cosa más que la indiferencia ante la suerte.
>
> Séneca, *Sobre la vida feliz* 4.4-5

La manera en que alguien llega a ser libre o autosuficiente es elevándose por encima de la Fortuna. Cuanta más importancia concedamos a las cosas externas que exceden nuestro control, menos libres seremos. La codicia ciega, observa Séneca, nos impele a buscar cosas que jamás nos satisfarán. Si esa clase de cosas externas *pudieran* satisfacernos, ya lo habrían hecho. Pero, como él señala, a menudo «no pensamos cuán agradable es no pedir nada, cuán magnífico tener la plenitud y no depender de la fortuna».[6] Escribe al respecto: «Podría mostrarte muchos obsequios cuya adquisición y aceptación nos ha arrebatado la libertad. Seríamos dueños de nosotros si ellos no fueran nuestros».[7]

La alternativa a buscar la felicidad en las cosas externas es percatarnos de que nuestros auténticos bienes, las verdaderas fuentes de felicidad, moran en nuestro interior. La gente persigue placeres interminables en el mundo exterior, en cosas que brillan y resplandecen. Pero esos objetos resplandecientes nunca resultan satisfactorios a largo plazo. En contraste, el cultivo de un buen carácter reporta felicidad perdurable, al tiempo que nos sigue permitiendo apreciar el valor de las cosas externas por lo que son. Ello permite al estoico o, para el caso, a cualquier individuo sentirse realizado por entero.

Séneca describe el viaje hacia la autosuficiencia y la realización de múltiples maneras, a veces recurriendo a metáforas coloristas. Lo describe como un ascenso, como la escalada de una montaña. Una vez alcanzada la cima, somos capaces de «contemplar desde arriba las cosas de la Fortuna», pues ya no nos hallamos bajo su hechizo desde el punto de vista mental ni psicológico. Antes bien, somos libres. En una dramática imagen, Séneca describe esta clase de autosuficiencia como proveedora de una protección total contra los ataques de la Fortuna, «porque los restantes dardos de ella, que hacen sucumbir al género humano, rebotan en él a la manera del granizo que, caído sobre el tejado, sin perjuicio alguno para sus moradores, cruje y se disuelve».[8]

Para Séneca, «alcanzar la cima» significa descubrir la fuente de la auténtica felicidad. Asimismo, implica poseer un gozo interior que nadie podría arrebatarnos jamás: «He dicho que este es el fundamento; es la cúspide. Ha llegado a la perfección quien sabe de qué gozar, quien no ha dejado su felicidad al arbitrio ajeno».[9]

Es importante advertir, sin embargo, que este sentimiento de autosuficiencia no significa mantenerse distante de los demás ni ser insensible. Para Séneca, el sabio estoico destaca por su bondad humana. Asimismo, no quiere decir que no debamos apreciar las cosas que poseemos en el mundo. El sabio apreciará y usará todos los regalos de la Fortuna que pueda poseer, mas no dependerá de tales cosas para ser feliz. Además de atesorar a nuestros seres queridos, deberíamos hacer pleno uso de los regalos de la Fortuna que poseamos en el momento, pero con conciencia de que todas esas cosas son préstamos del universo. No se hallan bajo nuestro completo control. La persona autosuficiente puede apreciarlo todo en profundidad, pero no depende de los acontecimientos ni las posesiones externas para experimentar la felicidad perdurable. La felicidad del estoico dimana del interior, de la posesión de un carácter excelente.

Una vez que el estoico comienza a vivir «una vida ya plena», en ese momento, es de verdad dueño de sí mismo y ha alcanzado un estado de libertad interior. En lugar de esperar a la muerte para «completar» la vida, el estoico debería completar la vida ahora. Si vivimos con paz y serenidad en el presente, no necesitamos inquietarnos acerca del futuro. En ese estado, nos habremos encontrado a nosotros mismos. Al vivir plenamente «en casa», el estoico puede pasarse entonces el resto de sus días gozando de la felicidad, que nadie podrá arrebatarle. Como Séneca le recomienda a Lucilio: «Piensa cuán hermosa es la gesta de consumar la vida antes de la muerte, para luego esperar con calma el tiempo que a uno le resta de vida, sin reservar nada para sí, una vez afianzado en la posesión de la vida feliz».[10] La idea de vivir «una vida ya completa» se halla en íntima relación con la idea de Séneca de vivir cada día como si fuese el último, o «procurar vivir cada día como si fuese una vida completa», examinada en el capítulo 11. El resultado final de ambas estrategias es la sensación de libertad, de vivir con plenitud en el presente y carecer de ansiedad.

Dicho de otro modo, la vida feliz se halla presente por completo, aquí y ahora, si optamos por reclamarla. Ahora bien, al buscarla en otros lugares o en otras cosas, las personas pierden la libertad de la confianza inquebrantable y la paz que bien podrían gozar.[11]

Gozo estoico y felicidad perdurable

> Créeme, el gozo verdadero es cosa seria.
>
> Séneca, *Epístolas* 23.4

> Deseas llegar [al gozo], pero yerras el camino, ya que confías alcanzar ese objetivo en medio de las riquezas, en medio de los honores; es decir que buscas el gozo en medio de los afanes. Estas cosas que tú ambicionas, convencido de que te proporcionarán alegría y placer, son fuente de dolor.
>
> Séneca, *Epístolas* 59.14

Para los estoicos y los demás filósofos griegos, la verdadera felicidad, *eudaimonía*, difería de forma significativa de la idea moderna de felicidad. En nuestros días, la felicidad se concibe como un sentimiento transitorio, un estado de ánimo o un estado emocional pasajero. Para los griegos, sin embargo, la *eudaimonía* era una excelencia de carácter perdurable, «un estado de espíritu duradero, continuo y relativamente estable».[12] Esa diferencia esencial entre las concepciones moderna y antigua ayuda a explicar por qué los antiguos filósofos se tomaban tan en serio la felicidad.

Para Séneca, «la auténtica tranquilidad es aquella en la que se desarrolla la sabiduría».[13] El resultado de tener un carácter excelente, que surge de la virtud, es la «constancia del gozo». Como Séneca advierte a Lucilio: «Tienes, pues, un motivo más para aspirar a la sabiduría: que ella jamás está desprovista de gozo. Gozo este que brota únicamente del sentimiento íntimo de nuestras virtudes. No puede gozar sino el fuerte, el justo, el temperante».[14]

Todos poseemos en nuestro interior las semillas de estas (y otras) virtudes, pero, para que florezcan con plenitud, necesitan el cultivo. Como un jardín, nuestro carácter requiere el cuidado. En este proceso, necesitamos asimismo ejercitar la racionalidad. Hemos de arrancar nuestras opiniones y juicios falsos, muchos de los cuales se nos ha alentado a abrazar de un modo inconsciente, en virtud del condicionamiento social. Esto incluye extirpar de nuestra mente cosas que no son de verdad «nuestras»: cosas tales como el miedo, la angustia, las falsas promesas de la sociedad, el deseo de placeres vacuos, el dolor y el sufrimiento emocional que dimanan de las creencias falsas. Como advierte Séneca: «[Nuestra alma] nunca es más noble que cuando ha desterrado los cuidados externos y se ha procurado la paz alejando los temores y las riquezas, alejando los deseos».[15]

Al eliminar esas cosas que no son nuestras, y al forjar un carácter estable basado en los juicios sensatos, se obra una transformación extraordinaria de la personalidad, que resulta en el gozo perdurable. Séneca explica:

> La consecuencia es la perpetua tranquilidad, la libertad, una vez erradicado lo que nos irrita o nos aterra; en efecto, con los placeres y dolores dejados de lado, en vez de ellos, que son mezquinos y caducos y culpables ellos mismos de su propia aversión, sobreviene un inmenso contento, inquebrantable y constante, además, paz y concordia del espíritu, y magnanimidad acompañada de mansedumbre; pues toda clase de fiereza proviene de la inestabilidad.[16]

A mi juicio, en este pasaje, Séneca nos brinda la descripción más detallada y convincente de la meta final del entrenamiento estoico. Asimismo, nos devuelve a la metáfora del Sol y las nubes, mencionada al final del capítulo 3.

Cuando llegamos a ser autosuficientes desde el punto de vista psicológico y experimentamos el gozo estoico, nuestra personalidad deviene estable y radiante. De esta guisa, se asemeja metafóricamente al Sol, siempre brillante, incluso cuando flotan por debajo de él nubes que podrían tapar por un momento su luz.[17]

Séneca nos dice que los estoicos más avanzados experimentarán a veces pequeñas perturbaciones. Como todo el mundo, el sabio estoico desarrollado en plenitud compartirá los sentimientos humanos normales y las respuestas instintivas, y se sobresaltará por los sucesos inesperados. No obstante, esas perturbaciones serán temporales, al igual que las nubes que flotan frente la faz del Sol. Gracias a su firmeza de carácter, el estoico «regresará a casa» rápido, a un estado de armonía interior, gozo y serenidad.

AGRADECIMIENTOS

Gracias a Giles Anderson, Quynh Do y Alane Mason por hacer realidad este libro, y a Nancy Green por su excelente labor de edición. Digno de especial encomio es también el equipo de Norton por su increíble trabajo: Drew Elizabeth Weitman, Rebecca Munro, Elisabeth Kerr, Nicola DeRobertis-Theye y Jason Heuer.

Estoy agradecido a John Sellars, Donald Robertson y Massimo Pigliucci por las interesantes conversaciones que mantuve con ellos mientras escribía esta obra. Huelga decir que ellos no son responsables de mis ideas. También quiero expresar mi agradecimiento a William O. Stephens por sus observaciones sobre la introducción y el capítulo 1, y a Rob Colter por sus comentarios sobre el manuscrito entero. Aprecio asimismo las sugerencias recibidas de Kai Whiting, Judith Stove y Sandra Muratović.

Las citas filosóficas estoicas de este libro han sido traducidas por mí para la ocasión, en colaboración con Elizabeth Mercier, profesora de Latín y Griego en la Universidad Purdue. Trabajar con Liz para construir un puente entre el pensamiento de Séneca y el mundo actual ha supuesto una empresa memorable. Ambos confiamos en que disfrutes estas recientes traducciones de Séneca y, lo que es más importante, el acceso que ofrecen a sus ideas y argumentos que hoy siguen vivos.

APÉNDICE
EJERCICIOS FILOSÓFICOS ESTOICOS

Los estoicos eran filósofos que basaban sus ideas y conclusiones en el pensamiento racional. Dicho esto, al igual que otras escuelas filosóficas de la Antigüedad, practicaban diversos ejercicios para reforzar sus ideas. También utilizaban las meditaciones con fines terapéuticos, para replantear psicológicamente las situaciones y reducir el sufrimiento humano. Otras meditaciones se centraban en el recuerdo de los procesos naturales y de nuestra propia relación con la totalidad.

A continuación se presenta una breve lista de ejercicios filosóficos que podemos encontrar en los escritos de los estoicos romanos. Algunos los adoptaron de filósofos precedentes. Muchos de ellos, pero no todos, se comentan en este libro. Para profundizar en el tema, véase *Stoic Spiritual Exercises* (Ejercicios espirituales estoicos) de Elen Buzaré.

Recuerda la dicotomía del control. Unas cosas dependen de nosotros y otras no. Pon el foco de atención en aquello que depende de ti, como desarrollar un buen carácter, y no en las cosas del azar o la fortuna que escapan a tu control.

Recuerda el papel del juicio. No son las cosas mismas las que nos afligen. Son nuestros juicios u opiniones acerca de las cosas los que causan sufrimiento.

Contemplación del sabio. Imagina que un sabio como Sócrates vigila tus acciones. Si te enfrentas a una situación difícil, pregúntate cómo respondería a ella el sabio.

Diario filosófico. Crea tu propio cuaderno personal de meditaciones y enseñanzas estoicas, a la manera de Marco Aurelio, como recordatorios para ti mismo. Coge ideas centrales del estoicismo y reformúlalas, expresándolas en tus propias palabras, o explica en tu diario cómo podrías aplicarlas.

La revisión diaria. Al final de cada día, reflexiona sobre tus acciones. Hazte estas preguntas: ¿qué he hecho bien?, ¿qué he hecho mal?, ¿cómo podría mejorar?, ¿qué he dejado inacabado?

Transforma la adversidad en algo mejor. Cuando te encuentres frente a la adversidad, transfórmala en algo mejor. Siempre puedes crear bondad en cualquier situación si respondes a ella con virtud.

Premeditación de la adversidad. Ensaya de forma breve en tu mente cualesquiera adversidades a las que podrías enfrentarte en el futuro. Luego deja marchar esos pensamientos. Al contemplar de antemano las adversidades, las despojarás de su poder si llegan a acontecer en realidad.

La cláusula de reserva estoica. Cuando emprendas un proyecto, partas de viaje o hagas un plan, dite a ti mismo: «... si el destino lo permite». Ten presente que, pese a tus mejores intenciones, algo que escape a tu control podría interferir en tus planes.

Contemplación de la totalidad. Sé consciente de que eres tan solo una parte ínfima del universo entero, pero formas parte de él. Expande tu mente por un momento para abarcar el cosmos en su integridad y experimenta tu conexión con la totalidad.

La visión desde arriba. Imagínate que estás muy por encima de la Tierra en el espacio y la observas desde arriba. Recuerda entonces cuán pequeños son en realidad tus problemas personales en el gran esquema de las cosas.

Contemplación del cambio. Medita sobre cómo todas las cosas en la naturaleza se hallan en constante cambio y cómo todo experimenta una continua transformación en períodos de tiempo breves o largos.

Contemplación de la transitoriedad. Sé consciente de que todo cuanto tienes es un préstamo. Recuerda que está bien apreciar los dones de la fortuna mientras se nos conceden en préstamo, pero un día los devolveremos.

Memento mori. Reflexiona sobre tu propia mortalidad, sobre la mortalidad de aquellos a los que amas y sobre la muerte como la mera fase natural final del estar vivo. Agradece el tiempo que te queda y esmérate en emplearlo con sabiduría.

Vive con gratitud. Sé consciente cada día de que todo cuanto tenemos es un don del universo. Al final de la vida, vuelve a contemplar tu vida entera como un regalo, con un sentimiento de gratitud.

Vive en el presente. No dejes que tu mente se adelante y se preocupe por el futuro, porque esa es una fuente de ansiedad. En lugar de ello, planifica el futuro de forma racional y recuerda que el momento presente es todo cuanto poseemos. Si empiezas a sentir ansiedad, sé consciente de ello y devuelve tu atención al momento presente. Recuerda que, cuando lleguen los acontecimientos futuros, los afrontarás con la misma racionalidad que tienes hoy.

Actúa en pro del bien común. Recuérdate a ti mismo que formas parte de la comunidad humana entera y que todos hemos nacido para ayudarnos mutuamente. Recuerda obrar en pro del bien de los demás.

Sopesa tus impresiones con cuidado. No tomes las cosas al pie de la letra ni hagas juicios precipitados. Da un paso atrás y sopesa con atención las evidencias antes de formarte una opinión. Si careces de suficientes pruebas sólidas, no emitas juicio alguno.

NOTAS

Prefacio

1. Séneca, *Epístolas* 104.26.

2. Séneca, *Epístolas* 5.4.

3. Massimo Pigliucci, *How to Be a Stoic: Using Ancient Philosophy to Live a Modern Life*, Nueva York, Basic Books, 2017, pág. 230 (trad. cast.: *Cómo ser un estoico: utilizar la filosofía antigua para vivir una vida moderna*, Barcelona, Ariel, 2018).

Introducción. Una vida verdaderamente digna de ser vivida

1. Véase JoŸ Sellars, *The Art of Living: The Stoics on the Nature and Function of Philosophy*, Londres, Bristol Classical Press, 2009, capítulo 2, «The Socratic Origins of the Art of Living».

2. Para hacerse una idea de cómo era esa *stoa*, que albergaba pinturas, véase el dibujo en <https://www.stoicinsights.com/about-stoicism/>.

3. Epicuro, citado y traducido por Martha Nussbaum en *The Therapy of Desire: Theory and Practice in Hellenistic Ethics*, Princeton, Princeton

University Press, 1994, pág. 13 (trad. cast.: *La terapia del deseo: teoría y práctica de la ética helenística*, Barcelona, Paidós, 2013).

4. Séneca, *Epístolas* 8.2. Sobre la comparación de la filosofía antigua con un arte médico y «el arte de vivir», véase JoŸ Sellars, *The Art of Living*, capítulos 2 y 3.

5. Séneca, *Epístolas* 76.16.

6. Estoy agradecido a Massimo Pigliucci por señalar este sentido más matizado del término *eudaimonía*, específicamente aplicable a los estoicos.

7. Mientras que Platón y Aristóteles prepararon el terreno analizando las responsabilidades cívicas y cómo mejorar la vida de la ciudad-estado, los estoicos fueron más allá enfatizando la hermandad de toda la humanidad a escala mundial. Séneca aseguraba que, de todas las escuelas filosóficas, los estoicos profesaban el mayor amor por la humanidad en su conjunto. En sus *Meditaciones,* Marco Aurelio también se recordaba constantemente a sí mismo que todas sus acciones debían procurar contribuir al bien común de la sociedad.

8. Emily Wilson, *The Greatest Empire: A Life of Seneca*, Nueva York, Oxford University Press, 2014 (trad. cast.: *Séneca*, Madrid, Rialp, 2016). Otra biografía de Séneca es la de James Romm, *Dying Every Day: Seneca at the Court of Nero*, Nueva York, Knopf, 2014. La tarea casi imposible de escribir una biografía precisa de Séneca obedece al hecho de que los historiadores romanos, para los estándares modernos, son con frecuencia muy poco fiables. Lamentablemente, no contamos con testimonios de primera mano de la vida de Séneca escritos por personas que le conocieran. El relato sobre Séneca escrito por Dion Casio (c. 155-c. 235) en su *Historia romana*, que parece ser el menos fiable, fue escrito más de un siglo después de la muerte de Séneca. La versión de Tácito (c. 56-c. 120) en sus *Anales* parece ser harto más sólida.

9. Tácito, *Anales* 15.62.

10. Esta frase de Sócrates era una de las predilectas de los estoicos

romanos. Epicteto la cita al final de su «manual»; Véase Epicteto, *Enquiridión* 53.4. A otro senador romano, Trásea Peto, que fue otro estoico condenado a muerte por Nerón, se le atribuyen estas palabras: «Nerón puede matarme, pero no puede hacerme daño». Véase Emily Wilson, *The Greatest Empire*, pág. 154.

11. Séneca, *Epístolas* 123.6.

12. Séneca, *Epístolas* 122.14.

13. Séneca, *Epístolas* 115.9.

14. Como ha observado Brad Inwood, Séneca fue «un exponente original e innovador» de la filosofía estoica, «cuya contribución distintiva parece ser su sensibilidad hacia el valor de las experiencias de primera mano en ética y psicología moral». Inwood, *Reading Seneca: Stoic Philosophy at Rome*, Oxford, Clarendon Press, 2005, pág. 3.

1. El arte perdido de la amistad

1. Séneca, *Epístolas* 48.2-3. Séneca escribió asimismo una obra *Sobre la amistad*, de la que solo se conservan algunos fragmentos breves. Acerca del tema de la amistad en Séneca, con abundantes citas, véase Anna Lydia Motto y JoŸ R. Clark, «Seneca on Friendship», *Atena e Roma*, n.º 38, 1993, págs. 91-96.

2. Séneca, *Epístolas* 106.12.

3. Según el estoico Aristón, citado por Séneca en *Epístolas* 94.16, a menos que alguien padezca una enfermedad médica, toda «locura» o sufrimiento mental se origina al mantener opiniones falsas. Séneca compartía esa opinión. En *Sobre la tranquilidad del espíritu*, acude a Séneca su amigo Sereno como si Séneca fuese un médico. Sereno, el paciente, explica su sufrimiento mental, y Séneca responde como un terapeuta filosófico para curar su dolencia. Para una carta que se asemeja mucho a una sesión

de terapia cognitiva entre Lucilio y Séneca, véase *Epístolas* 24. Lucilio está inquieto porque ha sido declarado blanco de una demanda judicial; Séneca pretende ayudar a Lucilio a superar su inquietud empleando una estrategia terapéutica paso a paso.

4. Séneca, *Epístolas* 40.1.

5. Séneca, *Epístolas* 9.12. Según Cicerón, los estoicos creían que la amistad debía perseguirse por su valor intrínseco, no por lo que puede conseguirse de una amistad en un sentido utilitarista (Cicerón, *Del supremo bien y del supremo mal* 3.70).

6. Véase JoŸ M. Cooper, «Aristotle on the Forms of Friendship», *The Review of Metaphysics*, vol. 30, n.º 4, 1977, pág. 648.

7. Véase Nancy Sherman, «Aristotle on Friendship and the Shared Life», *Philosophical and Phenomenological Research*, vol. 47, n.º 4, 1987, pág. 610.

8. Séneca, *Epístolas* 6.1.

9. Séneca, *Epístolas* 6.1.

10. Un resumen de Platón, *Banquete* 203e-204a.

11. Diógenes Laercio, *Vidas y opiniones de los filósofos ilustres* 6.54.

12. Para las evidencias, véase JoŸ Sellars, *The Art of Living: The Stoics on the Nature and Function of Philosophy*, Londres, Bristol Classical Press, 2009, págs. 59-64.

13. Para profundizar en la dicotomía entre el sabio y los no sabios, véase JoŸ Sellars, *The Art of Living*, o. cit., págs. 59-64; Sellars, *Stoicism*, Londres, Routledge, 2014, págs. 36-41, y Tad Brennan, *The Stoic Life: Emotion, Duties, and Fate*, Oxford, Oxford University Press, 2005, capítulo 4. El filósofo actual Lawrence C. Becker tachaba asimismo de «insostenible» la idea estoica temprana de que la virtud era una cuestión de todo o nada, junto con la estricta línea divisoria entre sabios y no sabios. Véase Becker, *A Modern Stoicism*, 2.ª ed., Princeton, Princeton University Press, 2017, págs. 132 y ss.

14. Introducción a Séneca, *Letters on Ethics to Lucilius*, traducido por Margaret Graver y A. A. Long, Chicago, University of Chicago Press, 2015, pág. xx.

15. Las evidencias sugieren que Zenón, el fundador del estoicismo, identificaba asimismo a Sócrates como un sabio. Véase René Brouwer, *The Stoic Sage: The Early Stoics on Wisdom, Sagehood and Socrates*, Cambridge, Cambridge University Press, 2014, págs. 109 y 164.

16. Emily Wilson, *The Greatest Empire: A Life of Seneca*, Nueva York, Oxford University Press, 2014, pág. 146 (trad. cast.: *Séneca*, Madrid, Rialp, 2016).

17. Séneca, *Epístolas* 57.3.

18. Séneca, *Epístolas* 71.36.

19. Sobre lo que Marco Aurelio trataba de lograr en las *Meditaciones*, véase JoŸ Sellars, *Marcus Aurelius*, Londres, Routledge, 2021, págs. 20-36. Como han apuntado William O. Stephens y otros, un título mejor para las *Meditaciones* de Marco Aurelio podría ser *Memorandos*, pues la obra consiste en notas para sí mismo acerca de los principios estoicos que debía recordar en su día a día. Stephens, *Marcus Aurelius*, Nueva York, Continuum, 2012, pág. 2.

20. Séneca, *Sobre la ira* III.36.3-4.

2. Valora tu tiempo: no postergues la vida

1. Séneca, *Epístolas* 1.1.
2. Séneca, *Epístolas* 1.2.
3. Séneca, *Cuestiones naturales*, Libro III Prefacio 2.
4. Séneca, *Sobre la brevedad de la vida* 2.1 y 1.3.
5. Séneca, *Sobre la brevedad de la vida* 2.1-2.2.
6. Séneca, *Epístolas* 3.5.

7. Séneca, *Epístolas* 106.1 y 22.8.

8. Séneca, *Sobre la tranquilidad del espíritu* 12.2-3.

9. Séneca, *Sobre la brevedad de la vida* 3-5.

10. Zenón, citado por Diógenes Laercio, *Vidas y opiniones de los filósofos ilustres* 7.121-122.

11. Sobre las metáforas estoicas de la esclavitud y la libertad, véase la introducción de A. A. Long a Epictetus [Epicteto], *How to Be Free: An Ancient Guide to the Stoic Life*, Princeton, Princeton University Press, 2018. Para el uso de estas metáforas en Séneca, véase Catharine Edwards, «Free Yourself! Slavery, Freedom, and the Self in Seneca's Letters», en S. Bartsch y D. Wray (comps.), *Seneca and the Self*, Cambridge, Cambridge University Press, 2009, págs. 139-159.

12. Séneca, *Epístolas* 22.11.

13. Epicteto, *Disertaciones* II.1.22.

14. Epicteto, *Disertaciones* IV.1.113.

15. Séneca, *Sobre la brevedad de la vida* 9.1.

16. Séneca, *Sobre la brevedad de la vida* 14.1.

17. Séneca, *Sobre la brevedad de la vida* 14.1-2. Para profundizar en la idea de Séneca de una comunidad atemporal de sabios, véase la conclusión en Catharine Edwards, «Absent Presence in Seneca's Epistles: Philosophy and Friendship», en Shadi Bartsch y Allesandro Schiessaro (comps.), *The Cambridge Companion to Seneca*, Nueva York, Cambridge University Press, 2015, págs. 41-53.

18. Séneca, *Sobre la brevedad de la vida* 15.2.

19. Séneca, *Epístolas* 62.2. En su obra perdida *Sobre el matrimonio*, de la que solo se conservan algunos fragmentos, Séneca decía que el sabio jamás se sentirá solo porque tendrá muchos amigos del pasado. Véase Liz Gloyn, *The Ethics of the Family in Seneca*, Cambridge, Cambridge University Press, 2017, pág. 222.

20. Séneca, *Sobre la brevedad de la vida* 15.5-16.1.

3. Cómo superar la angustia y la ansiedad

1. Séneca, *Epístolas* 5.8.

2. Marco Aurelio, *Meditaciones* 4.7.

3. Séneca, *Epístolas* 101.8.

4. Marco Aurelio, *Meditaciones* 12.26. Sobre Marco Aurelio como lector de Séneca, véase JoŸ Sellars, *Marcus Aurelius*, Londres, Routledge, 2021, pág. 12.

5. Paráfrasis de Séneca, *Epístolas* 89.1.

6. Séneca, *Epístolas* 13.13.

7. Séneca, *Epístolas* 78.13.

8. Séneca, *Epístolas* 44.7.

9. Séneca, *Epístolas* 13.4.

10. Marco Aurelio, *Meditaciones* 7.8.

11. Séneca, *Epístolas* 13.8-9.

12. Epicteto, *Enquiridión* V.

13. Citado en Donald Robertson, «The Stoic Influence on Modern Psychotherapy», en JoŸ Sellars (comp.), *The Routledge Handbook of the Stoic Tradition*, Londres, Routledge, 2017, pág. 375. Robertson es un terapeuta cognitivo conductual que ha estudiado el estoicismo en profundidad. Su primera obra (2010) sobre las relaciones entre el estoicismo y la TCC se titula *The Philosophy of Cognitive-Behavioural Theraphy (CBT): Stoic Philosophy as Rational and Cognitive Psychotherapy*, 2.ª ed., Londres, Routledge, 2020. Su libro más reciente, *How to Think Like a Roman Emperor: The Stoic Philosophy of Marcus Aurelius*, Nueva York, St. Martin's Press, 2019 (trad. cast.: *Piensa como un emperador romano*, México, Planeta, 2020), explora los paralelismos entre el pensamiento de Marco Aurelio y la terapia cognitiva conductual, amén de otros temas.

14. Séneca, *Epístolas* 5.7.

15. Séneca, *Epístolas* 5.8.

16. Epicteto, *Enquiridión* V.
17. Séneca, *Epístolas* 92.18.
18. Séneca, *Epístolas* 27.3.

4. El problema de la ira

1. Séneca, *Sobre la ira* I.1.2.

2. Las páginas web de la Asociación Estadounidense de Psicología que abordan el manejo de la ira se solapan aproximadamente con el 95 por ciento de los consejos de Séneca en su libro *Sobre la ira*. Véanse «Controlling Anger Before It Controls You» (<https://www.apa.org/topics/anger/control>) y «Strategies for Controlling Your Anger: Keeping Anger in Check» (<https://www.apa.org/topics/strategies-controlling-anger>).

3. Séneca, *Sobre la ira* I.1.3-4.
4. Séneca, *Sobre la ira* II.36.6.
5. Séneca, *Sobre la ira* III.1.4.
6. Séneca, *Sobre la ira* III.1.5.
7. Séneca, *Sobre la ira* I.2.1.
8. Séneca, *Sobre la ira* II.36.5-6.
9. Séneca, *Sobre la ira* I.5.3.
10. Séneca, *Sobre la ira* I.19.1.
11. Séneca, *Epístolas* 71.27.
12. Epicteto, *Disertaciones* III.2.4.
13. Séneca, *Sobre la clemencia* II.5.3.

14. Séneca, *Sobre la ira* I.10.2. En mi interpretación de las cuatro clases primarias de emociones reconocidas por los estoicos sigo a JoŸ Sellars, «Stoicism and Emotions», en Patrick Ussher (comp.), *Stoicism Today: Selected Writings*, vol. 2, CreateSpace, 2016, págs. 43-48.

15. Crisipo, uno de los primeros estoicos griegos más importantes e influyentes, en su obra perdida *Sobre las pasiones* o *Sobre los afectos*, había explicado que las pasiones se originan en los juicios incorrectos y se asemejan a formas de enfermedad mental. Describió asimismo una terapia de las pasiones. Véase al respecto Teun Tieleman, *Chrysippus' On Affections: Reconstruction and Interpretation*, Leiden, E. J. Brill, 2003, pág. 132 y capítulo 4.

16. Margaret R. Graver, «Action and Emotion», en Gregor Damschen y Andreas Heil (comps.), *The Brill Companion to Seneca: Philosopher and Dramatist*, Leiden, E. J. Brill, 2014, pág. 272.

17. Para un estudio más importante de la psicología estoica durante toda la tradición, véase Margaret R. Graver, *Stoicism and Emotion*, Chicago, University of Chicago Press, 2014.

18. Séneca bosqueja la teoría cognitiva de la emoción en tres pasos en *Sobre la ira* 2.4.1-2. En lo que atañe a los «tres movimientos», sigo la interpretación de Robert A. Kaster, introducción a Seneca, *On Anger*, en Seneca, *Anger, Mercy, and Revenge*, University of Chicago Press, 2010, págs. 6-8, y Brad Inwood, *Reading Seneca: Stoic Philosophy at Rome*, Nueva York, Oxford University Press, 2005, págs. 61-63.

19. Séneca, *Sobre la ira* II.4.2.

20. Séneca, *Sobre la ira* II.29.1.

21. Séneca, *Sobre la ira* II.22.2.

22. Epicteto, *Disertaciones* I.20.7.

23. Rollo May, *The Courage to Create*, Nueva York, W. W. Norton, 1975, pág. 100.

24. Séneca, *Sobre la ira* II.1.4.

25. Séneca, *Sobre la ira* I.8.1-2.

26. Séneca, *Epístolas* 116.3.

27. American Psychological Association [Asociación Estadounidense de Psicología], «Controlling Anger Before It Controls You», sec-

ción sobre «Strategies to Keep Anger at Bay» [«Estrategias para mantener a raya la ira»]. <https://www.apa.org/topics/anger/control>.

28. Epicteto, *Enquiridión* XXX.

29. Marco Aurelio, *Meditaciones* 12.25.

30. Séneca, *Sobre la ira* II.10.7.

5. Dondequiera que vayas, ahí estás: no puedes escapar de ti mismo

1. Séneca, *Epístolas* 28.1.

2. Al inicio de la Epístola 104, Séneca describe cómo viajó a su villa de Nomento, a dieciocho millas de Roma, porque cayó enfermo y tenía fiebre. Pero, una vez que hubo abandonado la atmósfera pesada de la ciudad y llegó a la villa, experimentó enseguida una mejoría.

3. Séneca, *Epístolas* 17.12.

4. Séneca, *Epístolas* 104.8.

5. Séneca, *Epístolas* 104.7.

6. Séneca, *Epístolas* 2.1.

7. Séneca, *Epístolas* 2.2.

8. Séneca, *Epístolas* 89.23.

9. Séneca, *Epístolas* 16.9.

10. Séneca, *Epístolas* 69.1.

11. Séneca, *Epístolas* 35.4.

12. Puedes encontrar una traducción al inglés de *On Leisure (Sobre el ocio)* en Seneca, *Hardship and Happiness*, Chicago, University of Chicago Press, 2014, págs. 219-232.

13. Séneca, *Sobre la tranquilidad del espíritu* 2.14.

14. M. Andrew Holowchak, *The Stoics*, Nueva York, Continuum, 2008, pág. 185.

15. Séneca, *Epístolas* 28.4.
16. Séneca, *Epístolas* 55.8.
17. Séneca, *Epístolas* 23.7-8.
18. Séneca, *Epístolas* 71.2-3.
19. Séneca, *Epístolas* 71.2.

6. Cómo dominar la adversidad

1. Séneca, *Epístolas* 91.1.
2. Séneca, *Epístolas* 91.6.
3. Jack Malvern, «Stuck at Home, Stoic Britons Get Philosophical», *The Times*, 23 de abril de 2020. <https://www.thetimes.co.uk/article/stuck-at-home-stoic-britons-get-philosophical-boh7jdnrb>.
4. La expresión *dicotomía del control* fue acuñada por el filósofo estoico contemporáneo William B. Irvine en su libro *A Guide to the Good Life: The Ancient Art of Stoic Joy*, Oxford, Oxford University Press, 2009, págs. 86-89. El eminente estudioso de la filosofía antigua A. A. Long cree que esta idea, como una premisa ética, en última instancia «se remonta a Sócrates en la *Apología* de Platón, donde este afirma que ningún daño puede sobrevenirle al hombre bueno en la vida ni en la muerte, lo cual implica que la virtud depende de nosotros, y que la felicidad es inmune a la fortuna» (comunicación personal).
5. Para Séneca, la Fortuna era semejante a un poder cósmico, por lo que con frecuencia la escribo con mayúscula en este libro, junto con otros términos estoicos que se refieren a poderes cósmicos, tales como *Naturaleza, Destino* y *Logos* (razón o racionalidad).
6. Séneca, *Epístolas* 76.16.
7. Séneca, *Epístolas* 66.23.
8. Séneca, *Epístolas* 74.1. Véase también *Epístolas* 74.5-6.

9. Séneca, *Epístolas* 98.2.

10. Epicteto, *Disertaciones* III.24.112.

11. Séneca, *Epístolas* 44.2.

12. Séneca, *Epístolas* 91.3-4.

13. Séneca, *Epístolas* 24.15.

14. Séneca, *Epístolas* 78.29.

15. Séneca, *Sobre la vida feliz* 15.5.

16. El filósofo griego del estoicismo temprano Crisipo escribió: «Un golpe que no ha sido previsto nos afecta con más dureza» (citado en Cicerón, *Disputaciones tusculanas* 3.52). Para un estudio de la premeditación de la adversidad en el estoicismo y en Séneca, véase Mireille Armisen-Marchetti, «Imagination and Meditation in Seneca: The Example of the *Praemeditatio*», en JoŸ G. Fitch (comp.), *Oxford Readings in Classical Studies: Seneca*, Oxford, Oxford University Press, 2008, págs. 102-103.

17. Marco Aurelio, *Meditaciones* 2.1.

18. Séneca, *Epístolas* 76.35.

19. Séneca, *Cuestiones naturales*, Libro IVB.13.11.

20. Séneca, *Sobre la providencia* 5.9.

21. Séneca, *Sobre la providencia* 3.3.

22. Séneca, *Epístolas* 67.14.

23. Séneca, *Sobre la providencia* 2.6.

24. Epicteto, *Disertaciones* I.24.1-2.

25. Séneca, *Sobre la providencia* 4.6.

26. Séneca, *Sobre la providencia* 2.4.

27. Séneca, *Epístolas* 85.41.

28. Epicteto, *Enquiridión* XVIII.

29. Marco Aurelio, *Meditaciones* 6.50.

30. Séneca, *Epístolas* 45.9.

31. Marco Aurelio, *Meditaciones* 5.20 (traducción de Gregory Hayes).

7. Por qué no deberías quejarte jamás

1. Séneca, *Sobre la ira* III.6.3.

2. Citado por Peter Bregman, «The Next Time You Want to Complain at Work, Do This Instead», *Harvard Business Review*, 17 de mayo de 2018. <https://hbr.org/2018/05/the-next-time-you-want-to-complain-at-work-do-this-instead>.

3. Bregman, «The Next Time You Want to Complain at Work, Do This Instead».

4. Will Bowen, «A Complaint Free World». <https://www.willbowen.com/complaintfree/>.

5. Epicteto, *Disertaciones* II.18.13.

6. Guy Winch, «How to Deal with Chronic Complainers: What They Want and What They Need Are Very Different Things», *Psychology Today*, 15 de julio de 2011. <https://www.psychologytoday.com/intl/blog/the-squeaky-wheel/201107/how-deal-chronic-complainers>.

7. Véase Ario Dídimo, *Epítome de ética estoica*: «vive de acuerdo con la naturaleza» (6b) y «la felicidad es un suave flujo de vida» (6e). Compárese asimismo con Diógenes Laercio, *Vidas y opiniones de los filósofos ilustres* 7.87-89.

8. En su libro *Determinism and Freedom in Stoic Philosophy* (Oxford, Oxford University Press, 2001), Susanne Bobzien ha recopilado evidencias y fuentes antiguas que confirman este extremo. Véase también el artículo de Mikolaj Domaradzki, «Theological Etymologizing in the Early Stoa», *Kernos*, n.º 25, 2012, págs. 125-148, sobre todo la página 134. <https://journals.openedition.org/kernos/2019>.

9. Albert Einstein, «Religion and Science» (*New York Times Magazine*, 9 de noviembre de 1930), reimpreso en Albert Einstein, *Ideas and Opinions*, Nueva York, Modern Library, 1994, pág. 42 (trad. cast.: *Mis ideas y opiniones*, Madrid, El País, 2010).

10. Albert Einstein, «Science and Religion» (discurso en el Seminario Teológico de Princeton, 19 de mayo de 1939, en Einstein, *Ideas and Opinions*, págs. 52-53 (trad. cast.: *Mis ideas y opiniones*, Madrid, El País, 2010).

11. Epicteto, *Enquiridión* VIII.

12. A. A. Long y D. N. Sedley, *The Hellenistic Philosophers*, vol. 1, 62A, Cambridge, Cambridge University Press, 1987, pág. 386. Se cuenta que la historia del perro y el carro fue utilizada por Zenón y Crisipo.

13. Cleantes, citado en Séneca, *Epístolas* 107.11.

14. Séneca, *Epístolas* 96.1.

15. Séneca, *Epístolas* 96.2-3.

16. Séneca, *Epístolas* 107.2.

17. Séneca, *Epístolas* 107.6.

18. Séneca, *Cuestiones naturales*, Libro III, Prefacio 12.

19. Marco Aurelio, *Meditaciones* 4.23.

8. La batalla contra la fortuna: cómo sobrevivir a la pobreza y la riqueza extremas

1. Séneca, *Epístolas* 19.9.

2. Séneca, *Epístolas* 98.8.

3. <https://www.newsweek.com/was-michael-jackson-debt-he-died-look-king-pops-finances-1349255>.

4. Séneca, *Sobre la tranquilidad del espíritu* 11.10.

5. Séneca, *Cuestiones naturales*, Libro III, Prefacio 1.7.

6. Séneca, *Consolación a su madre Helvia* 5.4.

7. Séneca, *Epístolas* 90.18.

8. Séneca, *Epístolas* 90.19.

9. Séneca, *Epístolas* 90.40.

10. Séneca, *Epístolas* 119.11.

11. Séneca, *Epístolas* 119.12-13.

12. Epicuro, citado en Séneca, *Epístolas* 17.11.

13. Séneca, *Epístolas* 36.1.

14. Séneca, *Epístolas* 87.31.

15. Séneca cuenta esta historia en *Consolación a su madre Helvia* 10.8-11.

16. Séneca, *Consolación a Polibio* 9.5 y 6.4.

17. William B. Irvine, *On Desire: Why We Want What We Want*, Nueva York, Oxford University Press, 2006, pág. 31 (trad. cast.: *Sobre el deseo: por qué queremos lo que queremos*, Barcelona, Paidós, 2008, pág. 53).

18. Séneca, *Epístolas* 104.9.

19. Séneca, *Sobre la tranquilidad del espíritu* 8.2.

20. La encuesta se realizó en febrero de 2019. <https://www.hrblock.com/tax-center/wp-content/uploads/2019/07/Lifestages-survey-results.pdf>.

21. Jeremy Kisner, «Why Rich People Worry about Money». <https://www.jeremykisner.com/rich-people-worry-money/>.

22. Séneca, *Epístolas* 19.6-7.

23. Séneca, *Epístolas* 18.5.

24. Séneca, *Epístolas* 18.7.

25. Para una visión de conjunto de la simplicidad voluntaria con una lista de lecturas, véase <http://simplicitycollective.com/start-here/what-is-voluntary-simplicity-2>.

26. Séneca, *Epístolas* 60.3.

27. Séneca, *Consolación a su madre Helvia* 11.4.

28. Séneca, *Epístolas* 74.4.

29. Anna Lydia Motto, una de las estudiosas de Séneca más destacadas de todos los tiempos, sopesó las evidencias para ver si Séneca era cul-

pable de hipocresía. Su veredicto fue negativo. Véase Anna Lydia Motto, «Seneca on Trial: The Case of the Opulent Stoic», *The Classical Journal*, vol. 61, n.º 6, 1966, págs. 254-258. Véase asimismo la discusión de Ward Farnsworth en su libro *The Practicing Stoic: A Philosophical User's Manual*, Boston, David R. Godine, 2018, capítulo 13, «Stoicism and its Critics».

30. Séneca, *Epístolas* 18.13.

31. Séneca, *Sobre la vida feliz* 22.5.

9. Las multitudes despiadadas y los lazos que unen

1. Séneca, *Epístolas* 7.2-3.

2. Séneca, *Epístolas* 7.3-4.

3. Séneca, *Epístolas* 7.5.

4. Séneca, *Epístolas* 7.7.

5. Séneca, *Sobre la tranquilidad del espíritu* 7.4.

6. Séneca, *Sobre la ira* III.8.1-2.

7. Para un breve resumen de varios estudios, véase <https://en.wikipedia.org/wiki/Herd_mentality>.

8. Gustave Le Bon, *The Crowd: A Study of the Popular Mind*, Libro I, capítulo 1. Traducción del Proyecto Gutenberg: <http://www.gutenberg.org/ebooks/445> (trad. cast.: *Psicología de las masas*, Madrid, Verbum, 2018).

9. Le Bon, *The Crowd*, Libro I, capítulo 1.

10. Véase Tony D. Sampson, *Virality: Contagion Theory in the Age of Networks*, Mineápolis, University of Minnesota Press, 2012.

11. Véanse R. M. Joly-Mascheroni, A. Senju y A. J. Shepherd, «Dogs Catch Human Yawns», *Biology Letters*, vol. 4, n.º 5, 2008, págs. 446-448,

https://www.ncbi.nlm.nih.gov/pmc/articles/PMC2610100/, y E. A. Madsen, T. Persson, S. Sayehli, S. Lenninger y G. Sonesson, «Chimpanzees Show a Developmental Increase in Susceptibility to Contagious Yawning: A Test of the Effect of Ontogeny and Emotional Closeness on Yawn Contagion», *PloS One*, vol. 8, n.º 10, 2003, <https://www.ncbi.nlm.nih.gov/pmc/articles/PMC3797813>.

12. La idea de que aprendemos algunas creencias falsas mediante la socialización se remonta cuando menos al estoico Crisipo. Sin embargo, Crisipo solo parece haber considerado la socialización deliberada, no la clase de transmisión inconsciente que Séneca describe con nitidez. Véanse Teun Tieleman, *Chrysippus' On Affections: Reconstruction and Interpretations*, Leiden, E. J. Brill, 2003, págs. 132 y ss., y Graziano Ranocchia, «The Stoic Concept of Proneness to Emotion and Vice», *Archiv für Geschichte der Philosophie*, vol. 94, n.º 1, 2012, págs. 74-92.

13. Al comienzo de la Epístola 60, Séneca ofrece una explicación enfática de cómo Lucilio adoptó en su niñez sus creencias relativas al valor de la riqueza de sus padres y de otras personas responsables de su educación.

14. Véase, por ejemplo, J. W. Bridges, «Imitation, Suggestion, and Hypnosis», capítulo 18, en J. W. Bridges, *Psychology: Normal and Abnormal, with Special Reference to the Needs of Medical Students and Practitioners*, Nueva York, Appleton, 1930, págs. 311-324. Disponible en la Asociación Estadounidense de Psicología: <https://psycnet.apa.org/record/2008-08475-018>.

15. Séneca, *Epístolas* 7.8.

16. Séneca, *Epístolas* 94.69.

17. Séneca, *Sobre la ira* III.8.2.

18. Séneca, *Epístolas* 109.1-2.

19. Para Aristóteles, ni las mujeres ni los esclavos poseían la capacidad mental para beneficiarse del estudio de la política. Además, como es-

cribió en *Política* 1260a11, los «esclavos naturales» carecen enteramente de la facultad de deliberación. Las mujeres poseen la facultad de deliberación, «pero de una forma carente de autoridad», lo cual las excluye de la participación política. En contraste, Platón, que fue el maestro de Aristóteles, creía que las mujeres podían ser guardianas del Estado.

20. Daniel S. Richter, *Cosmopolis: Imagining Community in Late Classical Athens and the Early Roman Empire*, Nueva York, Oxford University Press, 2011, pág. 68. En el capítulo 4, Richter subraya las enormes diferencias entre las visiones respectivas de Aristóteles y los estoicos acerca de la igualdad humana.

21. Lactancio, *Instituciones divinas* 3.25, citado y traducido en Richter, *Cosmopolis*, pág. 67. Para profundizar en la concepción de la igualdad humana y la esclavitud en la filosofía estoica temprana, véase Lisa Hill y Prasanna Nidumolu, «The Influence of Classical Stoicism on JoŸ Locke's Theory of Self-Ownership», *History of the Human Sciences*, mayo de 2020, págs. 6-7.

22. Sobre la ley natural en el estoicismo y en Cicerón, véanse Maryanne Cline Horowitz, «The Stoic Synthesis of Natural Law in Man: Four Themes», *Journal of the History of Ideas*, vol. 35, n.º 1, 1974, págs. 3-16; Elizabeth Asmis, «Cicero on Natural Law and the Laws of State», *Classical Antiquity*, vol. 27, n.º 1, 2008, págs. 1-33, y Fernando H. Llano Alonso, «Cicero and Natural Law», *ARSP: Archiv für Rechts- und Sozialphilosophie / Archives for Philosophy of Law and Social Philosophy*, vol. 98, n.º 2, 2012, págs. 157-168.

23. Cicerón, *Sobre la república* Libro III.33.

24. El estudioso de la filosofía Phillip Mitsis concluyó que los estoicos daban «expresión a la noción de derechos humanos naturales». Los estoicos, con su idea de la cosmópolis, vivían «en un clima moral conducente al reconocimiento de las necesidades y los derechos de sus conciudadanos; derechos que los estoicos piensan que todos compartimos en

virtud de nuestra condición humana». Mitsis, «The Stoic Origin of Natural Rights», en Katerina Ierodiakonou (comp.), *Topics in Stoic Philosophy*, Oxford, Oxford University Press, 1999, págs. 176-177.

25. Nuestra idea moderna de los derechos humanos —por ejemplo, la Declaración Universal de los Derechos Humanos, desarrollada por las Naciones Unidas en 1948— combina aspectos del derecho natural universal con el derecho civil e internacional. Curiosamente, esta había sido una cuestión importante para Cicerón: ¿en qué medida puede armonizarse el derecho civil con el derecho natural?

26. Paul Meany, «Why the Founders' Favorite Philosopher Was Cicero», FEE, 31 de mayo de 2018. <https://fee.org/articles/why-the-founders-favorite-philosopher-was-cicero/>. Estoy agradecido a Meany por sus artículos sobre el estoicismo, Cicerón, la ley natural y los derechos naturales, que me animaron a investigar la contribución estoica al desarrollo de los derechos naturales y humanos.

27. De hecho, cuando Thomas Jefferson murió, tenía un volumen de escritos de Séneca abierto en su mesilla de noche, y Jefferson mencionó a Cicerón como una influencia importante en su redacción de la Declaración de Independencia. JoŸ Locke, que influyó en el pensamiento de Jefferson acerca de los derechos naturales, también había leído a los filósofos estoicos y se los recomendaba a sus estudiantes.

28. M. Andrew Holowchak, «Thomas Jefferson», sección 2.2., «Nature and Society», *Stanford Encyclopedia of Philosophy*. <https://plato.stanford.edu/entries/jefferson/>.

29. Como advirtió el historiador político Charles McIlwain: «La idea de la igualdad de los hombres es la contribución más profunda de los estoicos al pensamiento político, esa idea ha teñido todo su desarrollo desde su tiempo hasta el nuestro y ha ejercido su mayor influencia en la distinta concepción de la ley que en parte resultó de ella». McIlwain, *The Growth of Political Thought in the West: From the Greeks to the Middle*

Ages, Nueva York, Macmillan, 1932, pág. 8. Véase también el capítulo 3, «The Cosmopolis in Human Rights», en Tony Honoré, *Ulpian: Pioneer of Human Rights*, 2.ª ed. (Oxford, Oxford University Press, 2002), que documenta cómo el estoicismo condujo a las ideas de la igualdad, la libertad y la dignidad de todos los seres humanos en la tradición jurídica romana, en especial en la obra del jurista Domicio Ulpiano (c. 170-c. 228).

30. Joseph J. Ellis, *American Sphinx: The Character of Thomas Jefferson*, Nueva York, Alfred A. Knopf, 1997, pág. 53.

31. Marcelo Gleiser, «The Trouble with Tribalism», *Orbiter*, 18 de julio de 2019. <https://orbitermag.com/the-trouble-with-tribalism/>.

32. Séneca, *Epístolas* 95.52-53.

33. Séneca, *Epístolas* 48.2.

34. Séneca, *De los beneficios* IV.XVIII.4.

35. Ilaria Ramelli, *Hierocles the Stoic: Elements of Ethics, Fragments, and Excerpts*, Atlanta, Society for Biblical Literature, 2009, pág. xxxv.

36. Marco Aurelio, *Meditaciones* 4.3. Repite esta «doctrina» y la elabora a lo largo de las *Meditaciones*, explorando cómo «hemos nacido unos por otros» (11.18).

37. Cicerón, *Del supremo bien y del supremo mal*, Libro III.62.

38. Cicerón, *Del supremo bien y del supremo mal*, Libro III.62-63.

39. Cicerón, *Del supremo bien y del supremo mal*, Libro III.63.

40. Ramelli, *Hierocles the Stoic*, págs. 89-91.

41. JoŸ Sellars, *Stoicism*, Londres, Routledge, 2014, pág. 131.

10. Cómo ser auténtico y contribuir a la sociedad

1. Epicuro le escribió a un amigo: «Estoy entusiasmado con el placer del cuerpo cuando vivo a base de pan y agua», y en otra carta decía: «En-

víame queso en conserva, para que pueda darme un banquete cuando me plazca». Véase Cyril Bailey, *Epicurus: The Extant Remains*, Oxford, Clarendon Press, 1926, pág. 131.

2. La marcada diferencia entre la visión estoica de la racionalidad en la naturaleza y un mundo azaroso de átomos en colisión encuentra un estupendo resumen en una frase que Marco Aurelio empleaba a menudo para describir la brecha que separaba a los estoicos y a los epicúreos: «Providencia o átomos».

3. Esta máxima de Epicuro, *lathe biōsis* o «vive oculto», fue ampliamente conocida en el mundo antiguo. Véase, por ejemplo, el ensayo de Plutarco *Is «Live Unknown» a Wise Precept?*, en Plutarco [Plutarch], *Moralia*, vol. 14, Cambridge, Massachusetts, Harvard University Press, 1967, págs. 318-343 (trad. cast.: «De si está bien dicho lo de "vive ocultamente"», en Plutarco, *Obras morales y de costumbres (Moralia)*, vol. XII, Madrid, Biblioteca Clásica Gredos, 2016).

4. Epicteto, *Disertaciones* III.7.19.

5. Séneca, *Sobre la tranquilidad del espíritu* 6.2.

6. El escritor romano Cicerón presenta las ideas de Panecio en los dos primeros libros de su obra *Los deberes*, un escrito importante sobre la ética estoica. La descripción de las cuatro *personae* aparece en Cicerón, *Los deberes* 1.107-115. En la discusión que sigue aquí, recurro tanto a las ideas de Panecio como a las de Séneca, puesto que este expresaba los mismos pensamientos en sus escritos.

7. Séneca, *Epístolas* 11.6.

8. Uno de los test psicológicos más precisos jamás diseñados mide «los cinco grandes rasgos de la personalidad». Estos se identifican como apertura a la experiencia, responsabilidad, extraversión, amabilidad y neuroticismo (y sus opuestos). Curiosamente, cuando se estudian estos rasgos en los individuos, es posible predecir dónde se sitúan en el espectro político con un alto grado de precisión. Esto sugiere que muchas o incluso

la mayoría de las personas se identifican con orientaciones políticas basadas en sus rasgos de personalidad, más que mediante un proceso de pensamiento crítico.

9. Séneca, *Sobre la tranquilidad del espíritu* 6.2.

10. Cicerón, *Los deberes* I.110-111, refiriéndose al pensamiento de Panecio.

11. Séneca, *Epístolas* 20.2.

12. Séneca, *Epístolas* 37.5.

13. Séneca, *Epístolas* 120.21-22.

14. Séneca, *Epístolas* 47.21.

15. Séneca, *Epístolas* 20.3.

16. Séneca, *Sobre la tranquilidad del espíritu* 17.1 y 17.2.

17. Séneca, *Epístolas* 16.3.

18. Séneca, *Epístolas* 75.4.

19. Séneca, *Epístolas* 64.7 y 64.9.

20. Séneca, *Cuestiones naturales*, Libro VII.25.4.

21. Séneca, *Epístolas* 79.5.

22. Para algunas críticas de los argumentos de Zenón, véanse Séneca, *Epístolas* 82.9 y 83.9. Séneca, *De los beneficios* I.IV.1, describe la perspicacia de Crisipo como tan finamente mordaz que, más que ser convincente, se limitaba a dar «pinchazos».

23. Séneca, *Epístolas* 80.1.

24. Séneca, *Epístolas* 33.11.

25. Séneca, *Epístolas* 81.1-2.

26. James Ker, introducción a «On the Constancy of the Wise Person», en Seneca, *Hardship and Happiness*, Chicago, University of Chicago Press, 2010, pág. 143.

27. Séneca, *Sobre la firmeza del sabio* 9.4-5, y Epicteto, *Disertaciones* III.25.4.

28. Véase Séneca, *Sobre el ocio* 2.2. Como explica Diógenes Laercio:

«[Los estoicos] dicen que el sabio se dedicará a la política si nada lo impide [...] ya que mantendrá a raya el vicio e incitará a la virtud» (*Vidas y opiniones de los filósofos ilustres* 7.121). Para un estudio en profundidad de las ideas de Séneca sobre el servicio público y el ocio, véase el capítulo 10, «The Philosopher on Political Participation», en Miriam T. Griffin, *Seneca: A Philosopher in Politics*, Nueva York, Oxford University Press, 1976.

29. Séneca, *Sobre el ocio* 6.4-5.

30. Séneca, *Sobre el ocio* 3.5.

31. Séneca, *Sobre el ocio* 8.1.

32. Séneca, *Sobre el ocio* 6.4.

33. Séneca, *Epístolas* 8.2-3.

34. Séneca, *Epístolas* 21.5.

35. Séneca, *Epístolas* 79.17.

11. Vivir con plenitud a pesar de la muerte

1. Séneca, *Epístolas* 12.1.

2. William B. Irvine, uno de los primeros filósofos en experimentar con el estoicismo como una forma de vida moderna, ha advertido que un objetivo primordial de «una filosofía de vida» es asegurarse de tener una vida buena y no «malvivir». Un signo de tener una buena vida es que, cuando llegues a su recta final, no te arrepentirás de haber malgastado tu vida. Véase Irvine, *A Guide to the Good Life: The Ancient Art of Stoic Joy*, Nueva York, Oxford University Press, 2009, págs. 1-2.

3. Séneca, *Epístolas* 78.2.

4. Platón, *Apología* 30c-d.

5. Sobre el juicio y la muerte de Sócrates, véanse los diálogos de Platón *Apología de Sócrates* (donde Sócrates se defiende durante el juicio), *Critón*

(donde Sócrates explica su negativa a escapar de la prisión) y *Fedón* (donde Sócrates bebe la cicuta, rodeado por sus discípulos). Estos tres diálogos pueden encontrarse en Platón [Plato], *The Last Days of Socrates*, traducido por Hugh Tredennick y Harold Tarrant, Nueva York, Penguin, 1993.

6. Séneca, *Epístolas* 63.8.

7. Séneca, *Epístolas* 22.16.

8. Epicteto, *Disertaciones* III.26.38.

9. Séneca, *Epístolas* 4.5.

10. Séneca, *Epístolas* 26.6.

11. Séneca, *Epístolas* 30.10-11.

12. Séneca, *Epístolas* 24.18. Marco Aurelio emplea asimismo este argumento en *Meditaciones* 8.58. En realidad se remonta a Sócrates, quien usó el argumento en su juicio. Véase Platón, *Apología* 40c-d.

13. Séneca, *Epístolas* 54.4-5.

14. Como decía Epicuro, la muerte no es nada para nosotros, porque, «cuando nosotros existimos, la muerte no ha llegado, y cuando la muerte ha llegado, nosotros no existimos» (Diógenes Laercio, *Vidas y opiniones de los filósofos ilustres* 10.125).

15. Séneca, *Epístolas* 92.24-25.

16. Séneca, *Epístolas* 77.20.

17. Séneca, *Epístolas* 93.4.

18. Séneca, *Epístolas* 12.4-5.

19. Séneca, *Epístolas* 101.13-14.

20. Séneca, *Epístolas* 101.15.

21. Séneca, *Epístolas* 58.34.

22. Séneca, *Epístolas* 58.32.

23. Séneca, *Epístolas* 58.35.

24. Texto del discurso de graduación de Steve Jobs en la Universidad de Stanford, 12 de junio de 2005. <https://news.stanford.edu/2005/06/14/jobs-061505/>.

25. Séneca, *Epístolas* 101.7.

26. Séneca, *Epístolas* 12.9.

12. Da la importancia debida a la aflicción

1. Séneca, *Consolación a Polibio* 18.5. Sobre la creencia de los estoicos griegos de que el sabio no sentiría aflicción: Diógenes Laercio, *Vidas y opiniones de los filósofos ilustres* 7.118.

2. Séneca, *Epístolas* 71.27.

3. La *Consolación a Marcia* de Séneca tiene su origen en el extremo estado de aflicción de Marcia tres años después de la muerte de su hijo Metilio, y fue escrita probablemente durante el reinado de Calígula (37-41 d. C.). La *Consolación a su madre Helvia* fue escrita para abordar el pesar de la madre de Séneca por el destierro de este a la isla de Córcega. La *Consolación a Polibio* se ocupa de la aflicción de Polibio por la muerte de su hermano y Séneca la escribió mientras estaba exiliado en Córcega (41-49 d. C.). La Epístola 63 de Séneca es una carta de consolación escrita para Lucilio tras la muerte de Flaco, un amigo de este. La Epístola 99 de Séneca a Lucilio incluye el texto de una carta que Séneca escribió a Marulo después de que este perdiera un hijo pequeño. Séneca escribió las *Epístolas* en el período de 63-65 d. C.

4. Séneca, *Epístolas* 99.18-19.

5. Séneca, *Epístolas* 99.19.

6. Séneca, *Epístolas* 99.18 y 99.20.

7. La oxitocina es una hormona asociada a la vinculación afectiva, el amor, el sexo y la reducción del estrés. Las endorfinas son opioides asociados a la reducción del dolor, la reducción del estrés y el sentimiento de euforia. No es de extrañar que a menudo las personas se sientan mejor y más tranquilas después de llorar.

8. *Consolación a Marcia* 1.5. La *Consolación a Marcia* de Séneca fue escrita durante el reinado de Calígula, lo cual la convierte probablemente en su primera obra en prosa conservada.

9. Séneca, *Epístolas* 99.16.

10. Para estos dos argumentos, véanse Séneca, *Consolación a Polibio* 18.6 y *Consolación a su madre Helvia* 16.1.

11. Séneca, *Consolación a Polibio* 18.6.

12. Séneca, *Epístolas* 63.12.

13. Séneca, *Consolación a Polibio* 11.2.

14. Séneca, *Consolación a Marcia* 9.5.

15. Séneca, *Epístolas* 63.14-15.

16. Séneca, *Consolación a Marcia* 10.1.

17. Séneca, *Consolación a Marcia* 10.3.

18. Epicteto, *Enquiridión* XI.

19. Séneca, *Consolación a Polibio* 11.3.

20. Séneca, *Sobre la tranquilidad del espíritu* 11.1.

21. Para una visión similar de alguien que también ha experimentado con la contemplación de la vida desde una perspectiva estoica, véase Scott LaBarge, «How (and Maybe Why) to Grieve Like an Ancient Philosopher», en Rachana Kamtekar (comp.), *Virtue and Happiness: Essays in Honour of Julia Annas*, Oxford, Oxford University Press, 2012, págs. 320-342.

22. Séneca, *Epístolas* 99.4.

23. Séneca, *Epístolas* 99.4.

24. Séneca, *Consolación a Marcia* 3.4.

25. Séneca, *Consolación a Marcia* 5.4. Metilio, el hijo de Marcia, tenía dos hijas, por lo que no era un niño cuando murió. Pero, como Séneca ilustra, incluso los niños muy pequeños pueden ser una fuente de recuerdos felices.

13. Amor y gratitud

1. Séneca, *Sobre la ira* II.31.7.

2. Anna Lydia Motto, «Seneca on Love», *Cuadernos de Filología Clásica. Estudios Latinos*, vol. 27, n.º 1, 2007, pág. 80.

3. Marco Aurelio, *Meditaciones* 6.39.

4. Marco Aurelio, *Meditaciones* 1.9.

5. William O. Stephens, *Stoic Ethics: Epictetus and Happiness as Freedom*, Nueva York, Continuum, 2007, pág. 154.

6. Cicerón, *En defensa de Gneo Plancio* 80.

7. Séneca, *De los beneficios* I.I.2.

8. Edward J. Harpham, «Gratitude in the History of Ideas», en Robert A. Emmons y Michael E. McCullough (comps.), *The Psychology of Gratitude*, Nueva York, Oxford University Press, 2004, pág. 22.

9. Séneca criticaba con frecuencia este sistema. No obstante, también formaba parte de él: su relación con Nerón podría describirse como una relación mecenas-cliente.

10. Ashraf H. A. Rushdy, *Philosophies of Gratitude*, Nueva York, Oxford University Press, 2020, págs. 46-47.

11. El único artículo académico que he sido capaz de encontrar dedicado a la gratitud en el estoicismo es de mi amigo Aldo Dinucci, un estudioso del estoicismo en Brasil. Trata de la gratitud en Epicteto y está escrito en portugués. Véase Antônio Carlos Rodrigues y Aldo Dinucci, «A eucharistia em Epicteto», en Celma Laurinda Freitas Costa, Clóvis Ecco y José Reinaldo F. Martins Filho, *Epistemologias da religião e relações de religiosidade*, Curitiba, Prismas, 2017, págs. 17-44.

12. Donald Robertson, «Stoicism and Love», presentación de la Stoicism Today Conference [Conferencia sobre el Estoicismo en la Actualidad] 2014. Vídeo en <https://youtu.be/W4sawA20hdE>.

13. Sobre el enfoque estoico del amor a los demás con la conciencia

de su mortalidad, véase William O. Stephens, «Epictetus on How the Stoic Sage Loves», *Oxford Studies in Ancient Philosophy*, n.º 14, 1996, págs. 193-210.

14. Varios filósofos modernos han explorado este tema. Estos son algunos de los escritos que he estudiado para escribir este capítulo, ordenados por su fecha de publicación. Sobre la gratitud de Epicuro hacia la naturaleza, pero no hacia los dioses: N. W. De Wit, «The Epicurean Doctrine of Gratitude», *American Journal of Philology*, vol. 58, n.º 3, 1937, págs. 320-328. Sobre por qué la experiencia de la «gratitud cósmica» o «gratitud transpersonal» no apela a la creencia en Dios: George Naknikian, «On the Cognitive Import of Certain Religious States», en Sidney Hook (comp.), *Religious Experience and Truth: A Symposium*, Nueva York, New York University Press, 1961, págs. 156-164. Sobre la gratitud no personal, la gratitud hacia la naturaleza y la «gratitud de libre flotación»: E. R. Loder, «Gratitude and the Environment: Toward Individual and Collective Ecological Virtue», *Journal Jurisprudence*, 2011, págs. 383-435. Sobre la gratitud hacia la naturaleza: Nathan Wood, «Gratitude and Alterity in Environmental Virtue Ethics», *Environmental Values*, vol. 29, n.º 4, 2020, págs. 481-498. Una exploración reciente de la gratitud cósmica: capítulo 8: «Cosmic Gratitude», en Ashraf H. A. Rushdy, *Philosophies of Gratitude*, Nueva York, Oxford University Press, 2020, págs. 219-253.

15. Marco Aurelio, *Meditaciones* 7.27.

16. Robert C. Solomon, Prólogo, en Robert A. Emmons y Michael E. McCullough (comps.), *The Psychology of Gratitude*, Nueva York, Oxford University Press, 2004, pág. v.

17. Philip C. Watkins, *Gratitude and the Good Life: Toward a Psychology of Appreciation*, Dordrecht, Springer, 2014, pág. 3.

18. Watkins, *Gratitude and the Good Life*, o. cit., pág. 5.

19. Watkins, *Gratitude and the Good Life*, o. cit., pág. 7.

20. Watkins, *Gratitude and the Good Life*, o. cit., pág. 8.

21. Robert A. Emmons, «The Psychology of Gratitude: An Introduction», en Robert A. Emmons y Michael E. McCullough (comps.), *The Psychology of Gratitude*, Nueva York, Oxford University Press, 2004, pág. 5.

22. Para una lista de panteístas célebres, véase <https://en.wikipedia.org/wiki/List_of_pantheists>. El filósofo Michael Levine cree que «probablemente haya más panteístas (entre la gente corriente) que protestantes, o teístas en general, y el panteísmo continúa siendo una alternativa religiosa tradicional al teísmo para aquellos que rechazan la noción teísta clásica de Dios». Levine, *Pantheism: A Non-Theistic Concept of Deity*, Londres, Routledge, 1994, pág. 14.

23. El hijo de Carl Sagan, el escritor científico Dorion Sagan, escribió: «Mi padre creía en el Dios de Spinoza y Einstein, Dios no detrás de la naturaleza, sino como naturaleza, equivalente a ella». Lynn Margulis y Dorion Sagan, *Dazzle Gradually: Reflections on the Nature of Nature*, White River Junction, Vermont, Chelsea Green, 2007, pág. 14.

24. Véase la discusión en David Fideler, *Restoring the Soul of the World: Our Living Bond with Nature's Intelligence*, Rochester, Vermont, Inner Traditions, 2014, pág. 32.

25. Para el término *Naturaleza* como un modo de referirse a *Dios*, véanse Séneca, *De los beneficios* IV.VII.1-2 y IV.VIII.3, y *Cuestiones naturales* Libro II.45.3.

26. Estas palabras aparecen al comienzo de los discursos de Rumi. Jalaluddin Rumi, *Signs of the Unseen: The Discourses of Jalaluddin Rumi*, traducido por W. M. Thackston Jr., Boston, Shambhala, 1994, pág. 1.

27. Séneca, *De los beneficios* IV.XXV.2. De un modo similar, cuando Marco Aurelio describía a los dioses como «visibles», se refería a los cuerpos celestes (*Meditaciones* 12.28).

28. Para algunos ejemplos de esto, véase Mikolaj Domaradzki,

«Theological Etymologizing in the Early Stoa», *Kernos*, n.º 25, 2012, págs. 125-148. <https://journals.openedition.org/kernos/2019>.

29. Como recalca el filósofo Michael P. Levine, el panteísmo no es una forma de teísmo ni tampoco una modalidad de ateísmo. Antes bien, se trata de una alternativa a ambos. Aunque el panteísmo no postula la existencia de un Dios personal, sí sugiere que hay una fuerza unificadora en la naturaleza: todo cuanto existe constituye una unidad, y esta unidad integral es, en cierto sentido, divina. Véase Levine, *Pantheism*, o. cit., pág. 25.

30. Séneca, *De los beneficios* IV.VII.1.

31. Séneca, *De los beneficios* II.XXIX.5.

32. Friedrich Nietzsche, *Ecce Homo: Nietzsche's Autobiography*, trad. Anthony M. Ludovici, Nueva York, Macmillan, 1911, pág. 7. Modificado. (Trad. cast.: *Ecce homo: cómo se llega a ser lo que se es*, Madrid, Alianza, 2019, pág. 23).

33. Richard Dawkins, hablando durante el Debate de Intelligence Squared «Atheism is the New Fundamentalism» [«El ateísmo es el nuevo fundamentalismo»], noviembre de 2019. Un vídeo del comentario de Dawkins puede verse en <https://youtu.be/lheDgyaItOA>, 1:44.

34. Robert C. Solomon, prólogo, en Robert A. Emmons y Michael E. McCullough (comps.), *The Psychology of Gratitude*, Nueva York, Oxford University Press, 2004, pág. ix.

35. Solomon, Prólogo, en *The Psychology of Gratitude*, o. cit., pág. x.

36. Epicteto, *Disertaciones* III.5.11. La metáfora de la vida como un festival, por el que deberíamos sentirnos agradecidos al salir aparece en varias ocasiones diferentes en las *Disertaciones* de Epicteto. Véanse también Epicteto, *Disertaciones* III.5.10-11 y IV.1.105-106.

37. Marco Aurelio, *Meditaciones* 4.48.

14. Libertad, serenidad y gozo perdurable

1. William O. Stephens, *Stoic Ethics: Epictetus and Happiness as Freedom*, Nueva York, Continuum, 2007, pág. 154.

2. Como explicaba Epicteto: «Y si la virtud promete precisamente concedernos la felicidad y la impasibilidad y la serenidad, con toda certeza que el progreso hacia ella es un progreso hacia cada una de estas cosas». Epicteto, *Disertaciones* I.4.3.

3. Séneca, *Epístolas* 17.7.

4. Resumen de un breve diálogo en Epicteto, *Disertaciones* IV.1.52.

5. Séneca, *Epístolas* 75.18.

6. Séneca, *Epístolas* 15.9.

7. Séneca, *Epístolas* 42.8.

8. Séneca, *Epístolas* 45.9.

9. Séneca, *Epístolas* 23.2.

10. Séneca, *Epístolas* 32.5 y 32.3. «Una vida que ya está completa» es una frase memorable de la traducción de Margaret Graver y A. A. Long. La traducción del mismo pasaje por Ismael Roca Meliá en la Biblioteca Clásica Gredos: «Aquel que vive después de haber consumado su vida, ha superado, por fin, las necesidades, y se halla exonerado y libre» (*Epístolas* 32.5).

11. Séneca, *Epístolas* 44.7.

12. Stephens, *Stoic Ethics*, pág. 141.

13. Séneca, *Epístolas* 56.6.

14. Séneca, *Epístolas* 59.16.

15. Séneca, *Epístolas* 87.3.

16. Séneca, *Sobre la vida feliz* 3.4.

17. Séneca, *Epístolas* 92.17.

PARA SEGUIR LEYENDO

ESCRITOS FILOSÓFICOS DE SÉNECA

Si deseas leer los escritos filosóficos de Séneca, es importante que sepas que existen numerosas colecciones, selecciones y antologías en lengua inglesa, la mayoría de las cuales son incompletas. Aunque la mayor parte de estas antologías son bastante buenas en términos generales, solo existen dos ediciones completas de sus obras. Las ediciones publicadas por la Loeb Classical Library [Biblioteca Clásica Loeb] (Harvard University Press) contienen los textos latinos de Séneca con su correspondiente traducción al inglés en la página opuesta, pero datan de hace décadas y carecen de un tono contemporáneo. Por su parte, *The Complete Works of Lucius Annaeus Seneca* [Las obras completas de Lucio Anneo Séneca], publicada por la University of Chicago Press,* es mucho más reciente y, sin lugar a dudas, la traducción más legible y deliciosa de los escritos de Séneca disponible como una edición completa.

Al iniciarse en la lectura de Séneca, muchos comienzan

* En la siguiente sección se detallan las referencias bibliográficas en castellano para que el lector pueda localizarlas fácilmente. *(N. del E.)*

con la edición de Penguin para el mercado masivo de *Letters from a Stoic* [Cartas de un estoico], traducida por Robin Campbell, hoy en su septuagésima reimpresión. (Solo durante los veinte últimos años han aparecido treinta y siete reimpresiones.) Esa edición muy popular y fácilmente accesible es una buena forma de hacerse una idea de las cartas de Séneca. No obstante, has de tener en cuenta que *Letters from a Stoic* es una selección muy reducida de sus epístolas, y algunas de las cartas que contiene están incompletas. Por consiguiente, si decides tomarte en serio la lectura de Séneca y quieres la colección entera de sus cartas, tu elección es simple. Hazte con la maravillosa obra *Letters on Ethics to Lucilius*, traducida por Margaret Graver y A. A. Long (University of Chicago Press). Se trata de una edición íntegra y de la mejor traducción disponible. Tanto la edición impresa como la edición en libro electrónico son unas obras excelentes.

En la bibliografía de obras citadas, he incluido todas las traducciones de Séneca que yo poseo y he leído. En mi sitio web <StoicInsights.com> puedes descargarte también un ejemplar gratuito de *Seneca: A Reader's Guide*, que contiene algunos recursos útiles, incluidas unas sugerencias sobre el orden en el que podría ser conveniente leer los escritos de Séneca. En la sección siguiente aparece un listado de todos los escritos filosóficos importantes de Séneca, en orden alfabético, con indicación de los volúmenes en los que encontrarás estas obras en las traducciones de University of Chicago Press. Esta es una lista completa de los escritos filosóficos de Séneca, muchos de los cuales pueden encontrarse asimismo en otras fuentes. ¡Feliz lectura!

ESCRITOS FILOSÓFICOS DE SÉNECA

Este listado alfabético muestra dónde puedes encontrar todas las obras filosóficas de Séneca en *The Complete Works of Lucius Annaeus Seneca*, publicado por University of Chicago Press. Para los datos de publicación de cada volumen, véase la bibliografía de obras citadas en la próxima sección.

Consolation to Helvia
En Seneca, *Hardship and Happiness*
Consolación a su madre Helvia
En Séneca, *Diálogos; Apocolocintosis*, Madrid, Biblioteca Clásica Gredos, 1996

Consolation to Marcia
En Seneca, *Hardship and Happiness*
Consolación a Marcia
En Séneca, *Diálogos; Apocolocintosis*, Madrid, Biblioteca Clásica Gredos, 1996

Consolation to Polybius
En Seneca, *Hardship and Happiness*
Consolación a Polibio
En Séneca, *Diálogos; Apocolocintosis*, Madrid, Biblioteca Clásica Gredos, 1996

Letters
En Seneca, *Letters on Ethics to Lucilius*
Epístolas
En *Epístolas morales a Lucilio*, 2 vols., Madrid, Biblioteca Clásica Gredos, 1986 y 1989

Natural Questions
En Seneca, *Natural Questions*
Cuestiones naturales
En *Cuestiones naturales*, 2 vols., Madrid, Consejo Superior de Investigaciones Científicas, 1979

On Anger
En Seneca, *Anger, Mercy, Revenge*
Sobre la ira
En Séneca, *Diálogos*, Madrid, Biblioteca Clásica Gredos, 2000

On Benefits
En Seneca, *On Benefits*

De los beneficios
En Lucio Anneo Séneca, *Obras completas*, Madrid, Aguilar, 1966

On Clemency
En Seneca, *Anger, Mercy, Revenge*
Sobre la clemencia, Madrid, Tecnos, 1988

On the Constancy of the Wise Person
En Seneca, *Hardship and Happiness*
Sobre la firmeza del sabio
En Séneca, *Diálogos*, Madrid, Biblioteca Clásica Gredos, 2000

On the Happy Life
En Seneca, *Hardship and Happiness*
Sobre la vida feliz
En Séneca, *Diálogos*, Madrid, Biblioteca Clásica Gredos, 2000

On Leisure
En Seneca, *Hardship and Happiness*
Sobre el ocio
En Séneca, *Diálogos*, Madrid, Biblioteca Clásica Gredos, 2000

On the Shortness of Life
En Seneca, *Hardship and Happiness*

Sobre la brevedad de la vida
En Séneca, *Diálogos*, Madrid, Biblioteca Clásica Gredos, 2000

On Providence
En Seneca, *Hardship and Happiness*
Sobre la providencia
En Séneca, *Diálogos*, Madrid, Biblioteca Clásica Gredos, 2000

On Tranquility of Mind
En Seneca, *Hardship and Happiness*
Sobre la tranquilidad del espíritu
En Séneca, *Diálogos*, Madrid, Biblioteca Clásica Gredos, 2000

BIBLIOGRAFÍA DE OBRAS CITADAS

Por un capricho editorial, el nombre de Séneca puede aparecer como *Séneca, Lucio Anneo Séneca* o *Séneca el Joven.* Al enumerar más abajo las obras publicadas de Séneca, no he ordenado alfabéticamente las diversas formas de su nombre, pues todas ellas se refieren a la misma persona. En lugar de ello, los títulos de las traducciones figuran en orden alfabético. Para un listado completo de los escritos filosóficos de Séneca y dónde encontrarlos en *The Complete Works of Lucius Annaeus Seneca* [Las obras completas de Lucio Anneo Séneca] (University of Chicago Press), véase la sección anterior.

Aristóteles [Aristotle], *Nicomachean Ethics,* trad. de Terence Irwin, 2.ª ed., Indianápolis, Indiana, Hackett, 1999 (trad. cast.: *Ética a Nicómaco*, Barcelona, Nueva Biblioteca Clásica Gredos, 2019).

Aristóteles [Aristotle], *Politics*, trad. de Ernest Barker, Oxford, Oxford University Press, 1995 (trad. cast.: *Política*, Madrid, Biblioteca Clásica Gredos, 1988).

Ario Didimo [Arius Didymus], *Epitome of Stoic Ethics*, trad. de Arthur J. Pomeroy, Atlanta, Society of Biblical Literature, 1999.

Armisen-Marchetti, Mireille, «Imagination and Meditation in Seneca: The Example of the Praemeditatio», en John G. Fitch (comp.), *Oxford Readings in Classical Studies: Seneca*, Oxford, Oxford University Press, 2008, págs. 102-113.

Asmis, Elizabeth, «Cicero on Natural Law and the Laws of State», *Classical Antiquity*, vol. 27, n.º 1, 2008, págs. 1-33.

Bailey, Cyril, Véase *Epicurus: The Extant Remains*.

Bartsh, Shadi, y Alessandro Schiessaro (comps.), *The Cambridge Companion to Seneca*, Nueva York, Cambridge University Press, 2015.

Becker, Lawrence C., *A Modern Stoicism*, 2.ª ed., Princeton, Princeton University Press, 2017.

Bobzien, Susanne, *Determinism and Freedom in Stoic Philosophy*, Oxford, Oxford University Press, 2001.

Brennan, Tad, *The Stoic Life: Emotions, Duties, and Fate*, Oxford, Oxford University Press, 2005.

Bridges, J. W., «Imitation, Suggestion, and Hypnosis», capítulo 18 de J. W. Bridges, *Psychology: Normal and Abnormal, with Special Reference to the Needs of Medical Students and Practitioners*, Nueva York, Appleton, 1930, págs. 311-324. Disponible en la American Psychological Association [Asociación Estadounidense de Psicología]: <https://psycnet.apa.org/record/2008-08475-018>.

Brower, René, *The Stoic Sage: The Early Stoics on Wisdom, Sagehood and Socrates*, Cambridge, Cambridge University Press,

2014.

Buzaré, Elen, *Stoic Spiritual Exercises*, Lulu, 2011.

Cicerón [Cicero], *On Duties (De Officiis)*, trad. de Walter Miller, Loeb Classical Library, Cambridge, Massachusetts, Harvard University Press, 1913 (trad. cast.: M. Tulio Cicerón, *Los deberes*, Madrid, Biblioteca Clásica Gredos, 2014).

—, *On Ends (De Finibus)*, trad. de H. Rackam, Loeb Classical Library, Cambridge, Massachusetts, Harvard University Press, 1914 (trad. cast.: M. Tulio Cicerón, *Del supremo bien y del supremo mal*, Madrid, Biblioteca Clásica Gredos, 1987).

—, *On the Republic (De Re Publica) and On the Laws (De Legibus)*, trad. de Clinton Walker Keyes, Loeb Classical Library, Cambridge, Massachusetts, Harvard University Press, 1928 (trad. cast.: M. Tulio Cicerón, *Sobre la república*, Madrid, Biblioteca Clásica Gredos, 1984).

—, *The Republic and The Laws*, trad. de Niall Rudd, Oxford, Oxford University Press, 1998.

—, *Pro Archia. Post Reditum in Senatu. Post Reditum ad Quirites. De Domo Sua. De Haruspicum Responsis. Pro Plancio*, trad. de N. H. Watts, Loeb Classical Library, Cambridge, Massachusetts, Harvard University Press, 1923 (trad. cast.: *En defensa de Gneo Plancio*, en Cicerón, *Discursos*, vol. VIII, Madrid, Biblioteca Clásica Gredos, 2013).

—, *Tusculan Disputations*, trad. de J. E. King, 2.ª ed., Loeb Classical Library, Cambridge, Massachusetts, Harvard University Press, 1945 (trad. cast.: M. Tulio Cicerón, *Disputaciones tusculanas*, Madrid, Biblioteca Clásica Gredos, 2005).

Cooper, John, M., «Aristotle on the Forms of Friendship», *The*

Review of Metaphysics, vol. 30, n.º 4, 1977, págs. 619-648.

Damschen, Gregor, y Andreas Heil (comps.), *Brill's Companion to Seneca: Philosopher and Dramatist*, Leiden, E. J. Brill, 2014.

Diógenes Laercio [Diogenes Laertius], *Lives of the Eminent Philosophers*, trad. de R. D. Hicks, 2 vols., Loeb Classical Library, Cambridge, Massachusetts, Harvard University Press, 1925 (trad. cast.: *Vidas y opiniones de los filósofos ilustres*, Zamora, Lucina, 2010).

—, *Lives of the Eminent Philosophers*, trad. de Pamela Mensch, Nueva York, Oxford University Press, 2018.

De Wit, N. W., «The Epicurean Doctrine of Gratitude», *American Journal of Philology*, vol. 58, n.º 3, 1937, págs. 320-328.

Domaradzki, Mikolaj, «Theological Etymologizing in the Early Stoa», *Kernos*, n.º 25, 2012, págs. 125-148. <https://journals.openedition.org/kernos/2109>.

Edwards, Catharine, «Free Yourself! Slavery, Freedom, and the Self in Seneca's Letters», en Shadi Bartsch y David Wray (comps.), *Seneca and the Self*, Cambridge, Cambridge University Press, 2009, págs. 139-159.

—, «Absent Presence in Seneca's Epistles: Philosophy and Friendship», en Shadi Bartsch y Alessandro Schiessaro (comps.), *The Cambridge Companion to Seneca*, Nueva York, Cambridge University Press, 2015, págs. 41-53.

Einstein, Albert, «Religion and Science» (publicado en *The New York Times Magazine*, 9 de noviembre de 1930), en Albert Einstein, *Ideas and Opinions*, Nueva York, Modern Library, 1994, págs. 39-43 (trad. cast.: *Mis ideas y opiniones*, Madrid, El

País, 2010).
—, «Science and Religion» (discurso en el Seminario Teológico de Princeton el 19 de mayo de 1939), en Albert Einstein, *Ideas and Opinions*, págs. 44-52 (trad. cast.: *Mis ideas y opiniones*, Madrid, El País, 2010).

Ellis, Joseph J., *American Sphinx: The Character of Thomas Jefferson*, Nueva York, Alfred A. Knopf, 1997.

Emmons, Robert A., y Michael E. McCullough (comps.), *The Psychology of Gratitude*, Nueva York, Oxford University Press, 2004.

Epicteto [Epictetus], *Discourses, Fragments, and Encheiridion*, trad. de W. A. Oldfather, 2 vols., Loeb Classical Library, Cambridge, Massachusetts, Harvard University Press, 1925-1928 (trad. cast.: *Disertaciones por Arriano*, Madrid, Biblioteca Clásica Gredos, 1993; *Enquiridión* [edición bilingüe], Barcelona, Anthropos, 1991).

—, *Discourses, Fragments, Handbook*, trad. de Robin Hard, Oxford, Oxford University Press, 2014.

—, *How to Be Free: An Ancient Guide to the Stoic Life. Encheiridion and Selections from Discourses*, trad. y con una introducción de A. A. Long, Princeton, Nueva Jersey, Princeton University Press, 2018.

Epicurus, *The Extant Remains*, comp. y trad. de Cyril Bailey, Oxford, Clarendon Press, 1926.

Farnsworth, Ward, *The Practicing Stoic: A Philosophical User's Manual*, Boston, David R. Godine, 2018.

Fideler, David, *Restoring the Soul of the World: Our Living Bond with Nature's Intelligence*, Rochester, Vermont, Inner Traditions, 2014.

—, *Seneca: A Reader's Guide*, <https://www.stoicinsights.com/seneca-readers-guide>.

Gleiser, Marcelo, «The Trouble with Tribalism», *Orbiter*, 18 de julio de 2019, <https://orbitermag.com/the-trouble-with-tribalism/>.

Gloyn, Liz, *The Ethics of the Family in Seneca*, Cambridge, Cambridge University Press, 2017.

Graver, Margaret R., *Stoicism and Emotion*, Chicago, University of Chicago Press, 2007.

—, «Action and Emotion», en Gregor Damschen y Andreas Heil (comps.), *The Brill Companion to Seneca: Philosopher and Dramatist*, Leiden, E. J. Brill, 2014, págs. 257-276.

Griffin, Miriam T., *Seneca: A Philosopher in Politics*, Nueva York, Oxford University Press, 1976.

Harpham, Edward J., «Gratitude in the History of Ideas», en Robert A. Emmons y Michael E. McCullough (comps.), *The Psychology of Gratitude*, Nueva York, Oxford University Press, 2004, págs. 19-36.

Hierocles, véase Ramelli, *Hierocles the Stoic: Elements of Ethics, Fragments, and Excerpts*.

Hill, Lisa, y Prasanna Nidumolu, «The Influence of Classical Stoicism on John Locke's Theory of Self-Ownership», *History of the Human Sciences*, mayo de 2020, págs. 1-22.

Holowchack, M. Andrew, *The Stoics: A Guide for the Perplexed*, Nueva York, Continuum, 2008.

Honoré, Tony, *Ulpian: Pioneer of Human Rights*, 2.ª ed., Oxford, Oxford University Press, 2002.

Horowitz, Maryanne Cline, «The Stoic Synthesis of Natural Law in Man: Four Themes», *Journal of the History of Ideas*, vol. 35, n.º 1, 1974, págs. 3-16.

Inwood, Brad, *Reading Seneca: Stoic Philosophy at Rome*, Oxford, Clarendon Press, 2005.

—, véase Séneca [Seneca], *Selected Philosophical Letters*.

Irvine, William B., *On Desire: Why We Want What We Want*, Nueva York, Oxford University Press, 2006 (trad. cast.: *Sobre el deseo: por qué queremos lo que queremos*, Barcelona, Paidós, 2008).

—, *A Guide to the Good Life: The Ancient Art of Stoic Joy*, Nueva York, Oxford University Press, 2009.

—, *The Stoic Challenge: A Philosopher's Guide to Becoming Tougher, Calmer, and More Resilient*, Nueva York, W. W. Norton, 2019.

LaBarge, Scott, «How (and Maybe Why) to Grieve Like an Ancient Philosopher», en Rachana Kamtekar (comp.), *Virtue and Happiness: Essays in Honour of Julia Annas*, Oxford, Oxford University Press, 2012, págs. 320-342.

Le Bon, Gustave, *The Crowd: A Study of the Popular Mind*, trad. en dominio público del texto original *Psychologie des foules* (1895). <http://www.gutenberg.org/ebooks/445> (trad. cast.: *Psicología de las masas*, Madrid, Verbum, 2018).

Levine, Michael P., *Pantheism: A Non-Theistic Concept of Deity*, Londres, Routledge, 1994.

Llano Alonso, Fernando H., «Cicero and Natural Law», *ARSP: Archiv für Rechts- und Sozialphilosophie / Archives for Philosophy of Law and Social Philosophy*, vol. 98, n.º 2, 2012, págs.

157-168.

Loder, E. R., «Gratitude and the Environment: Toward Individual and Collective Ecological Virtue», *Journal Jurisprudence*, 2011, págs. 383-435.

Long, A. A., *Epictetus: A Stoic and Socratic Guide to Life*, Oxford, Oxford University Press, 2002.

—, véase Epicteto [Epictetus], *How to Be Free*.

— y D. N. Sedley, *The Hellenistic Philosophers*. Vol. 1: *Translations of the Principal Sources with Philosophical Commentary*. Vol. 2: *Greek and Latin Texts with Notes and Bibliography*, Cambridge, Cambridge University Press, 1987.

Marco Aurelio [Marcus Aurelius], *Marcus Aurelius*, comp. y trad. de C. R. Haines, Loeb Classical Library, Cambridge, Massachusetts, Harvard University Press, 1916.

—, *Meditations*, trad. de Gregory Hayes, Nueva York, Modern Library, 2002 (trad. cast.: *Meditaciones*, Madrid, Cátedra, Letras Universales, 2001).

—, *Meditations*, trad. de Martin Hammond, Londres, Penguin, 2006.

—, *Meditations: The Annotated Edition*, trad., introducción y comp. de Robin Waterfield, Nueva York, Basic Books, 2021.

Margulis, Lynn, y Dorion Sagan, *Dazzle Gradually: Reflections on the Nature of Nature*, White River Junction, Vermont, Chelsea Green, 2007.

May, Rollo, *The Courage to Create*, Nueva York, W. W. Norton, 1975.

McIlwain, Charles, *The Growth of Political Thought in the West: From the Greeks to the Middle Ages*, Nueva York, Macmillan,

1932.

Meany, Paul, «Why the Founders' Favorite Philosopher Was Cicero», FEE, 31 de mayo de 2018. <https://fee.org/articles/why-the-founders-favorite-philosopher-was-cicero/>.

Mitsis, Phillip, «The Stoic Origin of Natural Rights», en Katerina Ierodiakonou (comp.), *Topics in Stoic Philosophy*, Oxford, Clarendon Press, 1999, págs. 153-177.

Motto, Anna Lydia, «Seneca on Trial: The Case of the Opulent Stoic», *The Classical Journal*, vol. 61, n.º 6, 1966, págs. 254-258.

—, *Seneca Sourcebook: A Guide to the Thought of Lucius Annaeus Seneca*, Ámsterdam, Adolf M. Hakkert, 1970. (Un índice de todas las obras filosóficas de Séneca.)

—, «Seneca on Love», *Cuadernos de Filología Clásica. Estudios Latinos*, vol. 27, n.º 1, 2007, págs. 79-86.

— y John R. Clark, «Seneca on Friendship», *Atena e Roma*, n.º 38, 1993, págs. 91-96.

Naknikian, George, «On the Cognitive Import of Certain Religious States», en Sidney Hook (comp.), *Religious Experience and Truth: A Symposium*, Nueva York, New York University Press, 1961, págs. 156-164.

Nietzsche, Friedrich, *Ecce Homo: Nietzsche's Autobiography*, trad. de Anthony M. Ludovici, Nueva York, Macmillan, 1911 (trad. cast.: *Ecce homo: cómo se llega a ser lo que se es*, Madrid, Alianza, 2019).

Nussbaum, Martha, *The Therapy of Desire: Theory and Practice in Hellenistic Ethics*, Princeton, Princeton University Press, 1994 (trad. cast.: *La terapia del deseo: teoría y práctica de la ética helenística*, Barcelona, Paidós, 2013).

Pigliucci, Massimo, *How to Be a Stoic: Using Ancient Philosophy to Live a Modern Life*, Nueva York, Basic Books, 2017 (trad. cast.: *Cómo ser un estoico: utilizar la filosofía antigua para vivir una vida moderna*, Barcelona, Ariel, 2018).

Platón [Plato], *Euthyphro. Apology. Crito. Phaedo, Phaedrus*, trad. de Harold North Fowler, Loeb Classical Library, Cambridge, Massachusetts, Harvard University Press, 1914 (trad. cast.: *Eutifrón, Apología, Critón, Fedón, Fedro*, en Platón, *Diálogos*, Madrid, Biblioteca Clásica Gredos, vols. I y III, 1985-1986).

—, *The Last Days of Socrates*, trad. de Hugh Tredennick y Harold Tarrant, Nueva York, Penguin, 1993.

—, *Lysis. Symposium. Gorgias*, trad. de W. R. M. Lamb, Loeb Classical Library, Cambridge, Massachusetts, Harvard University Press, 1925 (trad. cast.: *Lisis, Banquete, Gorgias*, en Platón, *Diálogos*, Madrid, Biblioteca Clásica Gredos, vols. I, II y III, 1985-1986).

Plutarco [Plutarch], *Is «Live Unknown» a Wise Precept?*, en Plutarco [Plutarch], *Moralia*, vol. 14, trad. de Benedict Einarson y Philip H. De Lacy, Loeb Classical Library, Cambridge, Massachusetts, Harvard University Press, 1967. (trad. cast.: «De si está bien dicho lo de "vive ocultamente"», en Plutarco, *Obras morales y de costumbres (Moralia)*, vol. XII, Madrid, Biblioteca Clásica Gredos).

Ramelli, Ilaria, *Hierocles the Stoic: Elements of Ethics, Fragments, and Excerpts*, Atlanta, Society for Biblical Literature, 2009.

Ranocchia, Graziano, «The Stoic Concept of Proneness to Emotion and Vice», *Archiv für Geschichte der Philosophie*, vol. 94, n.º 1, 2012, págs. 74-92.

Richter, Daniel S., *Cosmopolis: Imagining Community in Late Classical Athens and the Early Roman Empire*, Nueva York, Oxford University Press, 2011.

Robertson, Donald, «The Stoic Influence on Modern Psychotherapy», en John Sellars (comp.), *The Routledge Handbook of the Stoic Tradition*, Londres, Routledge, 2017, págs. 374-388.

—, *How to Think Like a Roman Emperor: The Stoic Philosophy of Marcus Aurelius*, Nueva York, St. Martin's Press, 2019 (trad. cast.: *Piensa como un emperador romano*, México, Planeta, 2020).

—, *The Philosophy of Cognitive-Behavioural Theraphy (CBT): Stoic Philosophy as Rational and Cognitive Psychotherapy*, 2.ª ed. rev., Londres, Routledge, 2020.

Rodrigues, Antônio Carlos, y Aldo Dinucci, «A eucharistia em Epicteto», en Celma Laurinda Freitas Costa, Clóvis Ecco y José Reinaldo F. Martins Filho (comps.), *Epistemologias da religião e relações de religiosidade*, Curitiba, Prismas, 2017, págs. 17-44.

Romm, James, *Dying Every Day: Seneca at the Court of Nero*, Nueva York, Knopf, 2014.

Rumi, Jalaluddin, *Signs of the Unseen: The Discourses of Jalaluddin Rumi*, trad. de W. M. Thackston Jr., Boston, Shambhala, 1994.

Rushdy, Ashraf H. A., *Philosophies of Gratitude*, Nueva York, Oxford University Press, 2020.

Sampson, Tony D., *Virality: Contagion Theory in the Age of Net-*

works, Mineápolis, University of Minnesota Press, 2012.

Sellars, John, *The Art of Living: The Stoics on the Nature and Function of Philosophy*, Londres, Bristol Classical Press, 2009.

—, *Stoicism*, Londres, Routledge, 2014.

—, «Stoicism and Emotions», en Patrick Ussher (comp.), *Stoicism Today: Selected Writings*, vol. 2, CreateSpace, 2016, págs. 43-48.

—, *Marcus Aurelius*, Londres, Routledge, 2021.

— (comp.), *The Routledge Handbook of the Stoic Tradition*, Londres, Routledge, 2017.

Seneca, Lucius Annaeus, *Anger, Mercy, Revenge*, trad. de Robert A. Kaster y Martha C. Nusbaum, Chicago, University of Chicago Press, 2010.

Séneca [Seneca], *Dialogues and Essays*, trad. de John Davie, Oxford, Oxford University Press, 2007.

Séneca [Seneca], *Dialogues and Letters*, trad. de C. D. N. Costa, Nueva York, Penguin, 1997.

Séneca el Joven [Seneca the Younger], *Epistles*, trad. de Richard M. Gummere, 3 vols., Loeb Classical Library, Cambridge, Massachusetts, Harvard University Press, 1917-1925.

Seneca, Lucius Annaeus, *Hardship and Happiness*, trad. de Elaine Fantham, Harry M. Hine, James Ker y Gareth D. Williams, Chicago, University of Chicago Press, 2014.

Séneca [Seneca], *Letters from a Stoic*, trad. de Robin Campbell, Nueva York, Penguin, 1969.

Seneca, Lucius Annaeus, *Letters on Ethics to Lucilius*, trad. de Margaret Graver y A. A. Long, Chicago, University of Chicago Press, 2015.

Séneca el Joven [Seneca the Younger], *Moral Essays*, trad. de John W. Basore, 3 vols., Loeb Classical Library, Cambridge, Massachusetts, Harvard University Press, 1928-1935.

Séneca [Seneca], *Natural Questions*, trad. de Thomas H. Corcoran, 2 vols., Loeb Classical Library, Cambridge, Massachusetts, Harvard University Press, 1971.

Seneca, Lucius Annaeus, *Natural Questions*, trad. de Harry M. Hine, Chicago, University of Chicago Press, 2010.

Seneca, Lucius Annaeus, *On Benefits*, trad. de Miriam Griffin y Brad Inwood, Chicago, University of Chicago Press, 2011.

Séneca [Seneca], *Selected Letters*, trad. de Elaine Fantham, Oxford, Oxford University Press, 2010.

Seneca, *Selected Philosophical Letters*, trad. y comentario de Brad Inwood, Oxford, Oxford University Press, 2007.

Sherman, Nancy, «Aristotle on Friendship and the Shared Life», *Philosophical and Phenomenological Research*, vol. 47, n.º 4, 1987, págs. 589-613.

Solomon, Robert C., Prólogo (Foreword), en Robert A. Emmons y Michael E. McCullough (comps.), *The Psychology of Gratitude*, Nueva York, Oxford University Press, 2004, págs. v-xi.

Stephens, William O., «Epictetus on How the Stoic Sage Loves», *Oxford Studies in Ancient Philosophy*, n.º 14, 1996, págs. 193-210.

—, *Stoic Ethics: Epictetus and Happiness as Freedom*, Nueva York, Continuum, 2007.

—, *Marcus Aurelius: A Guide for the Perplexed*, Nueva York, Continuum, 2012.

Tácito [Tacitus], *The Annals: The Reigns of Tiberius, Claudius, and Nero*, trad. de J. C. Yardley, Oxford, Oxford University Press, 2008 (trad. cast.: Cornelio Tácito, *Anales*, 2 vols., Madrid, Biblioteca Clásica Gredos, 1984 y 1986).

Tieleman, Teun, *Chrysippus' On Affections: Reconstruction and Interpretation*, Leiden, E. J. Brill, 2003.

Watkins, Philip C., *Gratitude and the Good Life: Toward a Psychology of Appreciation*, Dordrecht, Springer, 2014.

Wilson, Emily, *The Greatest Empire: A Life of Seneca*, Nueva York, Oxford University Press, 2014 (trad. cast.: *Séneca*, Madrid, Rialp, 2016).

Wood, Nathan, «Gratitude and Alterity in Environmental Virtue Ethics», *Environmental Values*, vol. 29, n.º 4, 2020, págs. 481-498.

ÍNDICE ANALÍTICO Y DE NOMBRES